全球减贫案例集 2022

中国国际扶贫中心

中国互联网新闻中心

世界银行

联合国粮食及农业组织

国际农业发展基金

联合国世界粮食计划署

亚洲开发银行

编

知识产权出版社

全国百佳图书出版单位

—— 北京 ——

图书在版编目（CIP）数据

全球减贫案例集．2022/ 中国国际扶贫中心等编．—北京：知识产权出版社，2022.10
ISBN 978-7-5130-8392-8

Ⅰ.①全…　Ⅱ.①中…　Ⅲ.①扶贫-案例-世界-2022　Ⅳ.①F113.9

中国版本图书馆 CIP 数据核字（2022）第 180494 号

总 策 划：刘俊文
策　　划：李　昕
出版协调：余　晖　林华珰　杨惠仪　张靖雯

责任编辑：张　珑　王志茹　　**责任印制**：刘译文

全球减贫案例集 2022
QUANQIU JIANPIN ANLIJI 2022

中国国际扶贫中心　中国互联网新闻中心　世界银行　联合国粮食及农业组织
国际农业发展基金　联合国世界粮食计划署　亚洲开发银行　编

出版发行：知识产权出版社有限责任公司　　网　　址：http: //www .ipph.cn
　　　　　　　　　　　　　　　　　　　　　　　　　http: //www .laichushu.com
电　　话：010-82004826
社　　址：北京市海淀区气象路 50 号院　　邮　　编：100081
责编电话：010-82000860 转 8574　　责编邮箱：laichushu@cnipr.com
发行电话：010-82000860 转 8101　　发行传真：010-82000893
印　　刷：三河市国英印务有限公司　　经　　销：新华书店、各大网上书店及相关专业书店
开　　本：787mm×1092mm　1/16　　印　　张：24.75
版　　次：2022 年 10 月第 1 版　　印　　次：2022 年 10 月第 1 次印刷
字　　数：289 千字　　定　　价：158.00 元
ISBN 978-7-5130-8392-8

编写说明

当前，世界之变、时代之变、历史之变正以前所未有的方式展开，人类社会面临前所未有的挑战。联合国《2022年可持续发展目标报告》指出，新冠肺炎疫情约使7100多万人重新陷入极端贫困。在当前疫情叠加战争、气候变化、经济萧条的形势下，全球实现《联合国2030年可持续发展议程》中“消除一切形式的贫困”这一首要目标的任务越来越艰巨。加强国际减贫交流合作，分享、学习、借鉴各国的减贫实践经验，有利于我们共同应对危机、推动减贫进程。

为了向各国推广分享国际减贫成功实践，2018年5月，中国国际扶贫中心、中国互联网新闻中心、世界银行、联合国粮食及农业组织、国际农业发展基金、联合国世界粮食计划署、亚洲开发银行等7家机构共同发起了“全球减贫案例征集活动”。2019年，首届案例征集活动评选出110篇优秀案例，从中精选40篇案例编辑成册，是为《全球减贫案例集2021》。

第二届“全球减贫案例征集活动”于2019—2021年开展，经7家机构精心组稿和宣传，共收到来自28个国家和地区的490篇中外减贫案例。通过4次案例评审会，7家机构分别派出专家对被推荐进入评审的案例进行了深入讨论、点评，重点关注案例的益贫性、可操作性、可推广性、创新性、系统性和对脆弱性群体的关照等，最终投票选出106篇优秀案例，再从中遴选41篇案例编为《全球减贫案例集2022》。本书从国际合作、金融政策支持、可持续发展、绿色减贫、粮食问题、脆弱性群体、减贫项目实施与管理等方面，讲述了人类在摆脱贫困的道路上披荆斩棘、拼搏奋斗的故事，是各国为推动实现《联合国2030年可持续发展议程》的重要实践和智慧结晶。

在编写本书的过程中，国家乡村振兴局综合司、政策法规司、规划财务司、开发指导司、社会帮扶司、考核评估司和机关党委（人事司）给予了指导，案例提交机构和个人在文本提供、数据核实和图片搜集上提供了帮助，北京农学院在案例筛选和编写中给予了技术支持。在此，谨向所有支持和帮助本书编写的单位和个人致以衷心感谢。

本书编写组
2022年10月

评审委员会

李　昕	（中国国际扶贫中心）
Martin Raiser	（世界银行）
Carlos Watson	（联合国粮食及农业组织）
Matteo Marchisio	（国际农业发展基金）
屈四喜	（联合国世界粮食计划署）
Hsiao Chink Tang	（亚洲开发银行）
王晓辉	（中国互联网新闻中心）

评审专家

余　晖	（中国国际扶贫中心）
曹文道	（世界银行）
董　乐	（联合国粮食及农业组织）
孙印洪	（国际农业发展基金）
贾　焰	（联合国世界粮食计划署）
王　丹	（亚洲开发银行）
焦　梦	（中国互联网新闻中心）

目录

国际合作

金融政策支持

可持续发展

绿色减贫

减贫项目实施与管理

国际合作

供电公益工程点亮偏远乡村原住民生活
——国家电网有限公司菲律宾“光明乡村”能源基础设施建设案例

案例类型：基础设施建设

关键词：光伏发电，集中供电，菲律宾

提交机构：国家电网有限公司

摘　要

国家电网有限公司（以下简称“国家电网公司”）菲律宾“光明乡村”公益工程一期项目（以下简称“光明乡村项目”）由国家电网公司承揽建造，总投资60万美元，为菲律宾吕宋岛三描礼士省最偏远的巴利瓦特村和老巴利瓦特村建设两套光伏微网供电系统，光伏发电容量76千瓦，电池储能容量432千瓦时，通过集中供电方式满足当地1000余名原住民的家庭用电需求，其中包括两所小学的108名学生，为当地人民的生活带来了光明和便利。该项目自2019年1月24日开工建设，历时154天高质量竣工，于2019年6月27日被正式移交给当地政府电力合作社。项目投运后，国家电网公司还提供两年的免费运行维护、长期质保和技术支持服务。该项目是中国企业在菲律宾开展的首个大型企业社会责任公益项目，获得中菲两国政府相关部门、当地民众及菲律宾社会各界的充分肯定和高

度赞扬，充分展示了国家电网公司积极履行企业社会责任、造福菲律宾人民的良好国际企业形象。

背　景

菲律宾是“一带一路”沿线的重要国家，未通电户占比超过 10%。中菲两国关系良好。国家电网公司发挥在菲律宾投资运营菲律宾国家电网公司（以下称“NGCP”）项目的优势，开展无电地区通电公益项目，营造良好的营商环境，助力中菲关系继续健康稳定发展。菲律宾也希望国家电网公司发挥自身技术和管理优势，积极支持菲律宾开展无电地区通电工作，提高贫困地区民众的生活水平，巩固中菲两国的友好关系。

国家电网公司自 2009 年开始成功运营 NGCP，获得良好的投资收益，具备在菲律宾开展企业社会责任活动的前提和基础。开展企业社会责任活动有助于服务中菲关系大局，增进两国的亲密友好关系，也有助于国家电网公司与菲律宾政府、当地企业建立良好的合作关系，对国网品牌、企业形象有良好的促进作用。

项目实施

1. 项目选址

根据交通相对便利、影响力大、可迅速开展的原则，国家电网公司积极与中国驻菲律宾大使、菲律宾国家电气化管理局沟通，对项目的选址和开展方式进行了反复论证和踏勘，最终确定以吕宋岛三描礼士省圣达菲乡的老巴利瓦特村（含学校）和巴利瓦特村（含学校）作为工程试点。光明乡村项目预计可惠及无电户 100 余户、无电人口 1000 余人（含学校 108 人）。

两个受益村的主要居民均为菲律宾阿埃塔原住民。该项目在两村的建设资金分别约为34万美元、26万美元，合计60万美元，于2019年1月24日开工建设，2019年6月27日正式运行，工期为5个月。

2. 项目实施方式

结合当地的自然资源条件，光明乡村项目计划采用光伏微网集中供电方式，为每户村民家中配置4盏LED灯及收音机、电视机等家用电器，为学校配置照明系统及计算机、投影仪、音响系统、吊扇等教学设备。两村的用电需求较低，经初步测算老巴利瓦特村日用电需求约220千瓦时，巴利瓦特村日用电需求约150千瓦时。

该项目采取光伏微网集中供电的方式满足村民的用电需求，在两村建设两套独立的光伏储能发电系统，光伏装机容量分别为35.3千瓦和40千瓦，并配备锂电池储能。该项目建设所需场地由两村无偿提供，建成后通过菲律宾能源部被无偿捐赠给地方电力合作社，并由其负责管理和日常维护，维护所需成本由村民的用电费用支付。除电力覆盖外，国家电网公司还联系协调华为技术有限公司为学校和附近村民提供手机信号与因特网覆盖。

3. 项目开工

2019年1月24日，光明乡村项目谅解备忘录签约暨开工仪式在菲律宾三描礼士省老巴利瓦特村小学举行。国家电网公司在开工仪式上给当地学生捐赠了电脑、书包及文具。该校校长及村民代表对国家电网公司的捐赠表示感谢，教师将用现代化的教学方式帮助学生开阔视野、增长见识。

4. 项目友好活动

除建设光伏电站外，国家电网公司还深入了解学校的实际困难，免费为两所学校修缮了校舍，修建新的篮球场，并捐赠教学电脑、书籍、书包文具等。项目建设期间，国家电网公司还邀请 NGCP 员工一同多次前往现场，与师生开展了形式多样的联谊互动活动，包括太阳能发电站参观讲解、中菲文化交流和才艺展示、互动游戏、端午节慰问等，既向村民普及宣传了绿色环保理念，又促进了中菲文化交流融合，进一步加深了双方的友谊。

5. 项目竣工

光明乡村项目从筹划、选址、立项、招标、签约、建设到试运行，历时 1 年多，于 2019 年 6 月 27 日正式运行，并被移交给当地电力合作社。

▲ 菲律宾“光明乡村”项目现场

6. 项目回访

应中国驻菲律宾使馆要求，为借助光明乡村项目增进中菲两国民心相通和文化融合，2020 年 1 月 17 日，国家电网公司驻菲律宾办事处员工、NGCP 员工及家属、央视驻菲律宾记者约 20 人赴光明乡村一期项目所在地老巴利瓦特村小学，与学校师生及当地居民近百人开展了光明乡村项目回访和文化交流活动。

活动期间，来自当地少数民族部落的居民表演了具有浓郁民族特色的欢迎舞蹈，并展示了狩猎、野外取火等生存生活技巧。随后，国家电网公司驻菲律宾办事处员工、NGCP 员工与当地居民开展了篮球赛、拔河比赛等体育活动，进一步加深了友谊。此外，国家电网公司、NGCP 还向学校捐赠了文具、书籍、篮球、雨伞等慰问品。

▲ 为学生们捐赠书籍等慰问品

▲ 2019 年 3 月巴利瓦特村学校致国家电网公司的感谢信

成　效

光明乡村项目是在“一带一路”建设背景下，发挥电网企业优势，履行中央企业海外社会责任、开展能源扶贫的一种可推广的模式。该项目采用光伏微网集中供电方式，发电容量 76 千瓦，电池储能容量 432 千瓦时，满足当地 1000 余名原住民的家庭用电需求，其中包括两所小学的 108 名学生。该项目投运后，国家电网公司还提供两年的免费运行维护、长期质保和技术支持服务。除电力覆盖外，华为技术有限公司为学校和附近村民提供手机信号与因特网覆盖。

该项目具有多个亮点：一是采用“清洁能源 + 储能 + 微网”技术，绿色环保、维护便利；二是推动政策创新，利用政府补贴，由电力合作社少量收取电费用于项目后期运行维护，保证项目后期正常运行；三是吸引多方参与，与华为技术有限公司合作，将通电和通信相结合，进一步提高当地民众的生活与教育质量；四是将工程捐赠和教育扶贫、文化交流相结合，促进民心相通，增进两国人民的友谊和互信。

经验与启示

菲律宾是“一带一路”沿线的重要国家。光明乡村项目是首个中资企业在菲律宾独立开展的大型公益项目，帮扶对象是当地的少数民族和学校。该项目探索并开创了海外中央企业履行企业社会责任的新模式。

一是发挥企业优势，提供清洁绿色能源。国家电网公司发挥优势，使用绿色清洁能源，宣传环保理念，将电力扶贫与教育扶贫相结合，为当地少数民族村落及学校提供电力和通信，极大地提高了当地民众的生活和教育水平。同时，该项目完全采用中国自主的产品、技术和标准，并由中国企业承揽建造，实现了产品、技术和标准“走出去”。

二是国家电网公司牵头，多方参与。国家电网公司联合菲律宾的政府机构（农村电气化管理局、地方政府）确定选址和解决路权问题，联合在菲律宾的中资企业为当地村民提供手机信号覆盖，与菲律宾当期企业 NGCP、当地电力合作社等共同开展捐赠和文化交流活动，既加大帮扶力度、增强帮扶效果，又有效增进了与菲律宾政府、中菲双方企业的友好关系，扩大了项目影响力。由国家电网公司牵头，吸引多方参与，以绿色方式解决“一带一路”沿线国家的能源贫困，通过创新与实践提供技术、政策和商业等方面的综合解决方案，可将其作为中资企业在境外履行社会责任的成熟模式来推广。

三是创新机制，注重实效。通过推动菲律宾政府监管部门出台配套机制，允许电力合作社收取基本折旧费用于项目后期运营维护和设备更换，有效保证项目长期稳定运行，将帮扶工作落到了实处。该项目改变了过去普遍的一次性捐赠方式，通过与菲律宾政府及当地电力合作社协商，项目移交后电力合作社可向菲律宾能源监管委员会申请后期运营维护费用，同时村民用电也需缴纳极低的电费，而学校则免费用电。这些费用被用于后期运营维护及更换零部件，以及雇用当地村民负责日常运营维护工作，避免了因后期电池老化损坏、运营维护不到位导致“一次性工程”，以此保障项目长期运行，切实将帮扶工作落到实处。

四是加强民心相通。充分诠释“工程搭台、文化唱戏”的内涵，将工程捐赠和教育扶贫、文化交流相结合，通过丰富多样的文化交流及定期回访增进相互了解，以减少文化差异造成的误解和冲突。这也使国家电网公司更接地气，有力促进了境外软实力建设，真正实现民心相通，既增进两国人民友谊和互信，又切实履行中央企业海外社会责任，树立了良好的企业品牌形象，为共建人类命运共同体添砖加瓦。

该项目有效促进了国家电网公司的企业文化和品牌在菲律宾的推广，为加深中菲两国亲密友好关系、落实服务“一带一路”倡议、构建人类命运共同体做出了积极有益的探索。

搭建职业技能比赛平台助力就业减贫

——中国航空技术国际控股有限公司非洲职业技能挑战赛案例

案例类型：教育扶贫

关键词：职业教育，企业社会责任，职业技能比赛，赛前培训

提交机构：中国航空技术国际控股有限公司

摘　要

非洲职业技能挑战赛（Africa Tech Challenge，ATC）项目是中国驻肯尼亚大使馆及经商处“情系肯尼亚”主题系列活动之一，由中国航空工业集团有限公司（以下简称“航空工业”）旗下的中国航空技术国际控股有限公司（以下简称“中航国际”）发起并全资资助，与肯尼亚教育部联合举办的海外企业社会责任活动。

ATC以“授人以渔”为出发点，着眼非洲各国政府关注的“青年普遍缺乏职业技能、失业率居高不下”问题，希望通过举办职业技能培训及比赛，提升当地青年的就业技能，促进教学与产业链结合，有针对性地减少非洲青年因失业造成的贫困及其他社会问题，帮助非洲各国释放更为长久的民生红利。

自2014年开始，ATC每年举办一届，至今已成功举办6届。ATC涉及多个专业的职业技能领域，对优胜学校给予“中国订单”奖励，帮助提升产教结合能力，使“非洲制造”成为

现实，并为比赛成绩靠前的优胜学生提供中国留学奖励。

截至目前，已有来自肯尼亚、乌干达、加纳、赞比亚、加蓬、科特迪瓦、坦桑尼亚、埃塞俄比亚8个国家的203所大、中专院校的701名参赛者接受ATC的技能培训及比赛，其中有9所学校获得了由中航国际提供的50万美元生产订单，15名学员获得中航国际资助的留学中国机会，还有45名学员获得在中航国际实习及工作的机会。绝大部分参赛者在赛后获得了良好的就业机会和稳定收入，改善了自己和家庭成员的生活，也改变了自己的命运。

背　景

非洲各发展中国家普遍存在经济增长与青年劳动力缺乏的矛盾，职业教育因为其教育特征长期被各国政府边缘化。近年来，非洲各国开始认识到职业教育对经济增长、就业率提升、解决贫困的重要性，分别建立职业教育相关管理机构、制定职业教育发展规划和政策、逐步重视职业教育硬件发展和课程开发。

过去十多年，非洲各国职业教育在受益人数、教学质量、就业率、性别均衡等方面均取得了进展，但其职业技术教育仍面临许多挑战，如落后的基础设施和教学设施、具有教学能力的讲师数量不足、综合性职业院校数量不足、定制培训和学习材料有限、行业参与度不足及研究支持服务不足等。结果是，大多数毕业生并没有学得产业急需的技能，无法达到企业对人才的要求，从而导致青年人口失业率居高不下，人均生产总值低。

项目实施

1. 获得多方支持，整合中非丰富的职教资源

近年来，非洲各国政府给予了ATC充分的支持与肯定。肯尼亚教育部作为历届ATC的主办方之一，积极协调各国职业院校队伍的参赛事宜。2019年，在第六届ATC中，世界银行对ATC表现出极大的热情，主动寻求合作，组织邀请了埃塞俄比亚、坦桑尼亚等国家代表队参赛，并给予了一定程度的支持与帮助。

ATC在中国驻肯尼亚大使馆和经商处的大力支持与指导下，得到肯尼亚职业技术院校联盟、肯尼亚制造业协会、肯尼亚中国经济贸易协会等机构的大力支持。与此同时，中航国际就ATC项目与多家中国职业教育院校在大赛培训、教材研究制订、优秀教师派出等方面保持着良好的合作关系。中航国际与国内职业教育领域众多设备供应企业也有着密切的合作，为ATC培训设备、配件及获奖学校加工订单等提供便利。

2. 培训比赛一体化，全面提高参赛学员的实操技能

ATC立足于非洲国家的实际需要，解决其工业长期处于积贫积弱状态、青年由于缺乏职业技能失业率居高不下的现实问题。

根据当地工业化发展需要，ATC主要开展普通机械加工、数控机械加工两个专业的培训和比赛。为了让更多的非洲青年掌握更多技能，ATC每年还视情况增加了机电一体化、App编程、木工、钢筋工和混凝土工技能等辅助专业培训及比赛。

每年的ATC均采取“先培训、后比赛”的方式。ATC首先根据中国成熟的职业技能培训方案，制订一套适合非洲国家当地实际情况的培训方案，为全体参赛学员提供5～6周的实践

操作培训，通过系统讲解相关理论知识、提供大量的实践操作机会、专业教师提供实践指导等方式，帮助参赛学员在短时间内提高技术水平，学员培训合格后可获得结业证书。其后，中航国际每年都会与非洲各国教育部合作，联名邀请各职业院校参赛，每所参赛职业院校会派出由 1 名教师和 3 名学生组成的参赛队伍，将参赛队伍统一集中到肯尼亚首都内罗毕，统一安排住宿和往返交通。ATC 借鉴中国成熟的职业技能比赛和评分机制，对参赛学员进行评分。

3. 办好开幕式和闭幕式，做好媒体宣传活动

根据非洲当地重视仪式的习惯，每年 ATC 都会举办开幕式和闭幕式。开幕式一般邀请教育部官员和当地媒体参加，向媒体宣布当年 ATC 的整体方案，并接受媒体提问。闭幕式比较隆重，会邀请非洲政府高层官员、中国驻非洲使领馆官员、非洲当地企业、中国驻非洲企业、当地媒体、中国驻非洲媒体、参赛师生等参加。非洲政府高层官员和中国驻非洲使领馆官员致辞，闭幕式现场宣布团队及个人获奖情况，同时公布获得订单的学校名单、获得留学资格的学生名单等。参会人员祝贺获奖团队及个人，也共同见证 ATC 落下帷幕。

在培训和比赛中，ATC 还重视加强对活动的宣传。活动会邀请当地媒体和中国驻非洲媒体进行实地采访，并与当地青年偶像合作，发挥其对非洲当地青年的影响力，在推特、脸书等社交媒体上发布 ATC 消息，从而影响更多的非洲青年。同时，每年中航国际都会安排摄影团队跟拍整个比赛，分别制作 ATC 项目展示视频和故事视频，其中 ATC 展示视频主要讲述某个学员或团队在 ATC 中的成长和蜕变，用影像的方式展示 ATC 做了什么、给非洲青年带去什么。视频会在闭幕式上播放，并在中航国际官方网站和公众号上发布，促进二次宣传。

4. 多措并举开阔学员眼界

除培训和比赛外，每届ATC都会举办多次“ATC Talks”活动。该活动邀请非洲当地成功的企业家、青年领袖等与参赛学员们面对面交流，分享他们的创业经历和成长故事，鼓励学员们通过积极就业及创业等摆脱贫困、改变命运、实现梦想。

ATC培训期间，举办方还会组织学员参观非洲当地工厂，通过参观工厂了解非洲当地的工业化发展状况、工厂需要哪些技能人才，使学员明确自己需要提高哪些技能。

随着ATC举办次数的增多，该项目团队发现，一些学员的实践操作技能比较好，但是不太注重沟通和表达，这样会影响其将来进入社会后的职业发展。为了让学员们认识到仅仅有良好的操作技能是不够的，还需要提升沟通和表达能力，2019年ATC增设了演讲比赛，目的在于综合考量学员的整体素质，鼓励他们在钻研技能之外增强对社会的关怀，强化社会责任，帮助培养能够更好地服务于社会的非洲青年。演讲比赛以“青年职业教育和国家工业化现状”为主题，各国学员以个人或团队方式讲述自己国家的工业化建设情况，结合自己的专业对各国工业化发展建言献策，收到了良好效果。

5.“中国留学”和“中国订单”使“非洲制造”成为现实

每年ATC中个人优胜奖的前三名学员均可获得赴中国留学的机会，目前共有15名学员获得该项奖励，圆了他们的留学梦。每年ATC中，团体比赛得分前两名的学校均可获得“中国订单”，即在中国技术专家的指导下为中国企业制造工程机械零部件，在促进“非洲制造”落地、成为现实的同时，帮助非洲职业院校提高自主生产能力，逐渐改变院校发展只能依靠政府拨款的状况，使“非洲制造”成为现实。

6. 中国教师、中国教材、中国职教赛制，培养对中国怀有感情的非洲青年

每届 ATC，中航国际均与国内顶尖职业技术院校联手，派出极富经验的技术教师团队，在赛前研究编纂教材，在大赛、培训期间进行全程指导。2018 年，该项目团队还邀请了有技能比赛奥林匹克之称的“世界技能大赛”金牌教练对大赛进行评价和指导，使 ATC 大赛和学员技术接轨国际水准。通过这些措施，非洲青年全面接触和系统了解了中国教师、中国教材、中国职教赛制，培养了对中国怀有感情的非洲青年。

成　效

1. 提升技能、开阔眼界，提高青年就业率

针对非洲各国目前的职业教育重理论轻实践、学生的实操能力有限等问题，ATC 通过“技能培训 + 比赛”的模式，有效帮助参赛学员短时间内切实提高技术水平，匹配市场就业需求；通过演讲比赛、ATC Talks、比赛奖金、留学机会等形式，改变非洲青年对传统职业教育的刻板印象，深化其对职业教育的理解与认识，鼓励更多的青年投入职业教育学习，从而大幅度提高就业率，使他们脱离贫困；通过订单奖励的方式间接刺激非洲职业院校提高技术人才素养、鼓励校办工厂，进而提高设备利用率，进一步推动毕业生就业。这些做法真正体现“授人以渔”的理念，使贫困青年及家庭自我发展能力显著提高。

2. 促进非洲国家产教结合

非洲大多数发展中国家的职业教育长期处于边缘化，大多数非洲国家的职业教育部门的工作表现、对市场的响应力与

市场对劳动力的需求不能同步，造成了职业教育严重滞后于人才市场需求。ATC 通过大量实操培训，培养具有职业技术技能的产业工人，成为推动非洲各发展中国家由农业向工业转型升级的“星星之火”，也为国家建立脱贫长效机制提供了重要参考。ATC 的举办为非洲各国树立了职业教育的标杆，促进了职业教育与产业的结合。参赛各国高教部的官员们充分肯定了 ATC 对职业教育的正面推动作用。

3. 打造符合非洲当地需要的中国企业海外社会责任新模式

ATC 立足于非洲国家的实际需要、解决青年缺乏职业技能的实际问题同时，结合了众多中国优秀的职业教育院校和设备供应商“走出去”的发展目标，使其具有相对丰富的海外业绩，开创了一种海外当地和中国校企真正需要的、可持续发展的企业社会责任模式。

真实故事

纽顿生活在肯尼亚西部，家里有地，种了一些蔬菜，靠土地可以养家，但是他总想过一种不一样的生活。他从小就喜欢制作东西，所以读大学时选择了机械制造专业。每当按照图纸将零件制造出来时，他都非常兴奋。因为学的是机械制造专业，所以他利用假期在一些工厂做兼职，这也为他增加了很多实践机会和工作经验。

一天，他兼职的工厂来了一位客户。他拿着一个破损的零件，要求做一个一样的零件来修复机器。纽顿和同事们看了零件后，认为这种工件加工工艺难度很大，要求的精度高，需要更高级的数控机床才能实现，而工厂目前只有普通机床。客户失望地走了，他们也很失落。之后，又陆续有一些客户来工厂希望制作一些精密零件，但他们都是失望而归。这使纽顿学习新技术的愿望愈加强烈。

回到学校后，纽顿尽力找一些数控机床的资料自学，找遍了学校图书馆的所有相关资料，虽然没有真正的数控机床来操作练习，但是他仍然坚持学习软件编程内容，想象实际操作的场景。有一天，他看到了ATC的通知，又从一位学长那里了解到ATC会提供一个多月数控机床的培训机会，就立刻报了名。

2018年7月，第五届ATC培训在肯尼亚首都内罗毕举办。纽顿开启了他的ATC之旅，从最基础的编程、基础的操作学起，接触来自中国的数控机床、曲面、挖槽、套筒零件和各种知识，从简单到复杂逐步学习。经过ATC的培训及比赛，他系统掌握了数控机床的相关知识，提高了数控机床的操作能力。鉴于他在ATC期间认真努力、踏实肯干的良好表现，2018年年底，中航国际聘用他担任肯尼亚职教二期项目的助理工程师，负责协助中方工程师完成设备安装调试，以及独立完成各学校巡检和基础的设备维修。

通过参加ATC，纽顿实现了自己的梦想，也用勤劳的双手改变了自己的命运。他说：“在这次ATC中，我学到了以前完全不知道的知识，这是非常重要的。对我来说，这些知识甚至比赢得比赛更重要。”

经验与启示

1.“授人以渔”的出发点

中国有句古话，“授人以鱼，不如授人以渔”，意思是传授给人知识，不如传授给人学习知识的方法。中航国际在运作职业教育项目的过程中，通过充分调研和分析发现提升青年的就业技能是解决非洲国家经济发展与青年劳动力缺乏之间的矛盾的关键举措，同时提升青年的就业技能也是非洲各国政府普遍关注的问题。因此，在调研海外公益活动的过程中，海外调研团队在充分了解当地需求的基础上，提出“非洲职业技能大赛”的理念，通过比赛实现“既授人以鱼，又授人以渔”，激发非洲青年自我发展的内生动力。

2. 立足非洲当地的实际需要

ATC 从非洲国家的经济发展和人口脱贫出发，有效帮助参赛学员在短时间内切实提高技术水平，匹配市场就业需求，从而推动国家工业化发展，得到了社会各界和非洲参赛各国政府的广泛认可与大力支持。

3. 整合中国优秀的职教资源

作为 ATC 项目的主办方和出资方，中航国际秉持“超越商业、共创美好世界”的理念，是国内第一家推动职教项目“走出去”的国有企业，在该领域的设备供应与培训运营方面具有丰富的经验，在非洲地区获得了良好的社会效益和经济效益。因此，中航国际能够充分整合国内职教领域众多院校和设备供应商企业资源，在为 ATC 提供专业、稳定的支持上有着得天独厚的优势。

4. 可持续的海外社会责任新模式

ATC 的诞生和发展有机结合了中航国际职教专业优势，立足于满足当地需要，整合国内外优秀的职教资源能力，实现可持续性发展。从 2014 年至今，每年举办一届的 ATC 在非洲各国都产生了一定的影响力。此外，随着中国公益活动的发展，从政府到企业，传统捐赠类的公益方式已日渐减少，“建设型”“提升能力型”等公益方式逐渐增多。ATC 这种“培训 + 竞技型” 的公益活动为非洲青年提供了提高实操技能的好平台、为非洲职业院校提供系统学习实践技能的好机会、为非洲政府解决当地社会问题提供好的解决方案，深受非洲政府及民众的欢迎。

志愿者力量助推非洲可持续农业和中小企业发展

——亚洲青年志愿人员交流计划

案例类型：技术扶贫

关键词：联合国志愿者，坦桑尼亚，赞比亚，农业技术培训

提交机构：联合国志愿人员组织

摘　要

亚洲青年志愿人员交流计划是由联合国志愿人员组织、赞比亚共和国农业部、坦桑尼亚工农业商会、坦桑尼亚旅游联合会和桑给巴尔工商农业总商会共同实施，旨在为全球南方国家，特别是非洲和亚洲国家，在可持续农业和私营部门领域的知识、技能与能力建设方面建立一个交流机制。该计划最初由日本政府资助，总预算为 2 173 013 美元。2006—2016 年，来自赞比亚、坦桑尼亚联合共和国和 7 个亚洲国家（尼泊尔、阿富汗、韩国、菲律宾、孟加拉国、印度和巴基斯坦）的 33 名联合国志愿者传授了关于可持续农业和中小型企业发展的专业知识。志愿者们开展了一系列活动帮助民众提高收入，包括开展各种培训、举办认识提高会议，进行温室、灌溉和沼气技术及土壤测试和改进饲料配方的现场演示，并为中小企业开发了技术工具，如建立线上企业名录、会员数据库等。此外，他们还举办了超过 25 个研修班和其他活动以提供服务，来自坦桑尼亚 21 个地区的商人学习了相关知识。来自亚洲的联合国志

愿者和来自坦桑尼亚、赞比亚的本土志愿者共同合作，将技能和知识及最佳实践从亚洲带到非洲，在解决这两个国家各自的发展问题上发挥了重要作用。

背　景

非洲东部和南部面临着气候变化、粮食短缺和水资源匮乏的一系列问题，人口快速增长、城市化进程和过度放牧进一步加剧了这些问题。整个区域有 3600 多万人因干旱和高温遭受饥饿。

亚洲青年志愿人员交流计划筹备之时，赞比亚和坦桑尼亚被认为是最不发达的国家，而到目前为止这两个国家依旧存在巨大的发展需求。具体来说，赞比亚是一个易受干旱影响的国家，环境问题正影响其粮食安全。可持续农业实践是实现可持续发展的重要手段。要实现联合国可持续发展目标第 2 项（零饥饿，实现粮食安全和改善营养）及第 1 项和第 12 项（负责任消费和生产），关键在于推行高效的农业实践和增强国家实力。根据联合国开发计划署发布的《2007 年赞比亚人类发展报告》，1991 年到 2004 年赞比亚极端贫困率一直在 50% 以上，1993 年农村地区极端贫困率达到高峰，为 84%。2012 年，在芒古和塞南加等地区有一半的家庭面临至少 5 个月的粮食短缺，或者每个成年家庭成员的平均日收入低于 1.9 美元。预计到 2030 年，气候变化将使以上情况恶化。生产资料供应有限、价格昂贵，导致大多数国家的小农难以获得改良的种子、化肥和租用拖拉机。

坦桑尼亚也在努力提高其经济增长、就业水平和减少贫困，并将重点放在促进中小型企业发展和充分挖掘旅游业潜力上。在该计划实施前，坦桑尼亚是一个低收入国家，其目标是到2020年达到中等收入水平。虽然坦桑尼亚的经济增长势头良好，但贫困发生率仍然很高，特别是在农村地区和特殊群体中。与此同时，坦桑尼亚工农业商会、坦桑尼亚旅游联合会和桑给巴尔工商农业总商会资金不足、人员短缺，亟须填补人员缺口。要维持经济增长和减少贫困，关键是创造更多的就业机会，促进中小企业发展是主要解决方案之一（联合国工业发展组织，2003）。加强中小企业及坦桑尼亚工农业商会和坦桑尼亚旅游联合会的能力，对于实现联合国可持续发展目标第8项（体面工作和经济增长）和第1项（无贫穷）至关重要。

项目实施

根据通过经济增长减少贫困和促进南南合作的目标，日本政府和联合国志愿人员组织于2006年启动了亚洲青年志愿人员交流计划。该计划旨在为来自亚洲的志愿者提供服务非洲的机会，将他们在创新农业实践与私营部门发展方面的技能、知识传递给选定的机构和社区。该计划的主要目标是增强国家和国家以下各级的能力，以增加对农业和私营部门内具体发展需求的了解，并对需求进行回应，同时关注志愿服务对这些领域实现可持续发展的作用。该计划具体包括两个部分：在赞比亚社区一级推广创新农业实践，通过社区志愿服务对这些实践的使用、采纳和可持续发展进行能力建设。在坦桑尼亚，通过志愿行动传播中小型企业发展和管理的知识，促进交流和传授相关技能，从而推动和支持中小型企业的发展。

该计划由日本政府资助，总预算为2 173 013美元，在赞比亚和坦桑尼亚都采用了直接执行模式，建立在日本政府和联合国志愿人员组织之间的合作基础之上。例如，2006年联合国志愿人员组织在日本政府的支持下每年向非洲、亚洲和拉丁美洲派遣 100 名志愿者。

2006—2016 年，来自赞比亚、坦桑尼亚和 7 个亚洲国家（尼泊尔、阿富汗、韩国、菲律宾、孟加拉国、印度和巴基斯坦）的 33 名联合国志愿者传授了关于可持续农业和中小型企业发展的专业知识。

1. 赞比亚项目

联合国志愿人员组织负责将来自亚洲的志愿者派遣到非洲，他们在那里提供培训和开设课程，在可持续农业领域交流知识、传授技能和开展能力建设。志愿者们通过精心设计的培训开展以保护环境为前提的可持续农业实践活动，包括利用蚯蚓养殖的小农肥料生产、沼气生产技术、作物多样化、为灌溉和动物或牲畜使用的水收集、利用废弃的可回收材料进行容器蔬菜种植（城市或城乡接合部农业）、作物或动物一体化实践、奶制品或家禽和猪肉的生产与管理、水果加工和推广高效木炭炉作为缓解气候变化的方法，提高农民和社区领导人在各种可持续农业实践、改善和保护作物基因资源方面的能力。

具体来说，根据培训需求评估对目标群体开展各种培训，主要有：

（1）植物无性繁殖。志愿者对农民开展了嫁接、压条和芽接技术的培训，以解决有限的苗木供应和相关的成本限制问题。截至 2012 年，经过培训的农民能够自己生产种子，他们搭建了苗圃，并向当地的其他农民出售种子。志愿者还向参与者介绍了如何利用可回收的废料制作育苗容器，以改善卫生环境并减少成本，如减少塑料袋的费用。参与者来自乔马日间基础学校、乔马住房和贫困问题人民进程组织、穆隆古希农业农民合作社和营养与重建联盟。

（2）水果加工。志愿者开展了 6 次水果加工培训，有来自 6 个组织的 159 人参加。培训的目的是减少水果或食物的浪费及减少制作各类果酱的相关费用，帮助社区提高收入。例如，在马巴那社区外展项目中，志愿者利用销售果酱的收入资助其他年轻人项目。

（3）家禽和猪肉的生产和管理，包括饲料配方和喂养。来自乔马住房和贫困问题人民进程组织（23 人）和穆隆古希农业农民合作社（48 人）共 71 人接受了畜牧业管理、饲料配方和喂养及利用低成本进行饲料配给的培训。参与者还接受了建造猪舍和鸡舍的培训，培训的目的是为农民提供养育良种猪的必要设施；解决猪和家禽中出现的营养不良问题；为农民改善动物和家禽产品的市场基础。

（4）废物回收或容器蔬菜种植（城市或城乡接合部农业）。志愿者向乔马社区介绍了容器蔬菜种植。这是一项简单实用的技术，可以节约土壤、水和能源，还可以在雨季或气候限制生产时进行蔬菜种植。志愿者还倡导各社区通过利用可回收材料来种植观赏植物和花卉，以及在后院种植蔬菜和其他作物，从而增强环境卫生意识，为环境卫生做出贡献。利用容器种植蔬菜有助于保障家庭的粮食安全，特别是在淡季。此项干预措施的主要目的是不需要任何条件或工具就可处置不可降解的废弃材料，如塑料瓶、购物塑料袋、管道、车辆的橡胶材料等，这些材料对人类的健康有害，影响人居环境的美观。

（5）志愿者在赞比亚建造了 5 个示范大棚（包括在志愿者指导下由两位农民一起建造的 1 个大棚），可提高蔬菜产量，延长生产季节。志愿者还负责传授大棚蔬菜种植的相关知识和技能，并对大棚管理进行现场指导。

（6）为了提高赞比亚农业发展的可持续性，评估其土壤特性，志愿者开展了土壤样本收集和测试，对赞比亚农业部的工作人员进行了土壤取样和测试的培训。此外，志愿者还在各社区开展了关于土壤测试重要性的宣传活动。

（7）与其他地方志愿者参与组织和受益者合作，开展宣传、促进志愿服务和公共关系活动。2012 年 2 月 7 日，联合国志愿者与当地志愿者一起参加了在乔马的沙盘德大院举办的马巴那社区外展项目三周年纪念活动。

该计划与联合国志愿人员组织资助的另一个项目（青年环境管理和教育项目）同时实施。青年环境管理和教育项目旨在通过组织当地青年参与志愿者活动，为全国发展与应用综合环境和自然资源管理实践提供机会。在该计划志愿者的支持下，8 个活跃的当地青年团体接受了农林业、土壤保持、建立和管理种子苗圃及土壤侵蚀控制方面的培训和技术支持。志愿者还提供了创收活动方面的培训，如养蜂、蔬菜种植和保护。

2. 坦桑尼亚项目

（1）通过该计划在坦桑尼亚开展的活动，亚洲志愿者和本土志愿者一起为坦桑尼亚工农业商会、坦桑尼亚旅游联合会和桑给巴尔工商农业总商会提供专业的支持，以提高他们的能力，特别是坦桑尼亚工农业商会的能力，该商会拥有 16 000 多名来自不同商业的会员。这些机构最重要的收入来源是捐助者资助的项目或发展伙伴项目。对一个基于会员制的私营机构而言，这种做法是不可持续的，必须通过提供服务和收取会员费来增加收入。

（2）志愿者在坦桑尼亚 21 个地区，包括桑给巴尔岛，举办了研修班和联谊活动，帮助小企业获得种子资本，增进当地企业之间的联系。志愿者举办了 11 个研修班，培训内容包括资本获得和小企业规划等；该计划的志愿者与其他组织的志愿者，包括 BMZ 联合国志愿者，为坦桑尼亚工农业商会组织了 15 个研修班、培训和联谊活动，涵盖了小企业规划、市场营销和知识产权等主题；志愿者为坦桑尼亚旅游联合会组织了 9

个研修班，有 110 多家中小企业参加，目的是振兴坦桑尼亚酒店协会，发展该国的旅游业。

（3）志愿者开发了数字技术以改善中小企业发展的政策和基础设施。他们建立了坦桑尼亚工农业商会线上企业名录和门户网站，帮助中小企业提高知名度，第一版就包含了 300 多家企业；建立了坦桑尼亚出口商名录和出口商数据库，包含了 400 多家坦桑尼亚出口商，增加了他们进入国际市场的机会。志愿者总共推出了 5 项信息和通信技术创新，包括非关税壁垒短信服务平台、在线申报系统及原产地电子证书的发放等。这些新的服务和平台加强了对坦桑尼亚商业的动态发展支持。

（4）志愿者对当地创业者进行指导。他们制作了坦桑尼亚工农业商会指导手册，并与其亚那•贾吉里（Kijana Jiajiri）项目进行了指导青年的合作，挑选导师和被指导者时特地将女性纳入其中，一共有 10 名女性导师和 45 名女性被指导者，编制了导师名册，确定了 70 多名导师，对创业者进行了指导。在达累斯萨拉姆、姆特瓦拉和林迪，他们利用新编制的手册，对 220 多名青年进行了企业发展方面的指导。莫罗戈罗向日葵集群在创办葵花籽油加工企业方面提供了指导。培训后，有 22 名向日葵种植户共同成立了一家葵花籽油加工企业。

（5）改善营商环境。为了使贸易推广更加便利，志愿者为姆万扎东非贸易展的组织和管理提供了技术支持。57 家中小企业参加了交易会，并在企业营销方面得到了支持和指导。

成 效

（1）该计划的总体减贫主题及坦桑尼亚和赞比亚项目的目标都与两个国家密切相关，并符合各自国情，而且志愿者引进的技术符合赞比亚项目的总体目标及赞比亚具体项目所在地的实际情况，也符合坦桑尼亚项目的中小企业发展目标。

（2）赞比亚项目。5 个地区的 1024 名农民学习了简单提水灌溉装置技术；306 名农民（159 名妇女、147 名青年）学习了大棚蔬菜种植技术；500 名农民了解了土壤测试的重要性；84 名推广人员接受了培训（来自农业部的 44 名工作人员接受了土壤采样和测试培训、21 名工作人员接受了牲畜饲料配方培训、19 名工作人员接受了灌溉技术培训）；6 名技术人员接受了沼气炉建造的培训；收集和测试了 750 份土壤样本；在 5 个地区进行了大棚管理的现场指导。志愿者建造了 6 个大棚，其中一个由两位农民受益者在接受大棚种植培训后共同建造；40 个农民团体采用了低成本雨水收集技术，并鼓励当地其他农民采用同样的技术增加灌溉，降低粮食短缺的可能性；400 名农民开展了保护性农业实践、现代农业技术和可持续性实践，包括动物养殖技术。志愿者在 3 个农场演示了如何利用农副产品和可回收的有机废料养殖蚯蚓来生产有机肥料。300 名农民从这次培训中受益，采用该技术提高农产品产量，并对感兴趣的农业社区进行了培训。志愿者向 450 名农民分发了适合在当地种植的农作物品种，如水稻、玉米、豇豆、四季豆、茶叶等。

志愿者向当地家庭介绍了利用不可降解的容器进行蔬菜种植。容器蔬菜种植是一种简单实用的技术，可以节约土壤、能源、水和空间，并进行废物利用，已被社区采用。当地的 200 多个城市家庭采用了这项技术。

值得注意的是，该计划对乔马地区推广人员展示了大棚和滴灌技术优势，意义重大。在展示过去的两年后，当地强烈要求引进这些技术。这些都是南南合作和知识转让的成功范例。

（3）坦桑尼亚项目。国家商会的能力得到了提高。志愿者为坦桑尼亚工农业商会开发或优化了 7 个信息技术产品，为坦桑尼亚旅游联合会制作了网站和新闻简报，为桑给巴尔工商农业总商会设计了内部人力资源监测评估系统。其中，志愿者为坦桑尼亚工农业商会开发的短信平台已被其他组织广泛采用。

数据库的建立和启动。这项服务取得以下成果：增加了会员数据库中企业会员的数据，25 个地区的总会员数从 0 增至 2500 以上。

志愿者为坦桑尼亚工农业商会制作了商会品牌手册。开展了招募会员的示范活动，访问了 2000 多家企业，收集了 1446 家企业的数据并输入数据库，超过 800 家企业表示有兴趣加入坦桑尼亚工农业商会，活动期间招募了 100 多名会员。

志愿者组织的一些商业活动，如为坦桑尼亚工农业商会举办的知识产权和商业计划发展研修班，促进了中小微企业（如莫罗戈罗项目所面向的小企业）的发展。坦桑尼亚项目最显著的成果是志愿者开发的非关税壁垒短信平台，该平台提高了商会在国内和国际的知名度。此外，原产地电子证书系统、线上企业名录和会员数据库等技术工具可为商会会员提供更多的服务，因此从2013年到2015年来自会员费的收入有所增加。

在该计划的协助下，商会会员人数增加，活跃会员占 20% 以上，这有助于商会增加收入和持续运转。在商会总部，注册企业会员的数量从 23 个增加到 27 个。通过宣传，企业会员的满意度和保留率也得到了提高。这得益于志愿者提供的直接技术支持。中小企业也通过商会有机会获得更多的经营支持服务。

（4）国际志愿者向坦桑尼亚本土志愿者传授技能和知识，本土志愿者又将这些技能和知识传授给其他组织和小农受益者，他们通过该计划获得的技能被传播到计划的最初主办机构之外。这是南南合作和知识转让的一个值得关注的范例。

（5）政府部门增加了对志愿服务的影响的了解。本计划提高了人们对志愿服务的认识，如在全国青年周和自由触摸赛期间 200 名青年增进了对志愿服务及其附加价值的认识。本计划还鼓励和推动妇女参与志愿服务，19 名志愿者中有 9 名是女性。

（6）通过本计划，联合国志愿人员组织与赞比亚农业部的执行伙伴建立了良好的关系，他们认为能提供有技能的人力资源是可信赖的伙伴。良好的关系为联合国志愿人员组织今后与他们及其他利益相关方的合作畅通渠道。

（7）本计划已经取得的成果可以得到保持，因为这些成果与执行伙伴的发展重点和政策相一致，所以主办组织能够继续保持。例如，为坦桑尼亚工农业商会开发的信息和通信技术产品可为会员服务提供支持，而且这些产品深受会员的赞赏。此外，本计划的志愿者对商会工作人员的能力建设也是可持续的，因为这些能力得到提高的人员继续在商会工作。国际志愿者与本土志愿者之间的技能转让和指导工作十分成功，4 名本土志愿者被赞比亚农业部聘用，坦桑尼亚工农业商会也雇用了 4 名本土志愿者，这些志愿者所获得的知识在体制内得到了应用。本计划所传授的知识也正与主办机构以外的组织分享。例如，参与了坦桑尼亚项目的一些本土志愿者在国家机构中担任专业职务，如坦桑尼亚管理和金融学院、坦桑尼亚银行和坦桑尼亚商业监管局，还有一人被国际电信联盟聘用。

真实故事

在本计划实施过程中，来自亚洲的联合国志愿者利用自己在本国的农业专业知识和经验为非洲的粮食安全制订长期解决方案，并推广可持续农业实践。来自菲律宾的志愿者普里米蒂沃·腾科（Primitivo Tengco）是赞比亚项目的团队负责人。他说："赞比亚大量的湿地让我想起了菲律宾。我利用一切机会分享我们国家采用的能够提高农场效率和增加粮食产量的成熟技术。例如，我向青年团体推荐水稻，水稻适合在赞比亚的湿地种植，通过在稻田间挖掘足够深的灌溉渠可以在种植水稻的同时养殖鱼类，从水渠中挖出的泥土被用来推高其他田地，可以种植不同的高价值作物。"

经验与启示

从本计划中获得的一些重要经验可以为未来倡议和合作的设计、战略提供参考。主要经验如下：

（1）本计划在坦桑尼亚和赞比亚之所以取得成功并得以延续，是因为来自亚洲的国际志愿者和两国的本土志愿者的共同参与。志愿者们共同合作，将技能、知识和最佳做法从亚洲传播到非洲。亚洲志愿者带来了创新的、经过验证的、成功的实践，而本土志愿者则从自己对当地环境的了解、文化视角等提供服务并负责与当地社区直接联系。这促进了双方思想的融合，也使亚洲志愿者、参与计划的国家和当地社区都从中受益。志愿者通过具体的、实际的跨界行动为南南合作做出了贡献。

（2）加强国际志愿者对本土志愿者的知识和技能转让是能力建设的关键。因此，本计划开发的培训手册和用户指南或工具应当到位，以便将这些知识传递给当地的合作方。

（3）监测和评估。一个强大的监测评估系统对于衡量一个计划的进展是至关重要的。计划的文件中应包含监测评估系统，并且监测评估系统应在计划初始阶段敲定。在设计阶段纳入监测评估系统，包括人员分工、职责和报告时间表，以及在志愿者的上岗培训中增加关于基本监测、评价术语和方法的指导，有助于联合国志愿人员组织未来开展其他干预措施。

（4）开展针对农业和中小企业发展的项目，需要更多地考虑对方需求，并与其他倡议相结合，以达到可持续发展的效果。在计划开始之前，对项目地点进行考察，并与其他机构进行协商，可以使该计划更好地选择受益群体和采用的技术。

（5）在委托地方政府机构选择受益人时，必须提供明确的指导、保证持续支持和后续跟进，以便受托方能够完全依据选择受益人的标准。此外，在计划实施过程中，可能需要重新设定受益人目标群体，以更好地适应人口变化和应对项目设计后出现的问题。从本计划可以看出，年轻人对农业缺少兴趣，这意味着当地农民协会的大多数成员是女性和老年男性，而非年轻男性。这不仅是当地农业面临的问题，其他地方也是如此。自本计划之后所设计的其他项目都将妇女和青年作为重要的利益相关者，并认识到让青年和妇女参与的重要性。

（6）本计划中的不可控因素可能会使某些项目主题变得更加紧迫，或使新的主题变得更加重要。例如，2016 年乔马遭遇干旱，本计划的粮食安全主题正逢其时。联合国志愿人员组织在《2014—2017 年战略计划》中提出：将社区对环境和灾害风险的复原力作为项目重点，粮食安全主题也与之密切相关。

（7）项目需要将必要的资源和人员配置作为坚强的后盾，以便监督、跟踪和监测项目执行情况、产出，并在执行过程中提供指导，在必要的情况下调整思路。

（8）在获得启动资金的群体中，有孩子的妇女比较可靠，而男性则较易改变项目地点和商业计划。

创新太阳能技术为东南亚乡村带来希望
——湄公河太阳村项目案例

案例类型：基础设施建设

关键词：湄公河国家，离网家庭，清洁能源，光伏发电

提交机构：深圳市国际交流合作基金会

摘　要

湄公河太阳村项目由深圳市国际交流合作基金会联合湄公河国家地方政府、民间组织及深圳市太阳能企业发起，旨在共同应对湄公河国家离网地区家庭获取能源方式单一原始、成本较高的挑战，通过为当地引进太阳能发电技术和设备，降低有关国家城郊、乡村等偏远地区供电成本，为改善居民基本生活用电提供可持续的解决方案。该项目获得万科公益基金会资助和深圳市创新洞见咨询有限公司的智力支持。

首期项目在柬埔寨开展，与柬埔寨民间社会组织联盟论坛合作，为柬埔寨茶胶省巴提县和伯雷楚萨县的200户村民提供离网式家用太阳能供电设备，并在巴提县公共区域，如社区中心、寺庙或学校提供100套供电设备。

第二期项目在缅甸与当地社会组织合作，为马圭省木各具县的两个村庄提供300套家用太阳能供电设备，同时为缅甸32个社区图书馆提供中型太阳能发电设备和1700盏太阳能阅读灯。

截至2020年6月，该项目在柬埔寨、缅甸的直接受益人群达到1.6万人，总装机量4.7万千瓦时，预计减排23.3吨二氧化碳。目前，项目地已分别成立由村委和受惠民众共同组成的项目管理委员会，负责设备日常维修。

在实现联合国发展目标方面，该项目主要围绕“廉价和清洁能源”“体面工作和经济增长”“优质教育”等三个方面设计展开，通过提供清洁可持续的太阳能改变不环保的能源获取方式，提高当地居民的生活水平并促进贫困家庭子女的教育。

背　景

柬埔寨电网设施落后，全国发电量不足，乡村地区缺少电网、供电不稳定，严重制约居民生活水平和社会生产力的提高。由于电网建设周期长、成本高等，柬埔寨政府、企业的参与度低，短期内无法满足民众的用电需求，所以该项目探索离网式太阳能发电解决方案以缓解居民的用电之急。

根据世界银行的数据，从1997年到2017年，柬埔寨全国电网覆盖率从16.4%增长到71.5%。而相比之下，城市家庭有更大机会接入电网，97%的城市家庭使用电网提供的电力，而只有67%的农村家庭将电网作为其主要电力来源。而与城乡之间电网覆盖不均情况类似的是，相比之下富裕的家庭更可能获得电力供给，在柬埔寨最富裕的20%人口中有83%已经连接电网，但是最贫困的20%人口中已连接电网的仅有56%。

在前期调研中，该项目了解到柬埔寨巴提县及其邻县伯雷楚萨县距离首都金边只有50千米，但所辖村未接通国家电网的家庭高达半数。这些家庭中有近10%根本用不上电，20%借用其他家庭的电力，约有50%使用蓄电池。即使通电的家庭也会遇到电力供给不稳定、电价贵的问题；许多家庭每月停电 2 ～ 4 次，每度电的成本是国家电价的十多倍，且废弃电池会污染环境。

调研数据显示，像项目地这样未接入国家电网、通不上电的家庭占全国人口的 30%。许多家庭几乎没有电器，孩子们晚上也没有足够的光源来读书学习。参与本次调研的家庭中，有 93 户家庭未接入电网。使用其他家庭电力的家庭 21 户，占比 23%；使用蓄电池的家庭 46 户，占比 49%；不用电家庭 7 户，占比 8%；使用手电筒的家庭 10 户，占比 11%；使用充电电灯的家庭 4 户，占比 4%；使用太阳能的家庭 5 户，占比 5%。从以上数据可以看出，离网家庭电力来源的多样性并将蓄电池作为主要的电力来源。

为什么不使用绿色环保、电价低廉的家用太阳能发电系统呢？村民认为太阳能的确好，但一套太阳能家用设备动辄几百美元，实在负担不起。据了解，太阳能只进入了约 5% 的村民家庭。电力资源短缺造成经济发展速度减慢，最终导致贫困问题加剧。为了解决电力资源短缺问题，亟须找到一条可行的多方合作途径，由一家社会组织通过运作与资助"双轨"并行，整合并再次分配资源以赋能合作伙伴，促成务实项目。

在这样的宏观、微观背景下，湄公河太阳村项目顺势而生。

项目实施

湄公河太阳村项目由深圳市国际交流合作基金会（以下简称"基金会"）联合湄公河国家地方政府、民间组织及深圳市太阳能企业发起。在项目设计中，充分结合了国内外合作方的优势，并确保国内外合作伙伴分工明确，这是该项目从开始受到项目国的广泛欢迎，并得以可持续运作的关键原因。

1. 项目发起方

基金会作为项目发起方和总策划，在澜沧江—湄公河流域国家拥有丰富的人脉资源，能帮助精准定位有需求的受益人群；负责项目设计和前期调研，充分了解当地需求，帮助企业对接外方合作伙伴，进行项目设计并安排落地事宜，在当地开展新能源培训，后续对受捐赠人进行跟踪回访形成完整报告。

2. 项目地合作伙伴

该项目选取在当地具有一定影响力和协调执行能力的合作伙伴，如柬埔寨的合作伙伴柬埔寨民间社会组织联盟论坛（Civil Society Alliance Forum，CSAF）是柬埔寨首相府下设的公益机构，其成员包括柬埔寨众多知名组织，具有聚拢和对接资源的优势，能帮助基金会精准识别当地的社会需求，协助项目“因地制宜”。

作为项目地，他们熟知当地民情，从政治、社会、经济与文化环境等因素出发，对项目风险的可控性做出了贡献。同时，他们负责当地联络，项目落地、交接及管理，当地媒体宣传等工作。

在设备后续运营维护等工作中，项目地合作伙伴与受益者共建管理委员会，提供设备运营维护的指导和培训，增强居民对太阳能发电设备的保护意识。这样，不但为居民提供了就业机会，而且延长了设备使用寿命，并增强对环境的保护。

3. 设备（解决方案）提供方

国内太阳能企业运用太阳能技术深度参与项目的设计、落地和长期运营，在捐赠产品选择、维护等方面提供专业建议。这些企业为后期当地的新能源推广提供专家支持，而不是通过出资、购买或捐赠等“一次性”行为履行企业社会责任。

通过参加项目和配套的行业会议，企业在获得品牌美誉度同时，还可以寻求与国外政府更多的深层次合作。该项目大大激发了企业参与的动力。

4. 资金、智力等其他支持方

国内关注环境保护、特殊群体民生水平的专业公益机构为项目提供了资金支持。此外，基金会与关心区域发展的智库密切合作，通过田野调研、对潜在用户访谈获得一手资料，为项目设计提供了详尽的数据支持，保证了项目开展过程的透明度和公开公正，确保特殊群体得到帮助。

总的来说，该项目从设计到落地执行和后期跟进都充分调动和发挥了合作各方的优势，力图在公益组织、企业和外方合作资源之间形成有机生态闭环。

成　效

1. 清洁可持续能源的推广和应用改善民生

离网太阳能发电解决方案缓解了居民的用电之急，为目标群体提供离网太阳能发电设备，解决夜间照明和小型家电用电问题，延长居民夜晚的可利用时间，降低用电成本，改善民生，提高生产效率。截至 2020 年 6 月，该项目在柬埔寨、缅甸两国共形成 600 个家用案例，并为 4 个村庄的社区中心、诊所、学校等配套提供太阳能设备，直接受益人达 1.6 万人，总装机容量达 4.7 万千瓦，减排 23.3 吨二氧化碳。除此之外，设备的日常运营维护、社区管理等活动也为项目地民众提供了就业岗位，改善民生。

2. 打造轻体量、快成效、可复制的项目范本

由于电网建设周期长、成本高，柬埔寨政府、企业参与度低，短期内无法满足民众的用电需求。湄公河太阳村项目提出了轻体量、快成效、可复制的清洁能源解决方案并受到了当地政府和社区的热烈欢迎，在满足民众照明和基本的用电需求同时，对社会秩序、儿童教育等民生领域产生间接影响。虽然该项目规模不大，但让有关国家的能源政策制定者看到了分布式太阳能发电解决方案的应用价值。柬埔寨、缅甸等国明确表示将小型太阳能技术作为过渡性方案，并予以重点关注和研究。

3. 商业与公益并行，创新海外公益模式

该项目力求在公益组织、企业和外方合作资源之间形成有机生态闭环，以公益先行的方式，通过解决用电问题间接为企业提供了产品和技术应用的场景，大大激发了企业参与扶贫的原动力，构建了多方参与的有效模式，在同一可持续发展目标下带动团结各界合作伙伴积极参与。

在项目地，基金会陆续收到了来自金融机构、社会组织的邀约，它们希望未来能在太阳村孵化社会企业项目。从合作方和发展前景来看，该项目截至目前是成功的。

真实故事

对巴提县居民来说，太阳能系统的便利之一就是方便手机充电，他们不用跑很远去有电的人家“蹭电”了。32 岁的贾善恒（Kae Seangheng）使用经典款诺基亚功能机，充电时要走几公里路到通电的人家。这段路并不好走——在干旱季节，阳光毒辣，湿热难耐；在洪涝季

节，大雨倾盆，土路泥泞。她的丈夫在首都金边的制衣厂打工，她和两个儿子、一个女儿待在家里。由于手机充电不便，贾善恒不能经常给丈夫打电话，三个孩子平时很少能听到父亲的声音。太阳能发电系统解决了这个难题，贾善恒一家可以经常联系了。在夜晚的灯光下，贾善恒可以缝制衣服，孩子们能读书学习。他们期待着不久的将来家中能有更多的电器，如太阳能电风扇。

经验与启示

1. 项目模式创新带来可持续共赢

湄公河太阳村项目能取得如此成功，与项目设计之初就注重规划和吸纳各利益相关方参与并发挥其专业优势有着密切的关系。该项目组起初就搭建了“基金会 + 国内专业公益机构 + 中国企业 + 目标国当地公益机构”的运行架构，各利益相关方在这个框架内充分发挥了各自的优势，在项目设计、执行的各个环节完成了资本、技术、知识、资源的高效整合与创新。

2. 以需求为导向，因地制宜

在合作伙伴推荐目标项目地后，基金会针对太阳能产品的需求与应用开展定点调研，确保提供的解决方案符合当地的实际发展需求。选择项目地要考虑许多因素，如政治、社会、经济与文化环境，资源禀赋，利益相关方的对华友好程度，交通通达程度等。对能源类项目而言，更需要考察当地的气候、光照条件和电网分布。相对于其他澜沧江—湄公河流域国家，柬埔寨国家电网覆盖率低，电费高，同时光照充足，适合用太阳能填补电力供应缺口。

3. 授人以渔，受益方也是项目主力

该项目探索在项目后续运营中为当地居民提供就业机会，赋能当地居民，调动当地民间组织负责后续运营管理，提高社区管理参与度，避免项目“虎头蛇尾”、后劲不足。积累社区资本，有效提高项目的可持续性和影响力，并促进当地经济社会的可持续发展，推动实现廉价清洁能源、体面工作、经济增长的目标。

全产业链发展推动区域减贫

——中国新纪元农业发展有限公司的苏丹棉花产业综合扶贫案例

案例类型：产业扶贫

关键词：苏丹，企业和农户伙伴关系，棉花，全产业链

提交机构：中国山东国际经济技术合作有限公司

摘　要

苏丹位于非洲东部，是联合国宣布的世界最不发达国家之一，经济结构单一，以农牧业为主，工业落后，基础薄弱，对自然和外援的依赖性强。农业和牧业是苏丹的支柱产业，但是自 20 世纪 90 年代中国石油天然气集团有限公司帮助苏丹开发石油资源后，苏丹政府对农业的重视程度有一定减弱。随着 2011 年南北苏丹分裂，苏丹大部分的产油区都被划入南苏丹，由此北苏丹失去了石油支柱，重新回到了重视农业和牧业发展的轨道上。虽然石油工业在过去促进了苏丹国家经济增长，但并没有显著地惠及当地人民，石油等相关业务的增长并没有为当地民众创造更多的就业机会，同时苏丹的长期战争及区域冲突已经迫使当地百万人流离失所，并使数百万人面临极端贫困。由于自然灾害、环境恶劣、资源退化等问题，苏丹存在严重的粮食不足及粮食危机。考虑到苏丹良好的自然资源、土地资源及大量可耕种的成熟灌区，中国山东国际经济技

术合作有限公司决定投资开发苏丹农业资源，并最终选定以棉花全产业链投资作为其在海外大农业开发的突破口进行试验。截至目前，该公司在当地棉花种植每年超过 20 万亩，每年可带动当地几十个村、3500 户农户致富并为 40 000 多人创造就业，极大地提升了当地人民的生活水平。因此，世界粮食计划署（WFP）于 2018 年把中国山东国际经济技术合作有限公司在苏丹的合作项目列为非洲人为非洲人做示范项目试点。

背　景

1. 项目瞄准的问题

2015 年，在中非合作论坛约翰内斯堡峰会期间，中苏双方签署框架协议，决定建设“中苏农业合作开发区”，继续提高两国农业合作水平。2016 年，中国农业部部长韩长赋与苏丹农业和林业部部长易卜拉欣·达赫里在苏丹法乌镇共同为“中国–苏丹农业合作开发区”揭牌，开发区的成立标志着中苏两国的农业合作迈上了新台阶。新纪元农业发展有限公司作为建设中苏农业合作开发区的发起单位与首家入园的核心企业，将持续带动中苏农业合作开发区向好发展，同时继续带动当地经济发展、当地人民脱贫致富。

2. 项目的主要内容

新纪元农业发展有限公司于 2012 年 4 月在苏丹成立，截至目前在苏丹总投资已达 5000 万美元，由山东高速集团有限公司的全资子公司中国山东国际经济技术合作有限公司作为境外投资平台而成立。目前，该公司在苏丹购置了国际先进水平的农机设备，建立了 4 万亩棉花良种繁育基地，每年自主种植、合作种植面积超过 20 万亩；已建成单座加工生产量为 1.5

万吨皮棉的轧花厂 3 座，加工质量处于当地领先水平，同时建成剥绒车间、种子加工车间、仓储、生活、办公、农机维修车间和种植营地等配套设施；开展农机、农资贸易，围绕棉花种植加工开展多种经营，棉花产量、加工量、良种培育量、贸易额等均居苏丹前列。

项目实施

1. 推行“公司 + 灌区 + 农户”种植模式

新纪元农业发展有限公司作为苏丹农业领域投资规模最大的中资企业，通过大农业投资项目和管理苏丹农业示范中心，成功带动了苏丹传统农业生产方式的改进和农民生产管理水平的提高，在当地推行的“公司 + 灌区 + 农户”种植模式得到了苏丹政府的高度认可，产生了广泛影响。该项目多年的成功实施，已对解决苏丹当地就业、带动周边棉花种植、提高苏丹棉花种植和加工水平产生了较大的积极影响。同时，新纪元农业发展有限公司在苏丹棉花投资的带动作用，使苏丹棉花产业发展达到了新的高度，种植规模和农户的种植积极性大幅度提高，棉花种植面积由 2013 年的 6.84 万公顷增至 2020 年的 40 多万公顷，增长了 6 倍。

2. 引进农作物新品种

新纪元农业发展有限公司与山东省农业科学院联合建设的中国援苏丹农业技术示范中心运行以来，协助苏丹政府完善了农作物转基因安全评价体系，多个农作物新品种通过了苏丹国家审定，研发的棉花品种“中国 1 号”“中国 2 号”及棉花栽培技术得到大规模推广应用，其中“中国 1 号”“中国 2 号”种植面积占苏丹棉花种植总面积的 90% 以上，棉花产量高于当地品种4倍以上。通过技术示范推广和技术培训，当地玉米、花生、油葵作物单产成倍增长，其中玉米单产提高2～3倍，花生单产提高2～3倍，油葵单产提高0.5～1倍。

3. 积极推动当地农业实现跨越式发展

新纪元农业发展有限公司已成为拓展中苏两国农业合作的排头兵。在前期科研成果推动的基础上，该公司通过租用土地繁育棉花良种、与当地农户开展合作种植等方式逐步扩大种植规模，棉花种植面积每年超过20万亩，已在苏丹的拉哈德灌区与纽哈勒法灌区形成集棉花良种繁育、种植、加工、贸易于一体的较为完备的产业链。当地合作农户收益逐年增加，附近村民人均收入每年增加约30 000镑（合2000多元人民币）。同时，该公司于2015年开始每年在当地开展籽棉对外收购业务，极大调动了当地农户种植棉花的热情，棉花收购价格逐年升高，成功调动了农户合作种植与自主种植棉花的积极性及与中国企业合作的热情，公司效益逐年增加。

成　效

目前，新纪元农业发展有限公司在棉花种植加工产业上已初具规模，也为苏丹当地带来了实实在在的脱贫成效。该公司积极履行企业社会责任，开展多种海外公益活动，并于2016年成立了专项扶贫基金，每年投入40万元人民币用于帮助当地政府完善基础设施建设，帮助当地村民改善村容村貌，修建学校、医院等。该公司已陆续收到来自当地政府、学校、医院等苏丹社会各界送来的感谢证书几十份。2020年1月17日，中国驻苏丹使馆向该公司颁发了“履行企业社会责任杰出贡献奖”，充分肯定了其为苏丹社会及人民做出的杰出贡献。

该公司带动了苏丹当地种植业结构的调整，从根本上改善了当地农业经济结构，促进种植业从“粮经”二元生产结构向“粮经饲”三元生产结构的转变，从而加快项目区农业现代化进程及商品经济的发展。

该公司未来将继续推动从棉花、油葵、苜蓿等农作物种植，牛、羊、骆驼等畜牧业养殖，到棉花纺织产品、饲料加工、奶制品深加工、肉类深加工、皮革制品加工，再到冷链、物流、国际贸易等农业全产业链发展，延长苏丹农业产业链条，促进苏丹农业从传统向现代化转型，满足当地市场需求，提高当地的农产品自给率，同时大大提升其国际市场竞争力和国际地位。

真实故事

人民日报2016年9月采访了苏丹当地农民巴夏，他是与新纪元农业发展有限公司合作的农户之一。他兴奋地对记者说：“自从与中国人合作后，农户们不仅每月都有工资，而且棉花等作物也由中国公司收购，我们的日子现在越过越好，都把原来的茅草屋换成了砖瓦房。现在，越来越多的村民希望与中国公司合作。”

经验与启示

新纪元农业发展有限公司将先进的农业种植技术带到苏丹，为当地农户提供优质种子，积极帮助他们解决种植过程中遇到的各种问题，与他们结下了深厚情谊，最终实现了当地农户与企业的双增收，切实带领当地人民脱贫致富。

该公司在参与海外公益活动的过程中，一定要把握当地经济发展规律，结合当地的实际情况，把带动农户致富与企业自身发展紧密结合起来，充分发挥自身技术、资源、人才和经济实力等综合优势，更好地带动当地农业发展，促进当地经济持续增长和贫困人口稳定增收，从而实现脱贫致富的目标。

金融政策支持

提升农信社能力助推普惠金融机构化服务

——国际农业发展基金中国农村金融项目案例

案例类型：金融扶贫

关键词：农村信用社，农村金融，妇女，普惠金融

提交机构：国际农业发展基金

摘　要

国际农业发展基金中国农村金融项目由国际农业发展基金（以下简称“农发基金”）支持，在重庆市云阳县、酉阳县两个国家定点贫困县开展，主要是通过扶持农村信用社（以下简称“农信社”）的机构建设、小额信贷融资支持、信贷产品开发、信贷技术创新等手段，提高农村金融机构为贫困人口、妇女的金融服务能力，增加贫困人口特别是女性贫困人口的信贷可得性。该项目执行机构为重庆市农村信用社联合社（以下简称“重庆市农信社联社”）及试点县农信社联社。项目期限为2004—2010年，2007年进行了中期评估，于2010年年底结束。该项目具体包括五个子项目，即政策发展、机构发展、业务发展、小额信贷融资支持及项目管理。该项目开展了农信社统一法人体制改革、市场化利率定价、益贫信贷产品研发、建立“妇女窗口”、农信社员工培训、绩效薪酬制度与激励机制改革等工作，完善了农信社基础设施、信息化系统，为农信社提供了融资支持，通过项目实施提升了农村金融普惠性，直

接受益农户达 10 611 户，其中贫困户、原信贷等级不达标户、女性贫困人口分别占比 16%、23% 和 9%。农信社对贫困户的贷款覆盖面达到 42%，账户拥有率达到 90%，其中女性账户拥有率上升了 40%。该项目区的贫困发生率降到 5%。

背　景

该项目于 2004 年由农发基金贷款实施。资金短缺通常是贫困人口无法实现脱贫的主要原因。自 1980 年始，农发基金即向中国提供贷款支持项目，助推减贫工作。到 2004 年该项目实施前，农发基金已经向中国提供了 17 笔贷款，总额约 4.29 亿美元[1]。贷款项目绩效总体良好，众多贫困农户得到了项目支持，尝试利用信贷进行现金增值和资本积累，从而实现可持续发展。在农发基金以往的国家战略项目中，直接信贷发放通常只是项目的执行方式，金融机构很少参与其中。这种方式的弊端是项目完成后相关的机构不可持续，缺乏支持长期发展的载体。因此，自 1996 年以来，农发基金项目尝试向农信社赋能，以提升农信社的金融服务能力、提高农信社的信贷服务水平、提升农村金融普惠程度。

该项目当时确定的预期目标有：一是改善试点的金融服务环境，增强贫困农户的金融服务可得性，提高其生活水平，有效和可持续地实现减贫；二是提升试点的信用环境，解决不良贷款问题，试验并推广新的业务、产品；三是试验农信社的政策改革，提高农信社的管理能力、经济效益和盈利能力，增强农信社的可持续性，使其更好地服务于农村金融。为实现以上目标，农发基金支持当地政府重组农信社，协助农信社网络

[1] 贷款总额 4.29 亿美元为从 1980 年到 2004 年中国农村金融项目开始前的统计结果。截至 2018 年，农发基金在华项目资金总额约为 26 亿美元，其中农发基金提供的贷款和赠款约为 10 亿美元。

执行政策改革，提高农信社的机构能力和业务经营能力，使其实现成本-效益平衡和可持续性，从而挖掘其在减贫方面的潜能。

项目实施

中国农村金融项目的期限为2004—2010年。项目实施区域为重庆市辖的云阳县、酉阳县，二者均地处山区，为国务院确定的贫困县。

该项目的组织实施主要由重庆市设置市级项目办公室负责，重庆市农信社联社[1]为主要的执行机构，在每个试点县的农信社联社设立县级项目办。在项目执行过程中，中国银行保险监督管理委员会（以下简称“银保监会”）[2]为项目办提供战略方面的指导。该项目主要参与主体的职责分工见下表。

项目参与主体的职责分工

机构类别	参与主体的职责分工
合作方	联合国机构、中国政府
发起、评估、监督机构	农发基金
执行机构	中国农村金融重庆市项目管理办公室、重庆市农信社联社及县级农信社
联合融资机构	县级农信社、省级农信社联社、银保监会
合作机构	联合国项目事务署

该项目总的资金投入为2130万美元，资金来源包括农发基金贷款、中国政府及相关机构的合作融资（见下表）。其中，农发基金贷款约占资金总额的69%。

[1] 重庆市农村信用合作社联合社于2000年12月23日挂牌成立，2004年9月更名为“重庆市农村信用社联合社”，并于2008年6月29日在重庆市农信社联社及重庆市辖39个区县的农村信用社、农村合作银行等基础上组建成立重庆农村商业银行。

[2] 当时名为中国银行业监督管理委员会。

项目投入资金来源

投入资金来源		金额 / 万美元
农发基金贷款		1470
联合融资	政府	41
	县级农信社	610
	重庆市农信社联社	9.7
	银保监会	2.4
合计		2130

该项目于 2004 年年初启动，之后各试点地区在农发基金与重庆市项目办的指导下开展实施，2007 年进行了中期评估，于 2010 年年底结束。具体实施过程见下图。

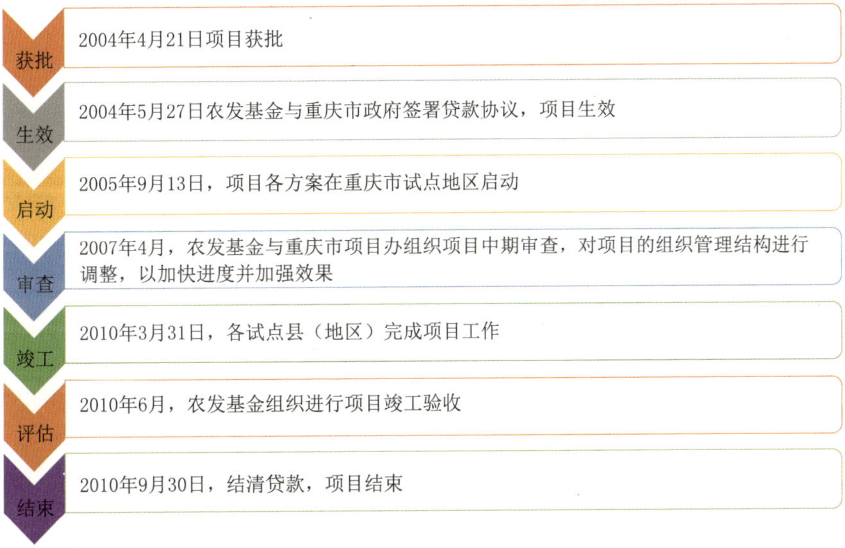

▲ 项目实施过程

中国农村金融项目包括五个子项目，即政策发展、机构发展、业务发展、小额信贷融资支持及项目管理。

农发基金为该项目贷款 1466.9 万美元，用于各子项目支出包括项目运营管理、土建工程、设备物资、交通工具开支、培训咨询、小额信贷的融资支持等，各项支出所占比例见下图。其中，用于小额信贷的融资支持占 42%，是一项最大的支出；用于培训咨询方面的支出次之，占 37%。

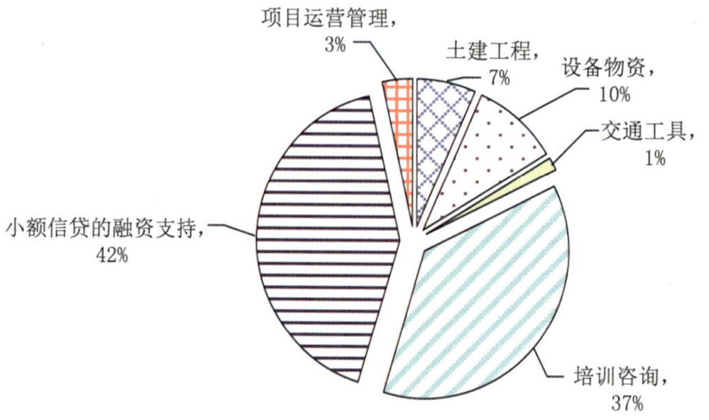

▲ 重庆市试点分项目投资占比

来源：《重庆市农村金融项目竣工报告》，中国农村金融重庆项目办，2010 年。

各子项目及其主要内容如下：

1. 政策发展

政策发展就是设计和实施有助于减贫、改善妇女地位的农村金融政策、产品和服务方式。政策发展具体包括利率自由化政策的推进、小额信贷、小组联保贷款、向妇女提供贷款等信贷产品创新和开发。根据项目目标，该项目在执行过程中各项政策、产品不断调试调整，已达到益贫和为女性赋权的目的。

（1）完善信贷政策，推行利率自由化政策。当时中国人民银行对农信社利率是管制的，允许农信社实行的最高利率（即利率上限）为基准利率的 1.5 倍，而在试点地区允许部分农信社的最高利率可为基准利率的 2 倍。该政策扩大了农信社的利率浮动范围，支持农信社联社自主定价，确定贷款市场利率。

（2）创新小额信贷方式，开发无抵押担保贷款产品，以放松贷款条件，降低贫困人口贷款门槛。县级农信社联社制定了关于贷款的各种详细的规章制度，并定期分析这些规章制度对借款人筛选、资助活动类型、投资组合质量、贷款风险和贫困家庭参与情况等的影响。然后，基于这些分析结果，对实施中的方案进行评估、反思、调整，帮助农信社联社找到合适的规章制度，以提高农信社在减贫方面的作用和自身的可持续性。

（3）进一步发展农信社联社和农信社的联保贷款。小组贷款策略已成为小额信贷的一种重要模式。该项目支持农信社进一步探索开发小组联保贷款，并开展试点。

（4）与妇女联合会合作，在每个农信社建立“妇女窗口”。农发基金与妇女联合会合作，支持建立“妇女窗口”。通过这个窗口，妇女可以以自己的名义获得个人或小组联保贷款。同时，根据农民需求提供金融知识培训，提高农村妇女的金融素养；村镇层面的妇女联合会成员协助有贷款需求的妇女组织联保小组，并为有需要的妇女代填写贷款申请表、将申请提交给农信社，增加农村妇女的金融获取机会和能力。经验表明，金融机构贷款给女性的风险较小。

（5）创新开发多种金融产品。该项目支持农信社进一步开发了多样化的金融产品，如创新还款方式，以分期还款方式取代试点前的一次性还款方式。

通过产品和服务方式创新，推进了农村金融普惠，让农民更便利地获得贷款支持。

2. 机构发展

（1）网点基础设施和设备更新。农发基金向农信社分配资金，助推设备维修、维护工作和更新，并增加必要的安全设施；同时，为每个农信社至少配备两台计算机和一台打印机，并在必要时为其提供计算机培训和特定软件。此外，农发基金在农信社与农信社联社之间建立了电子邮件连接。

（2）员工培训。支持农信社、农信社联社和银保监会省级工作人员的培训活动，同时为农信社经理、信贷员、会计和行政人员提供模块化培训，培训内容包括内部业务、政策及战略规划、机构及业务、专业技术等。

（3）推动农信社法人体制改革。该项目在试点县推动基层农信社转变为农信社联社的分支机构，以县为单位统一法人。这有助于单个农信社体量的增长，进一步发挥农信社的核心功能。

3. 业务经营发展

（1）改造升级会计系统，并对相关员工进行培训。该项目旨在提高现行会计系统与国际惯例的符合度，通过设计计算机会计系统推进风险准备金策略的整合。此外，该项目还为审查应计利息收入、重置贷款计划和注销不良资产等策略提供技术支持。

（2）完善并推广员工激励计划。部分试点地区基层农信社和农信社联社推出了员工激励计划，其中规定员工收入由60% 的最低工资和 40% 的绩效奖金构成。此外，通过两年一次的考核筛选员工，以保持或提高员工业务水平。

4. 小额信贷的融资支持

该项目试点地区为农信社提供中短期小额贷款、小组联保贷款、妇女贷款额外信用额度。中国人民银行存款准备金率的提高，抬升了农信社的再融资成本，同时限制了农信社信贷发放规模，小额信贷、小组贷款和妇女贷款等新产品受到资金短缺的制约。为此，该项目为农信社提供额外的融资支持、信贷额度，以扩大小额信贷、小组贷款和妇女贷款规模。对于这种类型的小额信贷，该项目和农信社各承担 50% 的融资。

另外，该项目还为农信社提供了信贷管理方面的相关技术服务，包括信贷申请的评定与认可、贷款发放和回收、风险管理、资金管理、对信贷活动的督导和监测等。

5. 项目管理

（1）该项目在每个试点县的农信社联社设立县级项目办。县级项目办负责活动的规划和实施，监测农信社的执行情况，并为农发基金项目落地提供支持。县级项目办主任由农信社联社任命。

（2）该项目在重庆市农信社联社设立省级项目办。重庆市项目办主任由农信社联社任命，成员由专业人员、会计师和秘书人员组成。同时，该项目经费覆盖每个项目办的运营成本，并将特定预算用于特设研究、顾问支持、研讨会和会议。

（3）建立国家协调与监测办公室。国家协调与监测办公室设在银保监会总部，办公室主任由合作金融监管部任命。机构成员由财政部和银保监会的代表组成。该机构负责提供政策指导，确保不同地区农信社联社实行的政策改革相一致并符合国家宏观政策。因此，它的职能是考察并监督项目内容的实施。

成　效

1. 各子项目实施的金融普惠作用与效果

（1）政策改革与发展方面。试点地区农信社完成了以县为单位的统一法人体制改革，并顺应市场发展的需要，于 2008 年转制成立重庆农村商业银行，进一步健全了法人体制和治理结构。同时，在项目执行期间推广了市场化利率定价政策，开发推广多达87个新的信贷产品。此外，该项目实施期间促进了试点项目区之间的跨区域交流，并推进了信贷策略创新方面的培训和内部协商机制，从而促进了试点地区金融机构的信贷产品研发。

（2）机构发展方面。该项目促进了金融机构基础设施的健全和完善，如网点的改造、内部系统的计算机化，同时通过大量培训课程促进了人力资源发展。两个试点县对56个网点进行了维修和改造，为118个网点添置了计算机和安全设备。在该项目支持下，各支行的经营条件有了显著提高。在项目执行期间，所有网点在硬件要求、安全设施、计算机设备上都达到了中国人民银行的要求（除了个别要迁址另建的网点外），整改率达到80%。基础设施条件的改善有效提升了农信社对贫困人群的金融服务能力，也增加了对客户的吸引力和市场竞争力。

（3）业务发展方面。两级项目办进行了各类人员培训13 395人次，先后进行了三次薪酬制度改革，聘请专家团队对信贷五级分类、信贷系统、信用卡系统、灾难备份系统、支票影像系统、报表系统、财务系统和信息系统的开发进行了前期专家咨询。

（4）小额信贷融资支持子项目方面。试点地区开展的以扶贫及妇女赋权为目标的小额信贷活动覆盖了21个乡镇、134个村，直接受益农户为10 611户，累计贷款金额达11 978.09万元。其中，国家认定贫困户1665户、低于原农信社贷款评级标准农户2429户、以女性名义贷款的953户，分别占直接受益人口的16%、23%和9%。

此外，试点地区开创性地推出了出国务工、家电下乡、针对解决返乡农民工就业问题的农民工返乡创业贷款、林权抵押、树木动产抵押、新型农村社会养老保险、巴渝新居、农民专业合作社、机械设备按揭贷款、发展贷、便捷贷等贷款新品种。这些新产品投放后，有效地扩大了农民，特别是贫困户、低收入家庭及妇女获得农村金融服务的途径。

2. 项目在减贫、人类发展和女性赋权方面的效果

通过实施金融项目，项目区的农户生活条件有了很大改善，可以通过人类发展指标的改善反映出来，如项目区2006—2009年农村安全饮水覆盖农户由62%提高到100%，住房条件改善的农户占55.6%，添置了电器或生产用牲口的占80.6%；2007—2009年，慢性营养不良儿童比例从50.98%降至34.31%，粮食安全月份达到100%。截至2009年年底，人均拥有粮食为428.6千克，比2005年的312千克增长了37.4%。

整体而言，该项目试点村的农户生计能力有所提高，贫困有所减少。试点地区的贫困人口信贷可及性、账户拥有量明显提高，贫困发生率明显下降（如2007年、2009年分别为16%和5%）。一方面，小额信贷的受益者可以扩大其家庭农业经营规模（如养殖农户的畜群规模扩大），增加农业投入，从而增加收入；另一方面，贫困家庭也积极参与非农创收活动，如村外兼职。据统计，2009年年底项目区人均收入达到3949元，比2005年的1975元人均增加1974元，增长近100%。收入增加也提高了农户耐用消费品的拥有量，从而促进生活水平的提高。

在人力资本方面，该项目在农信社员工培训上投入了大量资金，共有3260名工作人员接受培训，其中27%为女性。培训活动既加强了农信社联社自身能力的建设，又通过提升信贷服务让更多贫困农户受益。特别是，一些女性开立了储蓄账户并开始使用贷款（重庆女性储蓄账户持有人的比例上升了

40%），这一渐进过程会产生长期的女性赋权效果。

真实故事

2008年，在外打工多年的万州区白土镇五龙村村民周奎面临失业压力，决定返乡种植烟草。他将多年在城市就业的积蓄投入生产后，还有部分资金缺口。他了解到当地农村合作银行正在为返乡创业的人提供信贷服务，于是到重庆农村商业银行万州支行申请了10万元烟叶生产专项贷款，解了燃眉之急。获得资金支持后，他承包了250亩流转土地用于烟草种植，并雇用了8名固定工和25名季节工。在一年的烟叶销售中，周奎获得了纯收入15万元，他雇用的农民人均增收近7000元，远远高于当地3300元的人均年收入。

经验与启示

1. 推进金融普惠是减贫和向妇女赋权的重要手段

通过构建普惠性农村金融体系，提高贫困人口、妇女的信贷可得性，可以有效促进贫困人口增收脱贫、为妇女赋权、增强性别平等。因此，在以后小额信贷的融资支持项目中，应重点关注经济活跃的贫困农户和妇女占主导地位的家庭，通过对小额贷款融资支持和借贷技术的创新，增强这些人群的信贷可得性和资本积累能力。

2. 农村金融机构改革和法人治理结构完善是金融服务能力提升的保障

通过推进农村信用社统一法人体制改革与法人治理结构

的完善，实现了农村金融机构在基础设施建设、科技开发、产品开发方面的规模经济，提高了经营管理的规范化程度。同时，改革内部管理制度，建立了有效的权力-责任制度、激励制度，提高了内部经营管理效率。

3. 需要完善金融机构的基础设施、提高人力资本水平

健全和完善农村金融机构的基础设施、管理信息系统，是改进和提高农村金融服务能力的基本条件与前提。而实现金融普惠，需要加大对员工的培训力度、提高员工的小额信贷服务技能。

4. 信贷技术创新、新产品开发是破解农村金融服务难题的重要抓手

农户贷款难是当前“三农”工作中的普遍性难题。通过信贷产品的开发，以及小组联保贷款、分期还款等信贷技术的创新，降低了贫困人口的金融服务可及门槛，提高了贫困人口的信贷获取能力，发挥了有效的金融减贫作用；通过设立“妇女窗口”鼓励以妇女名义贷款，提高了妇女的信贷可及性和社会地位。

5. 需要提升农村金融机构的融资能力

该项目通过提供融资，扩展了金融机构发放小额贷款的资金基础，扩大了面向贫困人口、妇女的小额信贷规模，提高了金融普惠水平。因此，扩充金融机构的融资渠道，中央银行加大对农村金融机构的支农贷款扶持力度，缓解农村金融机构的融资困难，是扩大农村金融普惠的重要手段。

6. 建立健全小额贷款利率的风险定价机制

采取按市场利率定价办法，制定合理利率水平，是金融

机构实现商业可持续性的保证。农信社或农村商业银行及其员工需要增强利率定价意识，对贫困和特殊人群的信贷服务要采用适当的差别化利率，以覆盖贷款成本和弥补风险。

“银行 + 保险 + 期货”金融扶贫模式为苹果产业发展注入新动能

——中国人民银行在陕西省延安市的减贫实践

案例类型：金融扶贫

关键词：陕西，银行，保险，期货，苹果

提交机构：中国人民银行延安市中心支行

摘　要

“银行 + 保险 + 期货”是一种金融联合支持产业发展模式，是随着金融支持农业发展实际需要而不断推进、创新的服务方式，银行为产业发展提供融资支持，保险为产业发展保障最低收入，期货通过设计价格场外衍生品对冲产业发展风险。从2017年开始，中国人民银行延安市中心支行结合延安苹果主导产业特点，联合政府相关部门、金融机构在辖区国家定点贫困县延长县开展“银行 + 保险 + 期货”试点工作，随后在宝塔区、富县等地推广。2017—2021年，项目已进行5轮，累计为四个县区19.5万亩苹果投保，共计赔付6535万元，涉及贫困户2708户。该模式运用金融的力量和市场的手段，避免了市场价格波动对果农收入的影响，优化了当地苹果产业结构，为苹果产业打造新业态注入了新动能。

背 景

延安市是苹果优生区，其 13 个县（区）全部为省级优质苹果生产基地，苹果种植面积约占全省的 1/3、全国的 1/10、世界的 1/20。全市有 100 多万人口从事苹果产业，占总人口的 45%，覆盖有劳动能力贫困人口的 70.5%，年人均果业收入为 5000 元以上。苹果产值占农民可支配收入的 50% 以上，南部基地县及北部果业专业乡村占农民收入的 95% 以上。

苹果产业具有弱质性，苹果价格易受季节及国内外供求关系、经济政策、自然条件等多重因素影响，尤其近些年苹果连年遭受自然灾害，影响苹果销售价格的不确定性因素不断增多，“同果不同价”“丰年难丰收”的现象时有发生，导致农户收入缺乏保障，持续发展能力受阻。同时，传统农业保险只对天灾等影响农作物产量的险因进行保护，无法规避市场供需变化对农民收入的影响，而作为重要避险手段的农产品价格保险因面临的风险敞口较大，难以得到大范围推广。苹果“银行 + 保险 + 期货”作为一种新型金融支持产业模式，能够降低苹果价格市场波动对果企、果农造成的经济损失，成为帮助他们降低经营风险、增加收入的利器，成为破解市场风险、增加产业持续发展动力的良方。

项目实施

延安市延长县积极引入银行信贷资金，从先行开展价格保险到创新“银行 + 保险 + 期货”金融扶贫模式，探索出了风险共担、互利共赢的新机制，既规避了市场风险又稳定了果企、果农收入，对整合金融资源、扩大产业规模、促进产业优化升级起到了积极作用。

1.“银行 + 保险 + 期货”模式的主体及责任

“银行 + 保险 + 期货”是一种可持续的金融支持农业发展模式，由政府进行补贴和担保，银行提供生产及经营资金，农业经营主体投保以保障收入，保险公司提供保险产品并利用场外期权对冲赔付风险，期货公司在期货市场进一步分散风险的“五位一体”、共担风险、共同推动农业发展的模式。延长县“银行 + 保险 + 期货”模式的各主体及其责任如下：

（1）地方政府承担 20% 保费补贴，协调各方工作。

（2）保险公司提供苹果价格保险产品并免收通道费，评估苹果产量，购买看跌期权。

（3）期货公司。7 家期货公司共同承担 45% 保费；为保险公司设计相应的苹果期货价格场外衍生产品，对冲风险。

（4）商业银行承担 15% 保费，提供融资支持。

（5）苹果果农承担 20% 保费。

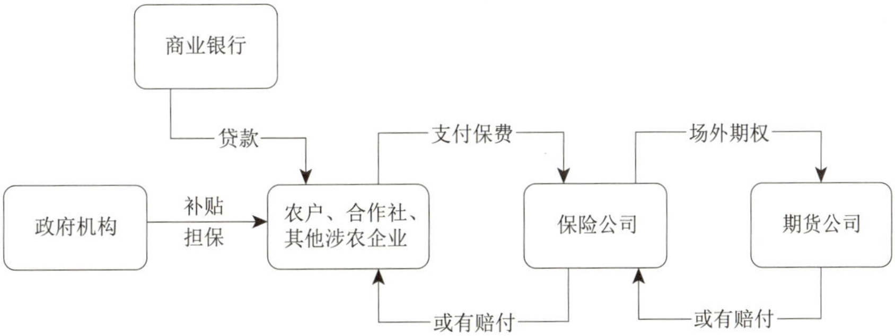

▲ 延长县“银行 + 保险 + 期货”模式的各主体及其责任

2.“银行 + 保险 + 期货”模式的运作流程

（1）农户购买苹果价格保险。果农从保险公司购买苹果价格保险，每吨苹果需缴纳 560 元保险费，其中果农承担 20%、政府补贴 20%、商业银行承担 15%、期货公司承担 45%，即果农只需缴纳 112 元，便可获得 10 860 元 / 吨的承保价格。

（2）保险公司购买场外期权。保险公司将所收保险费全额转给期货公司，与期货公司签订场外衍生品交易协议、买入场外看跌期权。若价格下跌，保险公司对场外看跌期权进行行权，期货公司将与赔款等额的行权收益支付给保险公司。

（3）期货公司进行风险对冲。期货公司在期货市场上进行对冲操作，把在期货市场中获得的收益作为支付给保险公司的行权收益。保险公司可根据市场行情，选择在价格合适时提前平仓、在价格下跌时进行行权、在价格上涨时选择到期弃权等。

（4）银行为农业经营主体融资。一是开发专项融资产品“苹果贷”“易农贷”，与省农业信贷融资担保有限公司合作提供担保类“三农”融资；二是在工行“融 e 购”电商平台设立延长苹果销售专区；三是发行挂钩苹果专项理财产品，丰富果农理财产品等。

（5）到期进行赔付、合同终止。若保险期内产品平均售出价格低于保险约定价格时，投保人可通过保险公司获得“承保价格-市场价格”的差额赔付以锁定收益，间接兜底了果农的收入；若保险期内售出价格高于约定价格，则保险公司不需赔付，投保人获得市场较高收益。

3.“银行 + 保险 + 期货”模式的实施过程

（1）延长县先行开展苹果价格保险。2017 年 10 月 18 日，延长县先行开展了“机拣苹果”价格保险试点工作，共参保 47 户、645 亩、967.5 吨，保险费用为 9.675 万元，保险公司到期赔付农户 0.4 元 / 千克，共赔付农户 38.73 万元，起到了良好的保障作用。

（2）延长县开展苹果“期货 + 保险”试点。苹果期货上市后，2018 年 1 月 24 日，延长县与华信期货股份有限公司、中国人民财产保险股份有限公司延安分公司签订了苹果“保险+期货”合作协议，开展苹果“保险+期货”试点工作，最终完成试点保险苹果196吨，涉及贫困户6户，保费为407.04元/吨，共计79 780元，由华信期货股份有限公司全额补贴。签约保障价格约为8000元/吨，实际收购价格约为6900元/吨，2018年3月8日保险公司按照每吨约1100元的标准对投保农户进行了赔付，共计赔付19.8万元。

（3）延长县创新“银行+期货+保险”金融扶贫模式。2018年11月2日，延长县创新“期货+保险+银行”金融扶贫模式，为38个乡村的906户农户承保苹果1.5万吨，其中涉及建档立卡贫困户153户，投保金额840万元，涉及果园面积1万亩，投保约定价格为10 860元/吨。保险期内苹果价格上涨，保险公司不需赔付，但为了减轻果农负担，按照保底赔付方案仍向果农返还其自行交付的保费168万元，果农在获得市场高价收入的同时得到了返还保费。人民银行延长县支行引导商业银行当年向交割库企业贷款6400万元，其中运用再贷款资金2220万元，帮助果企扩增冷库规模和选果流水线设备。中国工商银行延长县支行向4家果业公司（合作社）发放“工银易农贷-苹果通”涉农扶贫融资产品，用于有机肥采购、技术服务指导及仓储物流等。

（4）“银行+期货+保险”模式在延安多个县（区）推广。2017—2021年，项目已进行5轮，累计为4个县（区）19.5万亩苹果投保，共计赔付6535万元，涉及贫困户2708户。其中，延长县累计承保10.4万亩，合计赔付533万元，惠及农户6401户；富县2019—2021年累计承保8.4万亩，合计赔付3596万元，惠及农户7226户，其中贫困户1706户；黄陵县于2021年实施全国首单苹果“保险+期货”收入险试点，为 15 个村 607 户 7049 亩果园提供了产量、价格“双保险”，合计赔付 249 万元，涉及贫困户 72 户。

成效

1. 稳定果农收入，提高抗风险能力

通过设定目标价格、购买看跌期权，将农产品所面临的相关风险分散到期货市场上。期货市场本身所具有的价格发现、风险管理等功能，能够为农产品企业和农户提供价格信号、降低生产经营风险。果农和企业不仅可以通过购买保险保证收益、稳定收入，而且通过参与期货交易、套期保值提高抗风险能力，甚至从期货市场获取资本收入。

2. 解决融资难题，搭建金融对接桥梁

政府、银行、保险、期货深入合作、风险共担。政府为果农和企业提供坚实的信用背书；银行可降低信贷风险，积极为农户提供信贷融资，为企业提供收购资金、生产经营资金等；保险公司为农产品进行价格兜底，同时通过期权投资对冲风险；期货公司打开了与农业对接的新渠道，向农业主体普及了更多期货知识，培育了更多客户，提高了农产品期货市场参与度。

3. 掌握价格走势，增强市场定价权

期货价格公开透明，农户、企业更容易了解农产品期货价格，进而折算自己的产品价格，有利于降低市场交易中信息不对称所带来的价格风险，在交易时获得公正合理的价格，有效缓解私下磋商时的价格不公平问题，解决价格发现效率滞后出现的好货贱卖、囤货滞销情况。

4. 转变生产经营观念，推动农业现代化发展

期货产品要求高、具有统一标准，如苹果期货选品在半径、甜度、表皮等方面都有仓单标准。该模式通过执行交割标准，促进企业借助“期货 + 订单”业务、运用“公司 + 合作社 + 农户”模式，引导农户提高管理水平，解决缺乏统一标准、农户标准化生产意识不足、高质量农产品较少的问题，推动当地农业标准化生产、加强技术革新，从而切实提高产业效益和竞争力。

真实故事

杜卫兵是延安市富县交道镇逊村的建档立卡贫困户，54 岁，全家 4 口人，2015 年妻子因患脑梗死成为植物人，两个儿子一个在家务农，一个外出打工。面对高昂的药费，杜卫兵将全部的希望寄托在 10 亩果园上，但因苹果价格波动较大而忐忑不安。适逢苹果“保险 + 期货”模式正在推广，但他无力承担保险费，帮扶干部为他垫付 950 元购买了苹果期货保险。当年苹果的市场价格低于签约保障价格，他最终获得了 9500 元的赔付，保障了其苹果的生产收入。同时，富县农村合作银行为杜卫兵提供了 5 万元的扶贫小额贷款，帮助其发展苹果种植，解决资金困难。近万元的赔付款到账后，杜卫兵难掩喜悦之情，他说：“最近果价下跌，我的 5000 千克苹果都入了库，这是今年种苹果的第一笔收入，对我们家来说太重要了。”

经验与启示

“银行 + 保险 + 期货”模式源于金融精准扶贫、服务于乡村振兴，银行从投入端提供资金，保险和期货从收入端保障收益。该模式的推广应用可以用金融的力量和市场的手段，提高农业主体改进生产、参与保险、销售经营的积极性，降低市场价格波动对农户收入的影响，通过金融引导为农业发展注入新动能。

1. 各方分摊保费，减轻果农负担

该项目责任主体共同出资承担保费，其中果农只需承担少量的保费，负担轻、易接受。同时，保险期内苹果价格上涨，保险公司不需赔付，但为了减轻果农负担，按照保底赔付方案仍向果农返还其自行交付的保费，农户在获得市场高价收入的同时得到了返还保费，大大降低了农户农业生产的风险，更提高了其参与的积极性。

2. 实施双保险，切实保护果农收益

投保人（一般为果农）购入保险公司相关产品价格险，保险公司所收的保险费被全额转给期货公司，通过期货公司买入看跌期权进行再保险。如果保险期内产品平均价格低于保险约定价格时，投保人可通过保险公司获得赔付，而保险公司则可以通过期货公司的看跌期权得到赔付。如果保险期内产品平均价格高于保险约定价格时，则保险公司不需赔付，投保人获得市场较高收益。黄陵县实施的“保险 + 期货”收入险模式，不仅在果价下跌时果农可以收到赔款，而且在产量损失时同样可以获得相应赔付。

3. 银行介入支持，促进苹果产业发展

引入银行通过对交割库或龙头企业的扶持，在现货销售、货物储存及加工贸易环节提供融资支持，多维度促进产业转型升级。同时，农户或新型农业经营主体在参与“保险 + 期货”后收入得到保障，提高了在银行的信用水平，同时银行对其中符合贷款条件、有融资需求的农户、农业企业发放贷款，解决其从事农业生产的资金问题，形成良性循环。

棉花普惠金融“银行 + 期货 + 保险”扶贫模式

——中国建设银行的新疆金融扶贫实践

案例类型：金融扶贫

关键词：新疆，银行，期货，保险，棉花

提交机构：中国建设银行新疆维吾尔自治区分行

摘　要

针对新疆的恶劣天气对出苗期的棉花产生不可逆的影响，新棉的产量和质量将受到极大的影响，中国建设银行通过“银行 + 期货 + 保险”扶贫模式提高金融服务水平，以“金融精准扶贫”探索发展为契机，主动适应新疆生产建设兵团深化改革要求和发展实际，采取如下措施：通过强化与中国建设银行的附属公司建信期货有限责任公司（以下简称“建信期货”）、中国人民财产保险股份有限公司（以下简称“人民财险”）的业务联动，向新疆棉农推出棉花期货价格保险项目；建立“农业补贴、农产品期货和农业保险”联动机制；提供价格风险管理及资金融通的新途径，使市场在资源配置中的决定性作用不断加强，实体经济风险管理的需求也日益提高。

背　景

1. 项目解决的问题

虽然农业是国民经济的基础、立国之本，但由于农业生产的特殊性，长期以来存在较多问题，如棉花产业风险管理需求迫切，棉农抗风险能力弱，棉花产业链面临棉价较大波动风险，棉农收入不稳定、担保缓释不足，棉农难以获得银行信贷支持等。如何规避农业生产经营风险，保护种植者、经营者的利益，是需要关注和着力解决的问题。当前，我国正处于大力推进农业现代化、加快转变农业发展方式的关键时期，市场化改革是必经之路。中国建设银行新疆维吾尔自治区分行积极跟进和创新棉花领域金融扶贫工作，向新疆棉农推出棉花期货价格保险项目，提供风险保障。

2. 项目的主要内容

随着市场化改革的不断深入，市场在资源配置中的决定性作用不断加强，实体经济风险管理的需求也日益增加。通过金融“银行 + 期货 + 保险”扶贫模式，完成创新项目，进一步健全农村金融服务体系，形成金融支持农业发展的合力。

项目实施

中国建设银行通过与其附属公司建信期货对接，并联合人民财险、棉麻公司，积极跟进和创新棉花领域金融扶贫工作，向新疆棉农推出棉花期货价格保险项目，首次在棉花产业领域建立“农业补贴、农产品期货和农业保险”联动机制，提供风险保障。

1.“银政保”创新项目

由郑州商品交易所支持，中国建设银行、建信期货、人民财险共同发起棉花普惠金融“银政保”创新项目。该项目参保农户均为建行小额信用棉花种植贷款，建信期货和保险公司以郑州商品交易所提供的保费为农户提供保价服务，以保险期内棉花期货每日收盘价的算术平均价为赔付差价，同时增加最低赔付金额。建信期货与人民财险确定保险价格后签订交易确认书，人民财险根据保险价格为农户出具保单。如果到期赔付采价低于保险价格，则差额部分由建信期货赔付给人民财险后，人民财险再给农户赔付，差额不足部分按照最低赔付金额进行赔付。

2. 项目操作流程

（1）建设银行联合建信期货在春播时发放农户信用贷款，试点以棉花期货价格保险作为风险缓释条件，为农户提供个人支农信用贷款，批量放款，无抵押，无担保，且贷款利率按照中国人民银行规定同期同档次贷款基准利率水平执行。

（2）建设银行将棉花期货价格保险风险缓释需求告知人民财险，同时反馈建信期货及其子公司建信商贸有限责任公司（以下简称“建信商贸”）；由人民财险设计相关棉花价格保险方案，建信商贸根据当前期货市场价格情况设计符合相关需求的场外期权产品（即再保险）并进行定价，然后反馈给人民财险，经过协商确定最后的产品类型和价格。

（3）建信商贸与人民财险签署场外期权产品协议，人民财险根据建信商贸的场外期权入场价格确定最终棉花保险价格，并出具正式保单；建信商贸在国内期货市场进行对应标的期货交易，对冲场外期权的价格风险。

（4）最终到期时，建信商贸根据场外期权产品盈亏情况向人民财险支付行权收益，而人民财险则在价格达到赔付条件的情况下向棉农进行赔付，赔付资金直接划转至农户专用的建设银行贷款账户确保农户顺利还款。

（5）建设银行与借款人签订协议额，明确合作双方在产品推进中的权利和义务，与村委会建立联系沟通机制，做好贷款管理工作，同时在秋收期间向棉麻收购企业发放棉花采购贷款用于优先支付和收购贷款农户棉花，确保支农贷款资金顺利还款。项目操作流程中各方关系见下图。

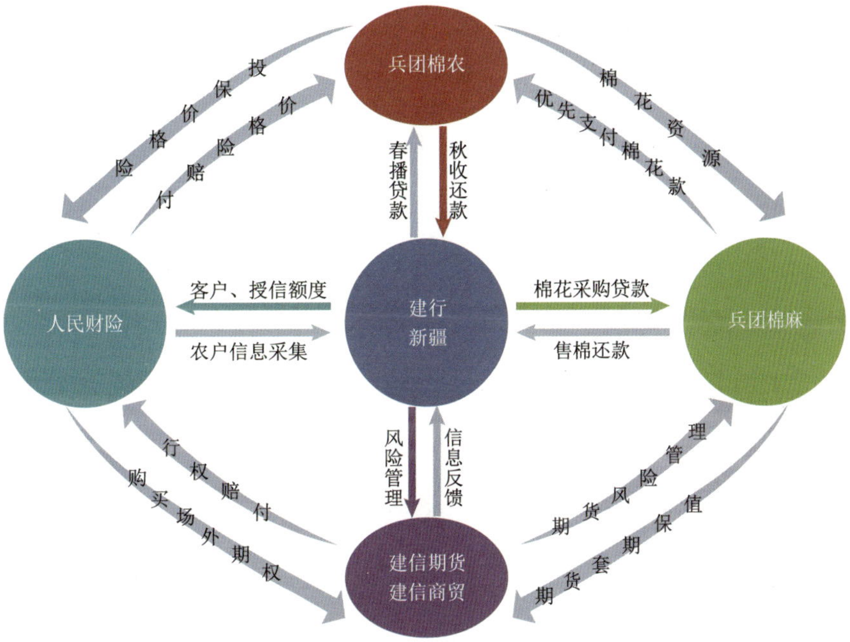

▲ 项目操作流程中的各方关系

成　效

从两年多的实践来看，“银行 + 期货 + 保险”三方合作试点项目不仅适应了支持棉花领域“三农”发展、应对棉花价格波动，以及提升农业信用、强化棉花产业链风险管理等方面的客观需要，而且较好地稳定了农户收益，拓宽了金融机构的业务，降低了各参与金融主体风险，初步形成了多方共赢的局面。

1. 普惠金融“银行 + 期货 + 保险”，金融协同创新升级

该模式由建设银行向农户提供贷款，建信期货和人民财险为贷款农户提供保价服务，确保棉农利益，缓释银行信贷风险。建设银行积极与建信期货开展涉农风险管理业务合作，探索农产品“银行 + 期货 + 保险”发展模式，促进优势互补、互惠互利，探索缓解涉农企业融资难问题的市场化渠道和标准化产品，为金融机构在涉农风险管理、普惠金融贷款方面的业务探索提供了新思路、开辟了新路径。

2. 普惠金融“银行 + 期货 + 保险”，社会效益显著

一方面，通过市场化运作对冲棉农所面临的价格风险，较好地保障了棉农利益，解决政府、企业和农户的痛点，稳定了棉花的收入预期，减轻了政府投入压力，建立了缓解涉农融资难问题的市场化渠道和运行机制。另一方面，农户在种植贷款、价格保险和棉花销售等方面得到全面保障，解决了棉农的后顾之忧，人员稳定性进一步增强，人口集聚能力提升，有利于从根本上实现脱贫摘帽。

3. 程序化对冲及技术创新

依托建设银行境内外金融全平台优势和经验，建立了业务流程、对冲交易和风险管理的自动化系统，并参照海内外经验结合自主创新，通过 GARCH 模型估测未来波动率保证对冲的有效性，通过采用最低赔付和自动化创新对冲方案有效控制试点成本并提高赔付率。

帮扶单位：中国建设银行新疆维吾尔自治区分行。

帮扶主体：新疆生产建设兵团第三师图木舒克市。

项目运作：2019 年 3 月，建设银行棉花普惠金融“银行 + 期货 + 保险”扶贫模式在新疆生产建设兵团第三师图木舒克市举行现场赔付仪式，现场赔付的成功落实极大地激发了棉农的参与热情，在当地产生了轰动效应。大家真切地感到棉花普惠金融“银行 + 期货 + 保险”扶贫模式能够更好地保障棉农的利益，减少政府投入，通过市场化运作对冲棉农所面临的价格风险，建立了缓解涉农融资难问题的市场化渠道和运行机制，也使扶贫工作不再是口号，通过切实强化社会合力真正将扶贫政策落到实处。同时，现场赔付成功后立即得到当地政府的高度认可，后期将按照“先行试点、先易后难、总结经验、逐步扩大”的工作思路进一步加强模式推广和运用成效。

项目收益：406 户棉农从承保机构手中累计拿到赔付金额 101 万元，单个棉农最高赔付额达 1.85 万元，充分利用市场化运作及专业化水平规避棉花波动风险。此次金融扶贫模式的成功开展不但较好地稳定了农户收益，提高了贷款安全性，而且取得了良好的社会效益和综合收益。

经验与启示

在现有成功经验的基础上，“银行 + 期货 + 保险”模式可进一步扩展为“政府 + 银行 + 期货 + 保险”模式，在继续为棉农提供风险保障的基础上实现棉花全过程的节本提质增效。

1. 建设银行搭建棉花产业链共享平台

合作社、棉农、产业链条的各家公司在平台上注册，全程电子化，公开透明。其中，合作社由农民自愿加入，以土地入股，也可以把土地托管给合作社。合作社实行“统一品种、统一整地、统一播种、统一管理、统一采收、统一交售”的六统一标准化管理。

农资公司（如种子、农药），农机合作社、劳务公司、轧花厂、运输公司等与合作社建立社企联盟，借助建设银行的“金融 + 科技 + 全牌照 + 全功能”的优势，以银行信用为支撑，打通棉花产业链条各个节点，各单位在平台上共同为棉农服务，去掉中间商，链接到最终的产品厂家。平台上的各家公司只为合作社提供服务，不参与皮棉利润分成，合作社只支付劳务费、加工费、服务费，最终的商品（皮棉）归合作社、棉农所有。

2. 发放个人棉花种植贷款

春播时，建设银行通过“银行 + 期货 + 保险”产品为棉农发放棉花种植贷款，即建设银行联合建信期货在春播时以棉花期货价格保险作为风险缓释条件，为棉农提供个人支农信用贷款；保险公司设计相关棉花价格保险方案，建信商贸根据当前期货市场价格情况，设计符合相关需求的场外期权产品（即再保险），并将定价反馈保险公司，经过协商确定最后的产品类型和价格，签署场外期权产品协议，保险公司出具正式保单，建信商贸在国内期货市场进行对应标的期货交易，对冲场外期权的价格风险；最终到期时，建信商贸根据场外期权产品盈亏情况向保险公司支付行权收益，保险公司在价格达到赔付条件的情况下向棉农进行赔付，赔付资金直接划转至农户专用的建设银行贷款账户确保农户顺利还款；建设银行与村委共同做好贷款管理工作，同时在秋收期间向棉麻收购企业发放棉花采购贷款，确保支农贷款资金顺利还款，棉麻企业结合棉花收购及销售情况，可对净敞口继续通过期货合约进行风险对冲。

3. 发放建设银行籽棉收购贷款

目前，棉花大多为机采，机采后直接运输到指定的轧花厂，建设银行根据籽棉收购系统向合作社发放贷款，贷款资金兑付到棉农手中，棉农归还春播时个人棉花种植贷款。该项流动资金贷款担保方式采取皮棉期货标准仓单质押（未来货权 + 全过程监管）的模式。

未来货权 + 全过程监管的实现方式。一是建设银行接入籽棉收购系统和棉花加工检验综合数据平台，查询相关信息；轧花厂的皮棉购买财产险，受益人为建设银行。二是皮棉运输。棉花被加工成一定数量的皮棉后，会短途运输到郑州商品交易所的监管库。短途运输签订三方协议，指定运输方和仓库。每车棉花在出库前进行运输保险，保险受益人为建设银行。三是建信商贸代持标准仓单。皮棉仓单注册为建信商贸的期货标准仓单，根据客户的需求购买皮棉期货套期保值及销售皮棉，先款后货，皮棉销售资金打入建设银行指定的账户后，建设银行通知建信商贸出货，最后完成贷款归还。

4. 期货、现货灵活销售及对公交易撮合平台

可充分发挥期货、现货市场的功能，全年均可销售棉花，避免了秋季交售价格前后高低不稳定的情况。一方面，在期货市场上销售，价格锁定，保障收入；棉农可专注于棉花产量和质量问题，或者外出务工，由合作社自行经营，彻底与田间劳作分离；棉农作为合作社的股东参与皮棉销售带来的利润分配。另一方面，由于皮棉统一注册在建信商贸的名下，建信商

贸充分利用建设银行对公交易撮合平台，发布皮棉信息，帮助棉农、合作社销售皮棉。

建设银行“银行 + 期货 + 保险”扶贫模式充分发挥了在银行、期货、商贸等方面的全牌照、全流程业务优势，实现了“三农”服务的跨界融合。后期，建设银行将充分发挥金融的作用，形成更多金融协同服务“三农”、精准扶贫的合力，在继续为棉农提供风险保障的基础上，推动棉农从传统习惯卖籽棉转变为自主卖皮棉，去掉中间商，进一步增加棉农收益，全面推进乡村振兴战略。

可持续发展

推进农村道路建设，促进性别平等

——亚洲开发银行的印度农村互联互通投资计划项目

案例类型：基础设施建设

关键词：印度，农村道路，性别平等，女性赋权

提交机构：亚洲开发银行

摘　要

亚洲开发银行（以下简称“亚行”，ADB）的农村互联互通投资计划项目是一种多期项目融资机制，旨在协助印度在阿萨姆邦、恰蒂斯加尔邦、中央邦、奥迪萨邦和西孟加拉邦实施其国家农村公路计划。该项目第一期是农村互联互通投资计划的一部分，它覆盖五个项目邦3461千米的目标农村道路和1600个农村居民点的受益人。整个计划，包括项目第一期在内，是要为项目覆盖的贫困农村社区的妇女赋权做出贡献。同时，在亚行项目性别分类系统中，该计划被归为“有效的性别主流化”。因此，亚行要求该计划在其设计与监测框架中纳入性别平等和妇女赋权的目标，并制订项目专门的性别行动计划。

该项目第一期的性别行动计划所含的性别平等和妇女赋权目标有两个相辅相成的组成部分，即道路基础设施建设（如为妇女提供就业机会、道路安全措施）和强化机制（如妇女参与规划和决策、发展促进性别平等机构的能力、将性别平等和

妇女赋权指标纳入项目监测体系等）。对项目结果的评估表明，该项目第一期让 1787 个农村家庭直接受益，其中 46% 是特殊家庭，10% 是女户主家庭。道路建筑工人和维护工人中妇女分别占比 37%、44%，她们享受同工同酬。妇女的影响力还体现在道路联盟和申诉处理委员会上。总的来说，改善农村公路网带来了更高的农业产值、更好的种植模式、更高的农产品价格、妇女和女孩的安全流动及提高妇女社会经济地位的机会，增强了妇女的自信心和领导力。

背　景

农村互联互通投资计划项目是一种多期项目融资机制，旨在协助印度政府实施其国家农村公路计划。该项目第一期已于 2018 年 6 月 30 日完成，主要对阿萨姆邦、恰蒂斯加尔邦、中央邦、奥迪萨邦和西孟加拉邦服务于 1600 个农村居民点的 3461 千米的农村道路进行优先修建和改建，达到全天候通行标准。该项目还设定了加强机构安排、商业流程，提高机构在道路设计和运行、安保和安全、资产和财务管理等方面能力的目标。该项目的预期影响是要在上述五个项目邦实现包容性社会经济发展；预期结果是要在农村社区，特别是贫困农村家庭与社会基础设施、服务和经济发展中心之间建立有改善的、可持续的互联互通。该项目第一期制订了性别行动计划，旨在让妇女参与项目计划设计和实施的过程，使她们最大限度地从道路建设和维护中获益，并且为妇女提供提高技能、收入和在决策过程中的参与度的机会。

项目实施

该项目第一期的性别行动计划的内容包括为妇女参与需要技能或不需要技能的道路施工和维护工作创造机会，从而提高她们的经济能力；对脆弱的女性户主家庭采取有针对性的措施；为妇女参与项目规划及道路联盟和申诉处理委员会提供空间；在设计道路时，融入对老年人、儿童、妇女和残疾人友好的特征；开发具有社会包容性和性别响应的培训资料；确保妇女参与技术性和非技术性的农村道路能力发展活动；加强项目利益相关人（包括项目实施单位的人员、被选举代表、承包商和项目咨询专家）在农村道路发展项目中开展性别主流化的能力；确保项目监测机制分性别收集数据，掌握和报告项目在性别平等和妇女赋权方面的成果。

开展该项目的各邦项目实施咨询专家支持实施了性别行动计划。在计划实施过程中，该项目提供了充足的资金、人力和有力的技术支持，这些资源都得到了有效的利用。协助有效地实施性别行动计划的方法包括对项目人员和承包商进行关于道路建设和维护的社会、性别方面的常规指导；从项目实施咨询专家和项目实施单位中指定专人负责性别焦点，以保证性别行动计划的实施质量，使项目成效得以跟踪；要求承包商使用标准化格式文件，对参与道路施工和维护工作的工人按性别收集数据。

成　效

为了掌握农村道路改善后的定性影响，该项目进行了一次实地评估。[1]正如设想的那样，该项目带来了包容性的社会经济增长，减少了贫困，挽回了机会。性别行动计划的活动为妇女和机构的性别主流化能力带来了以下实际和具有战略性的利益。

1. 农村道路的互联互通性和人们的流动性得到了增强

该项目完工时，共修建3782千米全天候农村道路，有1787个农村居民点从中直接受益，其中46%的家庭是脆弱农户，10%的家庭是妇女户主家庭。受访的妇女受益人表示，该项目的主要益处是她们出门更安全了，获得发展项目、生殖保健等服务的机会更多了，儿童上学的路更好走了。她们还表示，道路的互联互通对减贫、增加就业机会、获得更好的服务做出了很大贡献。

2. 妇女的经济赋权

参与农村道路建设的妇女有197 160人，占农村人口总数的37%；参与道路养护的妇女有36 735人，占农村人口总数的44%。五个项目邦均报告称完全遵守了劳动法。标准招标文件包含与性别有关的规定，如雇用妇女同工同酬和禁止雇用童工等。

3. 对扶贫、机会丧失和经济机会的影响

农村道路互联互通的改善大幅度促进了从事农业、贸易、运输和其他服务业家庭的收入增长，加强了农村与市场、区域中心和其他经济活动中心的联系，增加了非农就业机会。虽然收入增长和贫困状况的改善有其他因素的贡献，但道路互联互通是人们生活改变的主要促进因素。

---

[1] 为整理定量和定性数据，该项目挖掘了初级和二级数据来源，共进行了107次焦点小组讨论和68次深入访谈，覆盖了60条道路沿线农村居民点的1280名受益者，其中大部分是妇女和女孩，累计受益人口为12.8万人，受益的道路长度为227.54千米。参见亚行2019年3月公布的《印度性别平等成果案例研究》。

4. 在领导力和决策过程中的性别平等

妇女参与了道路联盟和申诉处理委员会的识别过程。村级委员会中的妇女代表能影响道路设计和路线、投诉处理及村社区在道路施工和养护中的参与度。

5. 强化性别平等

五个邦的农村互联互通培训研究中心采用社会包容和性别响应的培训方式、方法，为项目实施单位的人员（其中 12% 为女性）、乡村自治机构代表（其中 37% 为女性）、设计咨询专家和承包商共组织了 119 期培训班。性别和社会安保培训是培训课程的一部分。该培训研究中心的基础设施促进了性别平等，符合残疾人的需求，还为女性参与者提供了特殊的宿舍设施，以方便她们参加培训。性别主流化方面的能力发展影响了与项目实施单位的责任分配有关的决定，如中央邦的蒂格姆格尔、加巴浦和毗底沙等市（区）的项目实施单位在当地部署了女性初级工程师，尝试改变传统的性别规范和刻板观念。这一部署产生了涟漪效应——女性群体在与增强意识有关的宣传项目中的参与度成倍提高。村里的妇女感到可以自由参加会议，但过去只能男性参加。

6. 对特殊女户主家庭采取积极措施

该项目帮助全部女户主家庭（对项目感兴趣的户主）与政府的扶贫、社会保障和经济赋权相关的发展计划相连接。其中，有 865 户脆弱的女户主家庭与中央和邦级出资的发展计划成功连接。

真实故事

中央邦的迪克莎•潘迪（Diksha Pandey）和朋友

们无法继续读高中，因为高中学校离她们村很远。父母不允许她们走远路。后来，农村互联互通投资计划项目修建了从她们村到高中学校所在村委会的道路。这重新点燃了她们上大学的希望。她们现在可以毫无困难地骑自行车上学。道路的改善也打消了父母们的顾虑，他们愿意让她升入高年级学习。对想要展翅高飞、实现梦想的女孩来说，生活已经发生了很大变化，这一切都归功于新修建的道路。

经验与启示

性别行动计划的实施产生了直接效益，使女性获得职场工作、人力资本发展、为脆弱人群和促进性别平等进行基础设施设计、参与决策的机会。它还促成了机构内的性别能力建设。性别行动计划活动的高效和有效实施及性别平等成果的实现源于以下因素。

（1）有效的监测系统。印度国家农村基础设施发展局对性别行动计划的进展和成就进行了定期监测。现场数据整理、报告的标准写法和格式是关键的切入点。每项活动的量化数据都得到了细致的监测、储存和管理。受益人的数据是按性别分类的。性别行动计划的报告还包括摘要式分析、照片和文件凭证等补充内容。

（2）能力发展。农村互联互通培训研究中心采取的措施确保鼓励妇女参加培训项目，按性别记录参加培训的人员，在培训材料的模块中包含社会包容和性别平等要素，社会包容、性别平等、社会和环境安全是常规培训班中的主要内容。

（3）促进性别平等的机构措施。邦级项目实施机构签发了指令文件，在项目实施单位层面指定性别焦点由专人协调。这是对性别行动计划实施监测和监督的一个有效手段。

（4）社会安保和性别行动计划的实施实践。各项目邦都采取了创新的策略和良好的做法，以便有效地实施性别行动计划，监测、报告性别能力发展。总结这些良好做法以便相互学习和复制，这对实现交通部门的性别主流化目标来说是一种附加价值。

整合交通和邮政基础设施推动农村物流高质量发展

——四川省攀枝花市农村物流体系建设案例

案例类型：电商扶贫

关键词：农村物流，基础设施，电商，邮政，交邮合作

提交机构：四川省交通运输厅运输管理处

摘　要

加快推进农村现代物流综合服务体系建设，对于构建城乡物资双向、高效、便捷的流通渠道，带动农村地区产业发展，打赢脱贫攻坚战具有重要的现实意义。近年来，在交通运输主管部门和邮政管理部门的指导下，攀枝花运业有限公司与物流企业成立合资公司，围绕国家脱贫攻坚和乡村振兴战略，以普遍服务、方便群众、服务新农村建设为抓手，依托乡镇运输服务站、村邮站点等农村网点资源，整合农村客运运力资源，着力构建县、乡、村三级农村物流网络体系，同时叠加农副土特产品的定向、定制、订单输出业务，形成了“以商养运、以运促贸”的良性循环。攀枝花交通与邮政合作模式在降低快递运营成本、提高道路运输效率、提升邮政普惠水平、助力精准扶贫方面取得了一定成效，成功打造全国首批农村物流服务品牌，已逐渐成为农民增收、邮政普惠、运业多元发展的潜力渠道，对攀西地区及周边地区脱贫攻坚具有很大的推广价

值，对推动农村物流高质量发展、助力乡村振兴具有积极的现实意义。

背　景

攀枝花市位于攀西大裂谷中南段，金沙江、雅砻江交汇处，全市总面积 7440 平方千米，下辖三区两县、16 个街道办事处、21 个建制镇、23 个乡，共有 43 个民族，常住人口 123.6 万人，其中少数民族人口 13.93 万人，是一个多民族聚集地。攀枝花市气候独特，具有夏季长、温度日间变化大、四季不分明、降雨少而集中、日照长、太阳辐射强、气候垂直差异显著等特征，从河谷到高山具有南亚热带至温带的多种气候类型。因此，攀枝花市的农业表现出鲜明的热带、南亚热带特色，具有产品珍稀、品质优良、上市错季、效益突出等特点。该市现已建成全省设施规模最大的冬春喜温蔬菜基地、全国“纬度最北、海拔最高、品质最优、成熟最晚”的芒果基地，还出产莲雾、火龙果、凤梨、释迦、枇杷等热带珍稀水果。攀枝花的晚熟芒果、早春枇杷等优质水果和以番茄、四季豆、苦瓜、茄子、辣椒为主的早春蔬菜也享有美誉，但有些地区因交通梗阻而致贫。

为了破解农村寄递物流各自为政的高成本运营困境，攀枝花运业有限公司充分发挥道路运输在促进农村物流发展中的优势和作用，积极与市邮政管理部门、邮政公司和快递企业对接，充分整合资源配置，推动交通运输网络与邮政服务网络的有效衔接，大力推动发展农村物流运输业，构建现代化农村物流流通服务体系，为精准扶贫提供服务保障。

项目实施

攀枝花市盐边县北部片区地方农产品资源丰富，以原生态、无污染为主要特色，桑葚、芒果、枇杷、核桃、蘑菇、木耳、荞麦、中药材及腊肉制品等十分丰富。其中，盐边县果桑面积近 12 万亩，桑葚产业综合产值达 5 亿元，是该县农村群众致富增收的重要渠道，2016 年被中国蚕学会授予“中国果桑之乡”称号。该县围绕果桑发展起了鲜桑葚、桑葚干、蚕茧、蚕丝被等产业。渔门镇作为盐边县果桑发展的主要区域，每年寄递外销的桑葚干近 2 万吨，产值近 3 亿元，位于盐边县中部，距攀枝花市区 60 多千米，水陆交通便捷，是盐边县中北部片区乡镇的交通枢纽和商贸物资集散地，区位优势明显。在此设立攀枝花市首个交邮合作试点项目，效果明显，意义重大。

1. 成立股份制公司，筑牢交邮融合发展基础

攀枝花运业有限公司与攀枝花市聚优购电子商务有限公司秉持“创新合作、资源共享、服务人民、互利共赢”的理念，以股份制形式构建合作关系，合资公司具体负责乡镇物流中心的运营和管理。股份制为交邮合作打下基础，在此之上进一步与邮政企业建立合作关系，充分发挥农村班线网络资源和邮政普遍服务优势，以农村客运班线网络为辐射，依托乡镇客运站场等组建农村物流网络节点，承接邮政函件、报纸、分销、集邮、寄递、电子商务及生活缴费等基本邮政业务。

2. 整合交邮资源，构建农村物流配送中心

为助力脱贫攻坚，充分发挥运输站场资源和邮政普惠服务优势，在不影响现有站场功能的前提下，“请邮进站、站邮合一”。2020 年 4 月，攀枝花运业有限公司投资 120 余万元在

渔门镇汽车客运站完成交邮共建渔门配送中心的改建、装修、货架购置、消防、监控、报警装置、货物分拣传输设备等基础设施建设。该配送中心营业大厅面积约 300 平方米，另设有打包分拣区域 700 平方米，设立 1 间电商培训室约 40 平方米；设置农副产品展示区，为后期水果旺销季节开展电商业务做好准备。目前，“三通一达”（中通、申通、百世汇通、韵达）四家品牌快递企业均已入驻，实现物流配送规模化、站场资源集约化经营。

▲ 交邮共建渔门配送中心

3. 整合快递资源，建设共建、共享、共赢营运系统

为了节省人力成本，该配送中心实行“轮流值班制”，即每家品牌快递企业轮流值守一周。值守期间，负责的快递企业全面处理全部派件和当天所有发件，发件的品牌由用户自主选择，所有企业收入、用户投诉、问题件处理等均由值守的企业

负责到底。建立人员、车辆、物流件集中，仓储、分拣、配送到位的运营体系，大幅度提高了物流效率、降低了物流成本。

4. 建立村级物流服务站，优化下行配送线路

在乡村，攀枝花运业有限公司与邮政部门采取“交邮合作共建模式”设立村级服务站点，打开进村出村寄递运输通道，进一步优化完善农村物流基础设施布局，全面提升农村寄递物流的服务能力和水平。同时，充分利用班线运输资源，对县域北部片区物流配送线路进行整合优化，利用班线运输车辆、货运车辆，采用定车、定点、定时、定线模式，集中将物流件配送到乡、村级服务网点，再由村级物流服务站将快递送至农民手中，有效纾解了个别客运线路车辆闲置率高、营运成本高、上座率低和农村商贸流通不畅、公共服务不到位等问题，构建了“县乡村”三级农村物流运输网络，打通了工业品下行“最后一公里”。

5. 建立上行快递运输渠道

依托整合优化的班线、货运资源，各村服务站定时、定点收集发往渔门镇外的快递物件，由每天配送车辆汇聚到渔门配送中心，向市区快递中心投送，再分拨发往全国各地，打通了农产品上行“最初一公里”，形成了完整的中转链条，实现了农村商贸物流的无缝衔接。

6. 搭建综合服务平台

大力挖掘推广农村地区农特产品资源，促进“电商 + 物流”融合发展。目前，该配送中心正在集中精力梳理渔门镇周边地区农特产品清单，并统计农特产品的上市时间、产量、规模、特点等信息，打出原生态农产品质量牌，通过电商平台触网销售。同时，推动“医药品下乡”，实现医药农村（社区）

落地配送业务，为村民提供便利服务。此外，经过前期多次调研，根据各乡镇的特产产出情况，已新增交邮合作项目 18 个，2022 年将新增交邮合作项目 14 个。在当地闲置的农村客运站场基础上进行改造，邀请邮政、快递企业入驻，引入电商企业，通过“特色产业 + 电商 + 农村物流”模式，建设农村综合物流服务节点，解决渠道问题、平台问题和运输问题，为当地农特产品提供订单式运输服务。

成　效

1. 盘活站点资源

渔门镇汽车客运站场地长期闲置，资源整合后闲置的站点被重新利用。将四家快递企业集中起来，用户可享受寄件、取件一站式服务，不用往返于不同品牌快递企业之间，寄件、取件有了便捷的渠道。

2. 降低运输成本

多家邮政、快递企业收寄件一起运输，降低了各家企业的运输成本，破解了各自为政、运输通道不畅的难题。目前，该模式实现了渔门片区快递业务的共同揽收、分拣、运输、派送，邮政公司的党报党刊被一并纳入共同运输范围，每日派送快件 3000 余件、发出快件近 1000 件，邮政、快递企业每月较以前节约运营成本近 1 万元。

3. 拓展电商业务

利用公司的农村客运班线和社会车辆，完成邮件、快件运输，解决乡村两级末端投递难题。在承运并满足偏远山区订阅报刊投递及时性需要的同时，每个品牌企业每周轮值 1 次，通过电商业务培训引入农村电商或快递企业直接做电商，有效推动了本地及周边地区桑葚、枇杷、芒果、茶叶等各类农特产品的寄递外销。

真实故事

米易县白马镇威龙村有3000余人，枇杷种植面积5000余亩，年产量2万吨。该村还盛产油桃、樱桃、杏子等农产品，但村民种植的农产品主要靠外地商贩上门收购，价格比较低。因受疫情影响，他们的油桃卖不出去，有的甚至在树上就烂掉了。“我们希望引入电商和快递企业，帮助老百姓把农产品从网上卖出去，多卖一些钱。幸亏威龙村新建的交邮共建配送中心，我们的农产品通过线上渠道卖出了不少。”威龙村党支部书记付朴成如是说。

经验与启示

（1）搭建股份制合作平台，是推动农村物流发展的坚实基础。攀枝花运业有限公司和四家快递公司充分发挥各自的资源优势，进行资源整合，构建“物流、快递、电商、农村客运”多业集群发展的长效机制和企业架构，实行公司化经营、市场化运作，降低了市场风险，为农村物流服务的组织、规划、实施提供了有力保障，也为农村物流信息化发展打下了坚实基础。

（2）加快农村物流布局，是提高农民收入的有效手段。目前，农村物流发展相对滞后，单位产品物流成本高、生鲜农产品物流损耗比重大，农村居民的生产生活需求得不到充分、及时满足，市场主体与农村物流市场日益增长的需求还不匹配，阻碍了农村地区的专业化分工和农业生产效率的提升，制约了农民依靠农业生产脱贫致富。攀枝花运业有限公司与邮政部门的融合发展，为当地农村物流发展打开了新的思路。该项目实施后期，将以交邮共建渔门配送中心为蓝本，继续发挥运输站场资源和邮政快递服务优势，充分发挥专业运输企业客运网点多、运力足、频次高的资源优势，在运输需求大的地区开行货运班车专线运输，在需求较小的地区则通过客运车辆附搭小件运输，促进运邮结合、电商融合发展，降低邮政快递的末端配送成本，提高农村客运经营效益。同时，对接省内外运输平台，建立攀枝花农村物流联盟运营体，开展冷链运输，促进当地特优农产品的快捷运输。构建集客运、货运、邮政、快递于一体的乡镇物流综合服务平台，降低农产品流通成本，提高农产品流通效率，助力农户在农产品销售中获得最大收益。

（3）构建特色农副产品产业物流体系，是推动农产品产业化发展的重要举措。2020 年，受新冠肺炎疫情影响，外地收购鲜桑葚、桑葚干的商贩锐减，在此情形下，交邮共建渔门配送中心为渔门果农的鲜桑葚、桑葚干等农特产品的寄递外销提供了有力的物流运输保障，在渔门桑葚等农业产业发展中发挥了积极作用。通过共建共享配送资源，实现“一点多能、一网多用、多站合一”，构建县、乡、村三级物流网络节点，以物流运输为纽带，建立“种植基地 + 生产加工 + 商贸流通 + 物流运输 + 邮政金融服务”一体化供应体系，推广“寄递 + 电商 + 农特产品 + 金融”产业体系，实现产、运、销一体化，畅通农产品产销衔接，助推地方产业发展。

（4）“金通工程”的实施将加力交邮融合，是推动农村旅游业发展和农村物流末端完善的重要纽带。随着四川省“金通工程”[1]的全面实施，农村客运覆盖率将进一步提高，这不仅能有效推动农村客运网络的不断完善，而且附搭小件快运的合规客车将进一步打通农产品进城“最初一公里”和工业品下乡“最后一公里”，有利于乡村休闲农业和乡村旅游的发展，势必将为农民增收提供多元渠道。

---

❶ 金通工程是四川省乡镇及建制村通客车的提质升级版，以统一乡村客运标识、统一招呼站（牌）、统一车辆外观、统一从业人员标识为抓手，以建设美丽清新、安全绿色、便捷优质、精细管理乡村客运为主要任务，为农村居民提供的乡村客运服务体系。

茶产业全产业链发展助力农民脱贫致富
——非物质文化遗产春伦茉莉花茶开发扶贫案例

案例类型：产业扶贫

关键词：农业文化遗产，产业扶贫，茉莉花茶

提交机构：联合国粮食及农业组织，中国农业农村部国际交流服务中心，福建省农业农村厅

摘　要

福建春伦集团有限公司（以下简称“春伦集团”）是一家以生产全球重要农业文化遗产——福州茉莉花茶为主的农业产业化国家重点龙头企业。茶叶生产与“三农”紧密相关。长期以来，企业在发展自身的同时，坚持义利兼顾，主动利用茶产品生产涵盖三个产业的特点，发挥从农村基地原材料种植到加工、销售，接“二”连“三”的全产业链优势，实施茶产业精准扶贫，通过产业带动等方式达到让农民脱贫致富、让农村变得美丽、让农业得以发展的目标。截至2021年，该集团已投入上千万资金用于实施精准扶贫，部分乡村和农村已实现脱贫。

背　景

精准扶贫是打赢全面脱贫攻坚战的关键。福建省脱贫攻

坚的任务繁重，迫切需要特色产业来支持。春伦集团产业帮扶福建省永泰县、罗源县的部分乡村。从多年的实践看，在福州发展茶产业有良好的基础，是助力精准扶贫的一种切实有效的办法，主要体现在以下方面：一是福建省具备好生态做好茶的有利条件，茶叶产值居全国第一位，全省涉茶人员有 300 余万人；二是茶叶生产直接关系众多乡村和农户，其所创造的每一元产值中来自农业的原材料占 65%，与农民收入密切相关。

项目实施

1. 项目精选，确保实效性

春伦集团经常参加各级组织开展的美丽乡村建设，在资金与物质上力所能及地给予支持，但单纯“输血”往往只产生阶段性的救急效果，治标不治本。茶产业与“三农”关系密切，与乡村振兴及农民增收息息相关。为了增加效益，该集团改变原来工厂与茶农单一的买卖关系，通过创建农村合作社、完善利益联结机制等方式将单户生产的茶农组织起来，建立覆盖省内 10 个基地、茶园面积达 4.2 万亩的规模化生产基地，带动了周边 10 多万亩茶园的发展。其中，来自茶产业的收入占茶农年总收入的 85% 以上，有效带动了 10 多万茶农的就业生产和增收。

2. 方法多元，构建新机制

一是盘活土地，创造就近就业机会。春伦集团将农户手中闲置的土地流转起来，推动当地基础设施建设，使其产生价值。永泰县梧桐镇周边土地广袤，适合茉莉花种植，于是春伦集团在梧桐镇的春光村租地建立茉莉花种植基地，通过雇用当地村民参与种植和日常维护管理，为富余劳动力创造了就业机会。在采收季节，农户既有茉莉花采摘收入，又有租金收入，总收入大幅度提高。二是产业助力，选准激发农户的兴趣点。截至 2021 年，该集团在福州市已建立了 7000 亩茉莉花园，为 800 多农户创造了就业岗位，扣除人工、农资等成本费用，每亩增收超 8000 元。三是技术支持，注重能力提升。春伦茶叶基地秉持“授人以鱼，不如授人以渔”理念，坚持对农村茶农的帮助以传授技能为主。春伦茶叶基地派专家进村指导组建茶叶合作社，引导农民发展新型农业，并传授现代化管理经营理念，组织免费技能培训班，对茶农进行培训，让他们掌握科学的种茶技术，提高其就业能力和生活质量。

3. 生态共建，落实新理念

福建省是国家生态文明建设试验区。在帮扶过程中，春伦集团积极践行“创新、协调、绿色、开放、共享”的新发展理念，严守环保底线，按照美丽乡村建设的要求严格遵循自然和生态学标准，发动支持村民兴修了道路、水利，村庄整洁干净，环境优美，新农村建设从蓝图变成了现实。坚持采取有益于生态和环境可持续发展的技术进行生产，注重挖掘当地的文化资源和景观特色，力求通过基地建设园林化、农业种植与休闲旅游的协调性和相辅相成，带动当地旅游产业发展，为当地农户创造更多的就业机会。借助举办新茶开采节、茉莉花节，召开福州茉莉花种植和茶文化系统入选世界农业遗产的研讨会等形式，吸引众多国内外游客参观和体验福州茉莉花茶的有关文化旅游活动，带动周边经济，成为福州茶业界的盛事和发展乡村旅游、带动农民增收的新载体。

4. 学习助力，提升建设力

结合自身优势和实践，春伦集团党委主动把服务发展的着力点放在对接振兴乡村的实际行动上，坚持继续做复兴福州茉莉花茶领军企业的情怀、格局和能力，主动承担发挥优势服务“三农”、产业扶贫回馈社会的责任。为提升产业扶贫的能力，该集团积极争取上级党组织的支持，举全员之力，在集团所在地成立了福州乡村振兴培训实践中心，为农村本土人才、乡村两新组织党务工作者和其他从事乡村事业的各类人才提供实践培训的新基地，抽调得力人员、培训上岗，组建了实践中心现场教学管理团队，确保培训工作正常开展。该中心成立半年多来，已先后承办“福州第五批市派驻村任职干部工作总结交流学习班”“仓山区新一届村（居）委会主任培训班”“2018年创业致富带头人培训班”“全省非公企业党组织书记深入学习贯彻习近平新时代中国特色社会主义思想第三期培训示范班”“‘一懂两爱’专职村务工作者岗前培训班”等相关培训，为企业和社会搭建了提升产业扶贫能力的平台。服务乡村振兴的人才培养和发展平台，为配合组织部门引导各类人才到农村一线培养锻炼、到乡村创业创新开辟了新的途径。

成 效

2012 年，春伦集团在罗源县中房村成立了罗源生春源茶业有限责任公司，采取“公司 + 合作社 + 农户 + 标准”模式，建成福建省现代农业（茶业）项目高效安全生态茶园建设试验示范基地。该基地吸引了当地 2000 多户村民重新回到茶叶种植产业，带动了周边 13 000 亩茶园的建设，来自茶产业的收入占茶农年总收入的 85% 以上，实现了企业与农户的互利共赢，成为服务“三农”、以工哺农的示范点。同年，该集团在永泰县设立了茉莉花种植基地，为当地农户提供就业岗位，扣除人工、农资等成本，每亩增收超 8000 元，每年每户增收 3 万元以上，来自茉莉花的收入占花农年总收入的 90% 以上。到

2021 年，当年发放给当地工人的工资累计 1100 万元左右。上述举措激发了农户主动参与的热情，同时通过出租村里空置房屋、修建春伦驿站、打造以茉莉花为主题的旅游文化体验设施，每年为村集体增收 5 万元。

此外，春伦集团积极参与扶贫等公益慈善事业，设立 1000 万元扶贫基金，让更多特殊群体获得社会大家庭的温暖和关爱，分享改革开放的成果。

春伦集团还在中房村、叠石村采取“企业支部 + 村支部”和“一个党员带动十家农户”的方式，充分发挥致富门路广、信息资金多、经营理念活的优势，积极协助村里进一步理清发展思路，引导农民发展新型农业，并传授现代化管理经营理念，组织免费技能培训班，提高广大农户的就业能力和生活质量，切实把“创新、协调、绿色、开放、共享”的发展理念落实到精准扶贫的行动上。

2021 年，该集团结对的建档立卡贫困户 100% 实现脱贫。

经验与启示

春伦集团通过资金、技术、管理等先进生产力和先进理念，帮助当地贫困群众接受市场理念、转变发展观念、增强致富能力，坚持“输血”和“造血”相结合，通过创建农村合作社、完善利益联结机制等方式实施精准扶贫。

1. 盘活土地，就近上岗，带动就业

春伦集团在梧桐镇的春光村、春阳村和白杜村等租地连片建设茉莉花种植基地，通过雇用当地村民参与种植采摘、日常维护管理，为富余劳动力创造就业机会。该集团每年还捐款 5 万元，用于坂埕村的开发建设。

2. 统筹兼顾，绿色发展，产业扶贫

建设生态型的美丽乡村以发展旅游业，吸引游客，带动周边经济。春伦集团已连续数年在永泰县梧桐镇开办茉莉花开采节，邀请国内外游客参观和体验福州茉莉花采摘。截至2021年，梧桐镇的春光村、春阳村、白杜村等的耕地绝大多数被用于种植茉莉花。每年的茉莉花开采节都吸引了大量游客，成为发展乡村旅游的一个亮点。

3. 建档立卡，精准到户，精准脱贫

企业通过产业扶贫、商贸扶贫、捐赠扶贫、智力支持、技术指导、带动就业等多种方式，切实增强帮扶贫困村、建档立卡贫困户的“造血”能力，加快推进脱贫攻坚。强化责任担当，积极投身脱贫攻坚；主动对接，尽快进村入户，制定精准帮扶措施；主动付出，勇于奉献，为贫困村、贫困户早日脱贫贡献力量。企业与中房镇中房村和叠石村、永泰县坂埕村的数十户困难户结对子，并针对各户建档立卡，了解他们的家庭情况并制定帮扶措施。

“互联网+”赋能乡村产业发展
——拼多多“多多农园”新农商减贫项目

案例类型：电商扶贫
关键词：拼多多，多多农园，人才培训，特色农产品，合作社，新农人
提交机构：上海寻梦信息技术有限公司

摘　要

面对贫困问题的复杂性和表现的多样性，结合我国农村与城市资源配置的现状，拼多多在电商扶贫实践中积极探索、多措并举，充分发挥平台农产品上行优势，坚持以专项扶贫带动产业扶贫、进而推动消费扶贫，创造性地打造了“多多农园”新农商减贫项目。该项目以专项资金投入带动产业扶贫，深入少数民族边远贫困地区，通过从源头改善种植和加工工艺提升品质；后端再辅以市场营销、品牌塑造，充分发挥平台技术优势，直连外部市场，构建“产、研、销”一体化的扶贫兴农产业链，提高农产品生产者的价值分配位置，最终实现“把利益留在农民、把人才留在农村”。该项目可供借鉴的经验主要有四点：一是精准定位特定贫困人口，帮助脱贫增收；二是深入产业链，从源头构建农产品利益分配新格局；三是培养贫困地区电商复合型人才，增加脱贫的内生原动力；四是探索从精准扶贫到乡村经济全域振兴的长效机制。

背　景

拼多多创立于 2015 年，通过创新“拼”模式和不断迭代的技术应用，为中国广大消费者提供物有所值的商品和有趣互动购物体验的“新电子商务”，2016 年开始扶贫助农，2019 年平台农（副）产品活跃商家数量达 58.6 万，直连农业生产者超过 1200 万人，年度农产品活跃买家 2.4 亿。2020 年平台农（副）产品交易额达 2700 亿元，较 2019 年同比增长 98.53%。2020 年，拼多多平台的农（副）产品成交额超过 2700 亿元，同比涨幅超 100%。2021 年，依托“农地云拼”等技术创新体系，拼多多平台直连农业生产者超过 1200 万人，累计带动脱贫人数超百万，累计产生了 610 亿件订单，同比增长 59%。拼多多充分认识到提升农产品品质和增加科技投入在减贫工作中的重要性和迫切性。按照“沉到贫困县、落到贫困村、绑定贫困户”的扶贫助农原则，拼多多加大东西部扶贫协作，创造性地开发实施了“互联网 + 产业扶贫”减贫模式——“多多农园”新农商模式，首批项目落地云南、新疆、贵州等深度贫困地区。

项目实施

1. 创新减贫模式运作机理

新农商模式是“多多农园”系列扶贫助农项目顺利实施的核心，其具体实施步骤见下图。

第一步：因地制宜地选择贫困村所在地特色农产品作为产业基础。云南省具有河谷热、坝区暖、山区凉、高山寒的独特立体气候，以及多样化的特色农产品优势。“多多农园”选择保山潞江坝落地咖啡项目、文山丘北落地雪莲果项目、怒江峡谷落地沃柑项目等。

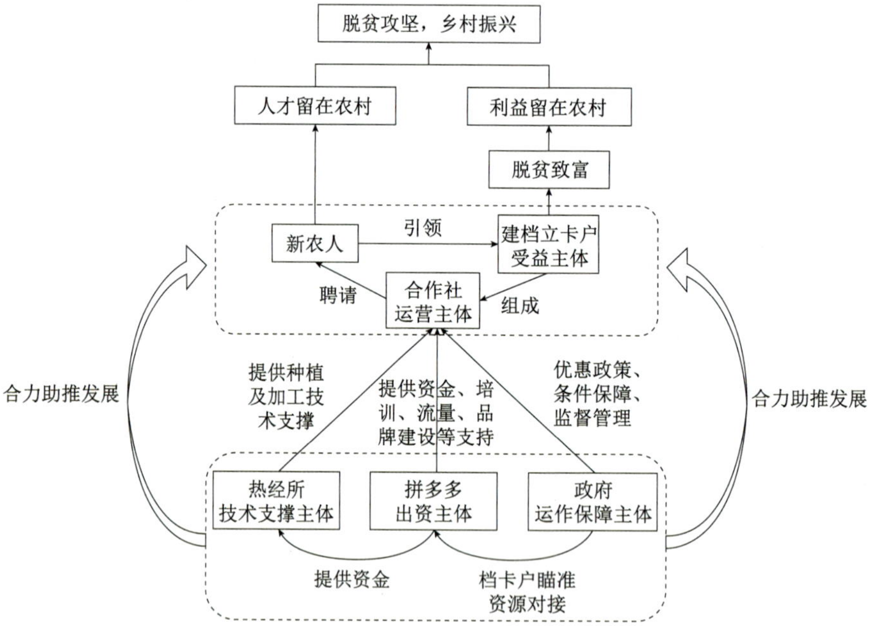

▲ 新农商模式的具体实施步骤

第二步：拼多多无偿提供的资助资金平均量化到建档立卡户，他们以其作为股金入股组建合作社，按照现代企业管理制度设立合作社理事会、监事会等。

第三步：甄选培训具有电商实操经验的新农人——多数为具有大专以上学历返乡创业的大学生，他们负责合作社的运营管理。

第四步：拼多多委托专业农业科研机构，为特色农产品种植、加工、培训提供技术支持。

第五步：拼多多协助合作社新农人运营，无偿为合作社提供技术、资金、品牌设计、平台流量等全方位支持。

第六步：作为项目运营主体，合作社统筹安排，将扶贫收益合理分配给新农人、建档立卡户和村集体经济组织等。

2. 云南咖啡项目的实践

中国 99% 的咖啡豆产自云南，保山潞江坝的干热河谷是中国最好的咖啡豆产区，但聚居在这里的傈僳族村民虽种植咖啡却长期处于贫困状态。这是由于上游种植端在整个产业链中只能得到1%的价值分配，从而产生“咖农种咖啡不富反穷”的怪象。考虑典型示范意义，“多多农园”新农商项目首站即落在这里，探索扎根咖啡产业，帮助当地咖农摆脱贫困，进而推动当地摆脱上游咖啡种植困境走上特色发展道路。

2019年3月，拼多多扶贫助农小组深入保山潞江坝丛岗村和赧亢村实地调研。7月，由两村合计103户（480人）建档立卡贫困咖农组成赧丛咖啡种植专业合作社，合作社作为项目的具体运营方，同时作为项目的受益主体。该合作社的新农人选拔采取自荐和推荐相结合的方式，通过公开述职、答辩面试等环节确定最终人选。2019年5月，经潞江坝镇政府推荐及个人报名，共有6位新农人脱颖而出，其中芒棒村的杨良清和赧亢村的欧金山当选为咖啡项目新农人。杨良清、欧金山都是当地较早接触电子商务且有想法的返乡青年，具有销售当地芒果、咖啡等农副产品的丰富电商经验，分别担任芒棒村和赧亢村电子商务服务点站长。

“多多农园”从丛岗村贫困咖农手中土地流转咖啡园30亩，委托云南省农业科学院热带亚热带经济作物研究所（以下简称“热经所”）的咖啡专家进行高海拔精品咖啡园种植及加工技术改造，使其产品达到市场售价较高的精品咖啡标准。同时，该合作社在丛岗村、赧亢村集中打造530亩“高海拔咖啡+芒果复合套种”生态示范园。拼多多无偿资助该项目共计224万元，其中90万元以股金形式（共103户贫困咖农，户均8737元）注资合作社，58万元用于委托热经所提供种苗、技术与配套支撑等服务。

设计和建立的精品咖啡试验田通过资金和技术投入，实现建设标准化、管理科学化、加工精细化和成果精品化，降低咖啡成本10%以上，亩产提高10%以上，通过做给农民看、带着农民干到农民自己干“三步走”策略，引领农民从事精品咖啡生产，摆脱现有质低价廉的窘境。

成 效

“多多农园”新农商减贫项目精准定位扶贫主体，以市场为导向解决农产品的产销问题，具有“持续增收不返贫”的制度优势；将建档立卡户的量化资金入股组建合作社，充分发挥社员的主动性，有利于增强贫困人口自主脱贫的内生动力。与此同时，“多多农园”加强对农业科技的重视和持续投入，从源头提升品质，增加上游生产者在产业链中的价值分配比例，具有长期发展的比较优势。甄选具有种植、电商实操经验的新农人，按现代企业制度运营管理合作社，这也符合市场长期发展规律。“多多农园”新农商减贫项目自实施以来，呈现出多方共赢的良好发展趋势，取得了较好的经济效益目标，受到地方政府、当地民众的广泛好评。

1. 贫困户增收，特色产业增效

截至2020年第一季度，针对咖啡、雪莲果、沃柑、茶叶、核桃、芒果、石榴等特色农产品，“多多农园”已在云南、新疆相继落地11个新农商减贫项目，共计覆盖建档立卡户1067户（4145名贫困人口）。预计项目初期将为建档立卡户每年带来户均2000元以上的收入，后期随着丰产季的到来户均收入会进一步增长，项目经济效益均超预期。拼多多充分发挥自身的平台优势，2019年“多多农园”新农商系列减贫项目助力云南贫困地区农产品上行订单4200多万笔，实现销售收入12.13亿元。

2. 村集体增收，扶助特殊群体

“多多农园”新农商系列减贫项目的利益分配机制因地区不同、农产品不同及贫困户的实际情况而略有调整，因需施策、量身定制。合作社年终利润分配比例中，新农人业绩激励占 20%、建档立卡户占 40%、村集体经济占 20%、合作社留存再发展占 20%。但部分项目，如宣威市种植经营米拉和转心乌特色马铃薯的两个合作社因成立时间较早，已具备一定的经验和基础，都承诺将利润的 50% 分配给村集体，为村集体每年提供约 30 万元的产业脱贫基金；经营芒果项目的红河县爱心助残协会按协议约定，每年可分得项目净利润的 50%（至少不低于 30 万元），并将其全部用于扶助红河县残疾人贫困户。

真实故事

28 岁的言秀邓原本生活在高黎贡山之上。他 10 岁时父亲身故、母亲改嫁，他和弟弟成了孤儿。为了维持生计，兄弟俩沿怒江而下，来到保山市丛岗村，向当地人租地，开始学习种咖啡。言秀邓的咖啡树在海拔较高、地势陡峭的山地上，他长年劳作却收入微薄。20 亩坡地的咖啡豆平均每年仅有 9000 元收入，除去肥料、人工等成本，仅剩三四千元。像言秀邓这样的咖农在高黎贡山有 5000 余人。

基于此，拼多多联合云南省农业科学院热经所量身定制的“多多农园”新农商减贫项目为当地贫困村提供了一套完整的咖啡产业升级程序。经过一系列种植及加工技术改造提升，言秀邓家的 12 亩咖啡田所产咖啡 2020 年每千克比 2019 年多卖约 2.5 元，增收逾 6000 元。

此外，2019 年合作社自有的咖啡品牌和产品已形成稳定的生产线和供应链，通过拼多多等电商平台销量逐步上涨。2020 年年底分红时，作为社员的言秀邓还增收近 2000 元。随着合作社的良性发展，与言秀邓一样的贫困咖农不仅把自家的咖啡豆卖出了好价钱，而且获得一笔不菲的股金分红收益，生活将越来越好。

经验与启示

“多多农园”新农商减贫项目，针对中国农副土特产品培育、种植、加工及销售等多个薄弱环节，从源头抓起，开展产业链一体化帮扶，在扶贫主体、扶贫模式、扶贫产业、人才培育及壮大集体经济等方面均具有一定的创新性。

1. 精准定位减贫主体

该项目的合作社成员均来自偏远地区的国家级贫困县，是中国真正需要帮扶的农村贫困人口。每个“多多农园”新农商减贫项目平均精准覆盖 400 多名贫困人口。

2. 转变产业利益分配格局，重塑价值链

“多多农园”新农商减贫项目注重农业科技投入，从源头上提升农产品品质。该项目创新性延伸到供应链上游，利用先进技术深度加工、提升品质、打造品牌，变农户为农商，提高原料端的附加值。同时，借助电商平台实现产销对接，缩短供应链，提高了上游生产端在供应链中的获利比重，将更多利益留给贫困农户。

3. 培育农村新农商复合型人才，增强内生动力

具有现代电商产业意识的职业“新农人”是打通产地直

销农产品上行通道、完善农村电商平台产业链的重要一环。2019 年 5 月，拼多多启动与中国农业大学的战略合作，双方将在未来 5 年内共同培养 10 000 名新农商人才。新农商精英培训课程随着“多多农园”在边远贫困地区的深入，贯穿全年，遍及云南省各州县。截至 2020 年 9 月，“多多大学”线下课程已经覆盖 21 个省份，培育本地学员 6700 多名，直接引导店铺超过 3900 家，累计触达超过 60 万名农业经营者，为返乡大学生创造了更多创业机会、就业岗位。新农商主导产地农产品集聚、分级、加工、包装的梳理和整合，使农村常住人口中的老人、妇女等非技能型人口也可通过出租土地、被雇佣的方式获得更多的收入。

4. 减贫与乡村振兴机制的有效衔接

“多多农园”新农商减贫项目与其他扶贫助农模式明显的不同之处是聚焦特定人群但不局限于特定人群，合作社收益的一部分归属村集体，为乡村公共卫生、文明生态建设夯实资金基础，有效增进乡村整体的团结协作，有利于提高合作社的公信力和吸引力，从而获得更多优质资源，形成良性循环。在推动合作社成员增收的同时，辐射合作社所在区域，惠及更多农业人口，在扶贫增收的同时，逐步实现乡村振兴。

“多多农园”新农商减贫项目通过从源头改善品质、培育“新农人”、协助打造特色品牌等重塑产业链方式，精准命中了“人才留存”和“利益分配”这两个贫困农产区最核心的问题，具有广泛的社会价值和积极的社会意义。

完善农村电商生态体系助力农民脱贫
——海南省白沙黎族自治县电商精准扶贫的实践

案例类型：电商扶贫

关键词：海南省，电商扶贫，乡村物流

提交机构：海南省白沙黎族自治县电子商务服务中心

摘　要

海南省白沙黎族自治县（以下简称“白沙县”）高度重视电商扶贫工作，把电商扶贫作为电子商务发展的重点工作和脱贫攻坚的主要抓手、作为贫困户脱贫致富的重要渠道，不断探索创新模式，以“服务站 + 贫困户 + 网店 + 扶贫产业”为导向，创建了电商精准扶贫“1310”帮扶机制、电商扶贫“五个精准”、“1115”电商扶贫生态体系、“互联网 + 消费扶贫”“互联网 + 电商惠农超市”等，并形成电商扶贫月报表，为电商扶贫工作奠定良好基础。“十三五”期间，22 个建档立卡贫困村的电商服务站建设率达 100%，2021 年累计月均交易额 15 935. 48 元，达到月均 2000 元的目标；合作电商平台 8 个，自建平台 3 个，累计带动贫困人口 709 人就业创业，帮助贫困户销售农特产品 2801. 29 万元，人均增收约 2600 元；2020 年电商扶贫资金投入 204 万元，占计划投入资金额度 102%。

背 景

白沙县是国家级贫困县，位于海南岛中西部、黎母山脉中段西北麓、南渡江上游，是海南生态的核心地区，被誉为“山的世界、水的源头、林的海洋、云的故乡”，总面积为2117.2平方千米，总人口20.3万人，地方农业人口10.8万人，占地方总人口的79%，拥有天然乳胶、绿茶、土蜂蜜、山兰米、生姜、牛油果、诺丽果、竹笋、福才地瓜、咖啡等丰富的农产品资源。由于该县地处山区，交通十分不便，农产品销售难，受生产和生活条件制约、文化教育落后及本身生产能力不足等影响，所以当地经济发展相对落后。

为贯彻落实并响应中共中央、国务院《关于打赢脱贫攻坚战的决定》和国务院办公厅《关于促进农村电子商务加快发展的指导意见》要求，白沙县进一步创新扶贫开发体制机制，将电商扶贫纳入脱贫攻坚总体部署和工作体系，实施电商扶贫工程，推动互联网创新成果与扶贫工作深度融合，带动建档立卡贫困人口增加就业和拓宽增收渠道，加快贫困地区脱贫攻坚进程。2016年年初，白沙县人民政府与阿里巴巴集团控股有限公司正式签约，白沙县成为阿里巴巴集团在海南省正式入驻的首批试点县。县政府组建电商办公室负责电商扶贫工作，电商办公室迅速行动着手在全县部署农村淘宝服务站。白沙县坚持以“要做好扶贫，先立好制度”为工作前提，在对全县的贫困人口、电商发展情况进行全面考察了解后，先后确定了22个贫困村，并以电商精准扶贫“1310帮扶机制”“1333N格局”“1561发展战略”三大战略为指导思想，精准围绕贫困村开展电商精准扶贫工作。

项目实施

1. 抓体制机制

白沙县委、县政府对电商扶贫工作高度重视，结合实际制订出台了《白沙黎族自治县电商扶贫工作实施方案》《白沙黎族自治县促进电子商务工作发展实施意见》《白沙黎族自治县关于进一步推进电子商务助力精准扶贫工作实施方案》《白沙黎族自治县关于促进电子商务发展奖励实施方案》等政策文件近 30 个，并按照电商扶贫项目内容将各项工作层层分解落实，围绕全县 22 个建档立卡贫困村开展电商扶贫工作。建立电商精准扶贫“1310”帮扶机制，“1310”帮扶机制就是每个建档立卡贫困村建设 1 个电商服务站，每个贫困村开设 3 家以上有竞争力的网店，每家网店带动 10 户以上贫困户销售农产品增加收入，以促进贫困村整村脱贫。通过白沙县政府“有形的手”，电商发展不断加速，不仅使企业、合作社的收益有了保障，而且让更多的农民参与进来，坚定了发展的信心。

2. 抓产业集聚

白沙县着力打造海南省首个电商产业园，并完善相关基础配套建设，其中包括 5 大中心建设，即公共服务中心、农村淘宝县级服务中心、精准扶贫运营中心、创业孵化中心、物流中心建设，为入驻企业和创业个人免费提供办公经营场所、电商创业培训、政策咨询、创业指导、项目推荐等电商服务，以创业带动就业，加大对农产品企业、电商企业、物流企业等的招商力度，营造电商创业的浓厚氛围。目前，白沙县已初步形成一条较为完整的电商产业链，入驻园区企业已达 26 家。

3. 抓触网转型

积极开展“白沙网上行”活动，充分利用淘宝、京东、苏宁、微店等电商平台，鼓励微信、微博、手机 App 营销。组建电商公共服务中心和精准扶贫运营中心，为各类企业、个人代运营淘宝店、微信公众平台、产品开发、美工、文创和提供电子商务培训等服务。成功策划了春季盛宴、微商大赛、白沙红心橙电商节等多场线下活动，通过线下、线上结合的方式销售白沙县农产品。

4. 抓人才培育

白沙县电商起步晚、基础设施不完善、电商人才匮乏、电商基础薄弱，如何培养人才、留住人才，如何引导各类经营主体、大学生、返乡青年开展电商创业，成为白沙县电商建设初期迫切需要解决的难题。2016 年，白沙县依托海南首个星创天地，通过制定全县电商发展规划，探索实施“金字塔”电商人才培训课程，开展了电商创业培训、农村电子商务讲师培训、网商运营专项职业能力 3 个培训项目；积极探索“培训—孵化—创业”三位一体模式，建设全县“双创”中心，定期举办电商沙龙、电商创业大赛，并与淘宝大学、海南职业技术学院、海南技工学院进行交流合作，开展产研一体化实训培训；“高端化”对接优势资源，与淘宝大学落地海南的首个县域干部培训班合作，邀请多位全国电商领域专家授课；组建白沙县电商讲师团。

5. 打通乡村物流“最后一公里”

农村网购量小，送货分散，距离远，物流成本明显偏高。如何打通乡村物流的“最后一公里”，也是白沙县发展农村电商必须破解的难题。为了解决这个问题，白沙县依托电子商务产业园的物流中心，引进菜鸟物流，建起了 500 多平方米的现代化电商仓储配送中心，购置了 1 辆中型集装箱货车、2 辆面包车等，以保证快递运输质量。同时，白沙县邮政管理局全面整合邮政农村电商服务渠道，并入驻县物流中心，构建三级运营服务体系，为覆盖 11 个乡镇 75 个行政村的便民服务站安排专职人员，由其承担邮政配送投递职责。在白沙县邮政管理局的部署下，全县物流体系建设逐步规范，尤其是阿里巴巴集团旗下菜鸟物流的进驻，打破“小散乱”的物流格局，使物流“最后一公里”问题得以解决，并逐步建立“智慧物流”的平台体系。

6. 抓产品梳理，打造品牌

白沙县农业农村部门通过提供技术指导服务，培育了白沙绿茶、福才地瓜、咖啡、竹笋等 120 多个网销单品，设计生产具有白沙地域特色、适合电子商务配送的精致包装，提升农产品整体形象；重点推进实施“满天星”溯源项目，加强农特产品网货监管，从源头保证网货供应质量，与 4 家企业合作；颁布首个全域农业公共标识使用地方标准等，鼓励更多的农业企业转型升级、延伸产业链；在农产品较为聚集的 3 个乡镇建立农产品供应站，对周边零散分布的农产品进行统一包装、质量品控、统一宣传、对接销售渠道，着力打造白沙农产品品牌；组织开展县级电子商务示范企业和十佳网店评选活动，对获评企业、个人进行表彰和奖励；挖掘、宣传电商创业带头人，通过典型带动、示范引领等促进电商产业大发展。

7. 打造“码村”电商扶贫模式

白沙县秉持“消费就是扶贫”的理念，设置一村一码、一社一码、一户一码，使 22 个贫困村的所有产业、合作社、贫困户都有二维码。为打造 22 个产业品牌，该县设计了 22 个贫困村村标，并注册了商标。围绕每个贫困村、合作社、贫困户的农产品种类、数量、分布和产品季节采集，搭建白沙县电商信息数字平台，展示每个贫困村、合作社和贫困户的产品信息，并将产品信息与网店平台的销售信息对接，详细记录每条销售信息，实现展示、服务、帮扶和推广方面的便捷，鼓励民众消费帮扶，从而带动农民特别是贫困户开办各类网店触网销售、增加收入。截至 2019 年年底，“码村”平台共设置“一村一码”贫困村 22 个、“一社一码”合作社 25 家、“一户一码”（网店）贫困户 869 家，带动贫困户 2959 户，梳理农特产品 22 个，为农特产品带来 1712 份订单，线上交易额为 123.055 6 万元，从事电商的贫困户户均收入 615.8 元，通过各种方式宣传“码村”电商扶贫模式 17 次、吸引帮扶人数 56 388 人次、产生爱心积分 1 230 556 分。

8. 互联网 + 消费扶贫

发挥电商优势、精准施策，着力解决贫困户农产品买难卖难问题、架起供需对接的桥梁，促进贫困农民持续增收。成立白沙消费扶贫中心，聘请专业团队把控消费扶贫工作。开展扶贫产品的开发、质量品控、电商标准化打造、扶贫产品认证等服务，全面优化农特产品的产、供、销等环节，畅通消费扶贫渠道，明确扶贫产品标准。为了提高扶贫产品的知名度，结合各种节庆活动，白沙县计划每年在 11 个乡镇至少开展一次消费扶贫活动；以扶贫产品资源为依托，以三产融合发展为核心，开展了消费扶贫“七进八销”线上线下产销对接工作；组织人员到各乡镇开展电商培训，培养电商人才；在传统媒体平台和网络平台上持续开展宣传报道，加大对消费扶贫的宣传力度，不断拓大电商销售网络。截至 2021 年 12 月，白沙县广泛动员开展各类线上线下消费扶贫活动 91 场，消费扶贫集市活动总交易额已达 1286.57 万元。

9. 建设电商惠农超市，扶贫扶智

2018 年 12 月底，白沙县脱贫攻坚指挥部分别在七坊镇、元门乡开设脱贫攻坚电商惠农超市示范店，通过积分换物的方式有效激发贫困群众脱贫致富的内生动力。2019 年 4 月以来，白沙县多举措优化电商惠农超市信息管理系统，通过该系统不仅可及时查看电商惠农超市的销售情况、帮扶对象的积分与兑换情况，还能以“答题获积分”等方式引导群众了解脱贫攻坚、社会文明大行动的相关政策与知识，并优化工作流程，提高了扶贫工作效率。完善电商惠农超市基础设施建设，开发电商惠农超市信息管理系统，开发使用全网全县通的网络管理系统，使电商惠农超市的工作更加智能、便捷、高效、安全，更快完成评分工作，方便贫困户参与评选获得积分。

10. 抓宣传引导

加大对电商扶贫的宣传力度，在报纸、电视、广播和网络等主流媒体上开辟专栏，进行跟踪式专项宣传报道。充分发挥微博、微信等新媒体的优势，灵活利用微博话题、微信栏目对电商扶贫工作持续开展宣传报道。

成 效

1. 带动了增收

在白沙县政府首创的电商精准扶贫实践中，“1310”帮扶机制带动白沙县电商精准扶贫工作的效果显著，不仅为 22 个贫困村注册商标，建立 22 个贫困村电商服务站，而且开设贫困村网上微店 207 个，带动贫困户 1310 户，销售扶贫产品 2400 多万元，使电商贫困户人均增收 2349 元。

2. 形成了经验

该机制的成功不仅为海南电商扶贫探索出新道路，而且引来省内多个市县学习、调研并运用。其中，三亚市、海口市、澄迈县等市县均派考察组前来调研学习，海口市秀英区永兴镇在引入白沙县经验后，其电商精准扶贫工作也迈上了新台阶。各大媒体累计报道白沙县电商案例 380 次。

3. 激发了农户的内生动力

结合电商惠农超市实施的积分制，以通过参与社会劳动积分换物资的方式积极引导广大农户参与惠农超市的活动，激发农户的内生动力，激励贫困农户自主学习、掌握政策、自觉落实村规民约、改变陋习，营造人人参与扶贫的良好社会氛围。截至 2021 年 12 月，白沙县参与电商惠农超市的总户数为 24 986 户，其中一般农户 14 157 户，贫困户 10 829 户；开设电商惠农超市 57 家（2 家是测试村），上架商品 4337 件，共兑换商品 104 765 单；全县电商惠农超市共发放积分 7 830 029 分，已兑换积分 7 224 770 分，剩余可用积分为 0 分。

真实故事

高胜章曾经是白沙县打安镇南达村的贫困户，在外打工赚钱贴补家用，但是 2011 年发生的一场意外使他终身残疾。经过一番考虑后，他选择了对体力强度要求偏低的蜜蜂养殖。创业初期，由于缺乏经验，他遇到了不少困难，但凭着不服输的劲头，两年后终于成为一名养蜂行家。由于交通不便，地理位置偏僻，加上缺少销售渠道，蜂蜜卖不出去的情况时有发生，高胜章常因"美味无人品"而发愁。2016 年是白沙县电商发展的第一年，在电商办公室工作人员的帮助下，高胜章的蜂蜜搭上了电商快车，电商解决他的蜂蜜销路难题。当年，他先后带领 4 名残疾人和 2 名贫困户养殖蜜蜂，还将自己积累的养蜂经验和技术传授给他们，逐步带他们实现脱贫；2017 年，在白沙县电商精准扶贫的助力下成立了养蜂基地。2018 年，他带领 8 人一起奋斗，蜂箱从最初的 3 箱增至 400 箱，同时通过“公司 + 基地 + 农户 + 带动贫困户”的发展模式，使打安镇南达村、田表村的 28 户建档立卡贫困户加入养蜂基地，共同发展特色林下养殖业，截至 2019 年年底，28 户贫困户共 96 人全部实现脱贫，到 2020 年已带动 28 户贫困户分红 11.3 万元，其中贫困户直接分红 5.4 万元，村集体经济分红 5.9 万元。在短短几年里，高胜章在电商的助力下共计帮扶带动了 28 户贫困户发展养蜂酿蜜产业，已成为当地的致富带头人。他希望在未来的日子里，能够打造属于自己的品牌，并带动更多村民一起实现“电商脱贫梦”。

经验与启示

在贫困地区，如何拓宽特色农产品的市场销路是产业扶贫亟待解决的关键一环。2016 年，白沙县入选国家级电子商务进农村综合示范县，将电商扶贫作为脱贫攻坚的有效抓手，深入实施国家电子商务进农村，从零起步，从无到有。电商为白沙县贫困地区农产品的销售找到了一条“网路”。

1. 构建良好的体制机制是重要保障

白沙县委、县政府对电商扶贫工作高度重视，成立工作组，由县委常委领导，县政府副县长亲自抓，相关部门和 11

个乡镇具体落实电商扶贫工作，将成员单位的各项工作纳入全县扶贫成效考核事项，构建了有力的保障机制；制定了完善的政策体系，其中电商扶贫相关政策有30多项，并将政策落实到层层分解的任务中，实现了政策落地，突出了实效；制定了明确的目标，即一个贫困村建设1个电商服务站，开设3家及以上有竞争力的网店，每家网店带动至少10户贫困户销售农产品以增加收入。

2. 完善的农村电商生态体系是基础

农村电商发展唯有突破“堵点”，才能让农业、农村更有活力。完整的产业链是农村电商发展的基础，白沙县构建了从生产到销售的完整电商系统。在生产端，白沙县的22个贫困村实现了“一村一品”并采取“一户一码”，从源头上实现了产品的可追溯，保证了产品的质量。在运输端，白沙县通过电子商务进农村综合示范县项目，整合县内外物流、仓储资源，进行合理配置，搭建全县统一的公共物流信息、服务平台，并与农村电商服务站结合，形成细胞物流配送服务体系，同时通过制定物流补贴政策、建设农产品供应站、加大物流合作等方式进一步完善全县扶贫产品市场流通物流体系。在服务端，白沙县着力打造海南省首个电商产业园，并完善公共服务、农村淘宝、扶贫运营、创业孵化、物流五个方面的基础服务配套设施等，为保障电商扶贫产业链的正常运行奠定了基础。在消费端，通过消费扶贫、惠农超市、产销对接等多种方式举办各种活动，拓宽产品销售渠道。

3. 引导各方力量的广泛参与是关键

白沙县依托现有的48家村级电商服务站，打造了脱贫攻坚电商惠农超市，建设了全网全县通电商惠农超市信息管理系统，通过引导贫困户参与社会劳动积分换取物资的方式充分激发贫困群众的内生动力，形成人人参与扶贫的良好社会氛围，助力脱贫攻坚。秉持“消费就是帮扶”的理念，白沙县广泛宣传发动和进行电商平台营销，推动各企事业单位及社会爱心人士参与白沙县扶贫产品消费，营造多方参与消费扶贫的良好氛围。此外，白沙县在构建上、下行电商交易产业链的同时，与阿里巴巴集团等电商龙头企业合作，通过培训、项目合作等方式引导青年参与农村电商，形成了大众创业、万众创新的良好局面。

柔性引进突破贫困地区人才瓶颈

——北京中医药大学对口支援西藏藏医学院教育扶贫案例

案例类型：教育扶贫

关键词：西藏，藏医药，人才培养，柔性引进

提交机构：北京中医药大学

摘　要

为提高援藏教育扶贫工作的实效性，以北京中医药大学为组长单位组成的“组团式”教育人才对口支援西藏藏医学院（现更名为西藏藏医药大学），通过“定期援藏”叠加“柔性引进”的模式进行“柔性组团”，打造人才高地，聚天下英才而用之，制订西藏藏医学院“百名人才柔性引进计划”，开展“四个一工程”（讲一门课程、做一个讲座、开展一个项目、培养一个人才），实施藏医药人才培养“三步走”战略（一参、二主、三领军），攻坚克难，取得了援藏教育扶贫成果和显著成效，如已“柔性引进”院士、杰出青年、知名专家等30余人，推动了教育扶贫工作，申报获批西藏自治区“藏医药区域协同创新中心”、教育部“省部共建协同创新中心”及藏医学一级学科博士学位授予单位和授权点、藏药学一级学科硕士学位授权点、博士后科研流动站，提高了科研能力，促进了人才培养，推动了藏医药学科建设；更名为“西藏藏医药大学”，推

动了新校区建设，实现了藏医药学办学史上的重大突破，具有里程碑意义。

背 景

西藏藏医学院创办于1989年9月，是一所集学研医产于一体的民族传统医药高等院校，是西藏自治区人民政府和国家中医药管理局共建大学，是国家教育体制改革“藏医药人才培养模式改革试点”单位。

西藏自治区高校人才资源匮乏是制约高等教育发展的关键因素。西藏藏医学院位于拉萨市，由于高原缺氧，所以内地教育人才赴藏工作不适应，人才流动性大，知名人才引进比较困难。

西藏藏医学院在发展中面临的主要问题有：申报藏医学博士学位授予单位和博士点，完善藏医学士、硕士、博士学位的授权体系；更名为“西藏藏医药大学”，提高办学水平；申请新校区建设，扩大办学规模；没有博士后流动站，制约科研能力提升；学科建设和师资队伍薄弱及科研能力不强等。

以北京中医药大学为组长单位，由中国药科大学、江西中医药大学、哈尔滨医科大学组成的“组团式”教育人才对口支援西藏藏医学院。虽然每期援藏人员有6人左右，但难以满足西藏藏医学院发展的实际需求，援藏单位人才紧缺难以增派人员，导致对口援藏单位的人才派遣无法满足西藏藏医学院日益发展的人才需求。

项目实施

对口支援西藏藏医学院的组长单位北京中医药大学，与中国药科大学、江西中医药大学、哈尔滨医科大学等组员单位密切协作，结合西藏藏医学院学科和科研建设的实际需求，提出并采取依托教育人才“定期援藏”叠加“柔性引进”的模式，推进西藏藏医学院教育扶贫工作的实施方案。

1. 指导思想

援藏单位以党中央的战略方针为指导，以社会需求为导向，以学科建设为核心，以协同创新为依托，以人才培养质量为主线，结合本科教育、研究生教育和继续教育的实际需求，依托中共中央组织部及各省市对口援藏单位，采取“定期援藏”叠加“柔性引进”的模式，充分利用“血缘”“地缘”“业缘”“学缘”等关系引才借智，进行“柔性组团”，打造藏医药教育、科研和医疗人才队伍高地，聚天下英才而用之，开展“四个一工程”（讲一门课程、做一个讲座、开展一个项目、培养一个人才），实施藏医药人才培养“三步走”战略（一参、二主、三领军），带动西藏人才自身培养，促进藏医药人才培

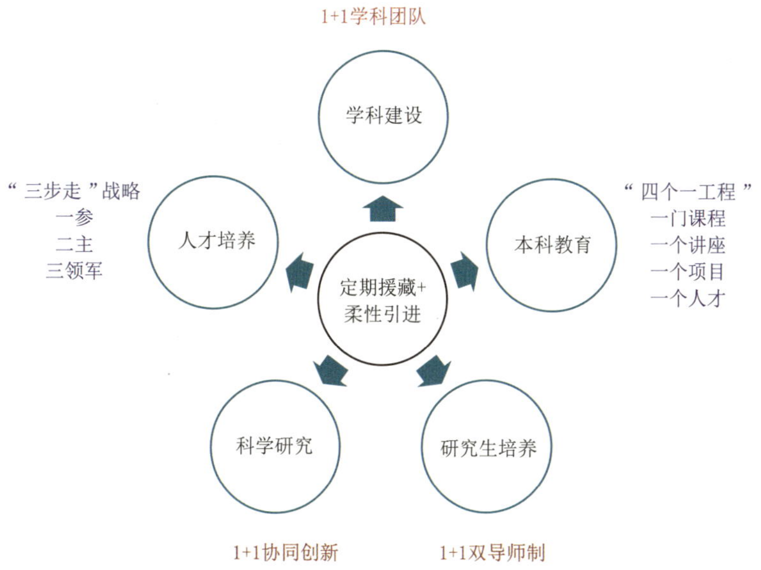

▲“定期援藏”叠加“柔性引进”模式

养由“输血”向“造血”转化，推动藏医学“双一流”建设，通过协同创新提升科研能力，实现藏医药教育和科研的跨越式发展，使西藏藏医学院真正成为一流的藏医药大学。

2. 具体措施

（1）本科教学人才柔性引进。针对藏医学、藏药学所需现代知识模块，引进特聘讲师、客座教授、讲座教授、兼职教授，提升本科教学师资队伍。

（2）研究生教育人才柔性引进。通过与援藏单位相同或相近专业学位授权点合作，聘请研究生兼职导师，建立“1+1”双导师制，采取“两段式”联合培养模式，提高研究能力和科研水平。

（3）学科建设人才柔性引进。发挥援藏单位一流学科的引领作用，开展协同创新，带动对口支援单位的学科建设，即通过与援藏单位相同或相近专业合作，聘请兼职学科带头人，完善藏医学、藏药学“1+1”学科团队建设。每个学科团队配备特聘学科带头人 1 名作为合作教授，学术骨干 1 名负责落实学科建设的具体工作。

（4）科学研究人才柔性引进。以藏医药科学研究和开发为核心，依托藏医药区域协同创新中心，以项目为纽带，以研究生和中青年学术骨干培养为目标，聘请院士、杰出青年、百千万人才等为特聘教授、名誉教授，指导或联合培养研究生，建立访问学者基地，培养中青年学术骨干。

（5）医疗服务人才柔性引进。为促进附属医院建设和满足临床需求，拓展民族医学和现代医学交叉结合的优势学科（如藏中医、藏西医等）及特色专科医疗服务，聘请国医大师、省级名医专家，培养藏中医、藏西医和特色专科医疗人才，提高临床疗效和医疗服务能力。

（6）产业发展人才柔性引进。为促进藏医药产业发展，积极拓展校企之间、高校与科研院所之间的合作，聘请企业、科研院所的产业化专家作为兼职教授、特聘专家、专业学位研究生指导教师，开展藏药野生抚育、人工繁育或栽培种植研究和产业化，藏药制剂新工艺、新剂型研究，创新藏药和保健品研究及产业化。

（7）科学管理人才柔性引进。通过与援藏单位的校级管理部门及教务处、科技处、研究生院（处）、学工部等部门合作，聘请教学和科研管理人才，培养教学和研究管理人才，提高学院教学、研究等管理能力和效率。

（8）结合人才培养规律，采取引进与培养相结合的新策略。目前，人才培养规律是 18 岁 + 大学 4 年（医科 5 年）+ 硕士 3 年 + 博士 3 年，博士毕业一般是 28 岁，优秀人才还需在著名院校或导师团队中培养 5 ～ 7 年，大概到 35 岁时方可崭露头角，具有一定的发展潜力。

3. 体制与机制创新

（1）柔性引进人才管理制度创新。由于柔性引进的人才在原单位也肩负重任，不可能长时间在西藏工作，因此，突破柔性引进人才在每年或每月的工作时间限制，建立以完成任务为导向的工作机制，制订西藏藏医学院“百名人才柔性引进计划”，采取“定期援藏”“区内协作”“专家协作”等多种柔性引进形式，重点引进能够带动学科发展或突破关键技术的高层次人才，打造人才队伍高地，聚天下英才而用之，建立和完善首席科学家、特聘教授、客座教授、讲座教授、兼职教授等聘用制度，充分发挥引进人才的指导作用。

（2）建立科研成果共享双赢模式。为获得柔性引进人才所在原单位的支持，建立科研成果共享双赢模式，互惠互利，研究成果应被双方单位认可，作为合作双方的工作考核内容，即研究成果、发表论文的第一作者和通讯作者采取协作单位与受援单位“双标注”，申请专利协同双方共同申请单位，调动柔性引进人才及所在原单位的积极性，加强协作单位的合作和支持。

（3）建立协同创新利益分配和评价机制。从有形效益、无形效益两个方面综合考虑投入与风险，建立科学、合理的协同创新利益分配机制；完善考虑论文数量、质量的同时，充分考虑科研成果的转化率，把科研成果的可操作性及转化率作为重点考核指标，建立新的评价指标体系。

成　效

西藏藏医学院依托教育人才“组团式”对口援藏叠加“柔性引进”推进创新探索工作取得了显著成效。

（1）完成中医学（藏医学）获批一级学科博士学位授予单位和授权点，中药学（藏药学）获批一级学科硕士学位授权点。实现了博士学位授予单位和授权点“零”的突破，形成了藏医学士、硕士、博士完整的学位授权体系，实现了藏医药学学科建设和学位教育发展的重大突破，对藏医药学发展具有里程碑意义。

（2）完成“西藏藏医学院”更名“西藏藏医药大学”的工作，实现了藏医药学办学史上的重大突破。

（3）举行新校区建设奠基仪式，标志着西藏藏医学院发展进入新阶段，在学校建设史上具有重要意义。

（4）建立“1+1”学科建设模式，完善藏医学、藏药学学科团队建设。对接老一代学科带头人，培养第二代后备学科带头人，带动培育第三代学科带头人，促进藏医药学“双一流”

建设，提高人才培养能力和质量。

（5）加强师资队伍建设，制订并实施“百名人才柔性引进计划”，打造人才队伍高地，提升师资队伍。截至目前，已柔性引进院士、杰出青年、知名专家共 30 余人。

（6）加强科研能力建设，牵头申报获批自治区“藏医药区域协同创新中心”、教育部“省部共建协同创新中心”，到位经费 2000 万元，并完成第一批 24 项课题、第二批 45 项课题、第三批 22 项课题的立项启动工作，形成人才、学科、科研“三位一体”的创新团队，提升创新能力，促进藏医药的研发和成果转化。

（7）牵头申报并获批西藏藏医药大学博士后科研流动站，为引进高层次人才、提高科研能力、促进藏医药学科建设提供支撑。

（8）建章立制。主持制定和修订西藏藏医学院科研管理、研究生教育等制度 40 余项，并已颁布实施，促进研究生教育及科研管理的制度化、规范化和科学化。

（9）建立了“藏医药防治糖尿病国际联合研究中心”共建基地，该基地为西藏第一个国家级国际联合研究中心。分别组织赴日本开展“汉方药研制与发展培训项目”、赴韩国开展“韩药研制与发展培训项目”，以及赴南非西开普敦大学访问交流，促进藏医药国际学术交流。2018 年获世界中医药学会联合会国际贡献奖科技进步奖二等奖。

（10）打造藏医药学术交流平台，举办 10 多场学术讲座，促进学术交流，营造校园学术研究氛围。为援藏干部人才做了多场“高原环境中医科学养生保健”专题讲座，义诊 200 人次，耐心解答援藏干部和藏区群众的各类健康问题，得到了援藏干部、群众和全校师生的好评。

（11）积极落实精准扶贫精神。联系西安世纪盛康药业有限公司向西藏藏医学院的两个驻村点波木村和白玛曲林村捐赠30万元，用于购买太阳能照明设备，解决当地116户547名群众的生产、生活用电问题。联系湖北尝香思食品有限公司为驻村点捐赠太阳能发电机1台（价值12万元）；为西藏藏医学院驻村点工作人员捐赠多功能应急灯100台（价值1万元）。

经验与启示

（1）采取“定期援藏”叠加“柔性引进”的模式。扩大教育人才组团式援藏成果，充分利用“血缘”“地缘”“业缘”“学缘”等各种人缘关系，引才借智，形成“柔性组团”，打造藏医药教育、科研和医疗人才队伍高地，聚天下英才而用之。

（2）柔性引进必须坚持“务实一点”原则。突破柔性引进人才在每年或每个月的工作时间限制，建立以完成任务为导向的“务实一点”工作机制，即柔性引进的每个人才只完成一件事，精准到位。一人解决一个问题，百人就能解决一百个问题。制订西藏藏医学院“百名人才柔性引进计划”，开展“四个一工程”，让柔性引进人才任选一项工作，如讲一门课程、做一个讲座、开展一个项目、培养一个人才。

（3）柔性引进必须抓住“项目为纽带”关键环节。即依托藏医药区域协同创新中心，以项目为纽带，以研究生和中青年学术骨干培养为目标，对柔性引进人才签订协同项目任务书，具体落实每个人才完成的任务，精准到位。

（4）建立“1+1”学科建设模式，实施人才培养“三步走”战略。人才培养不能拔苗助长，应将培育与援助相结合，因此建立“1+1”学科建设模式，完善藏医学、藏药学学科团队建设，对接老一代学科带头人，培养第二代后备学科带头人，带动培育第三代学科带头人。实施藏医药人才培养“三步走”战略（即“一参、二主、三领军”），带动西藏人才自身培养，促进藏医药人才培养由“输血”向“造血”转化，推动藏医学“双一流”建设。

（5）建立科研成果共享双赢模式，促进可持续发展。引进人才科研成果共享双赢是保障可持续发展的关键环节。只有柔性引进人才研究成果被双方单位认可，才能获得原单位的积极支持，研究成果、发表论文的第一作者和通讯作者实行协作单位与受援单位“双标注”，申请专利协同双方共同申请单位，促进协作单位积极合作和可持续发展，推动协同创新。

通过“网络医院”新模式遏制因病致贫

——河南省汝阳县“互联网＋健康扶贫”案例

案例类型：健康扶贫

关键词：河南，网络医院，远程诊疗

提交机构：河南省汝阳县乡村振兴局

摘 要

河南省汝阳县是国家扶贫开发工作重点县和秦巴片区连片扶贫开发工作重点县，地势呈“七山二陵一分川”分布。为解决山区群众看病难问题，汝阳县依托“宽带中原示范县”的优势，大力建设“网络医院”，在河南省率先实现县、乡、村三级医疗机构远程诊疗全覆盖，初步形成山区群众“检查不出户，看病不出村，专家就在家门口”的就医新格局，打造健康扶贫的汝阳样本，被国家卫生健康委员会（以下简称“卫健委”）、工业和信息化部（以下简称“工信部”）确定为“互联网＋健康扶贫”应用项目唯一试点县。截至2017年年底，该县共建成覆盖所有行政村（社区）卫生室、乡镇卫生院、县级医疗机构的“网络医院”236个，实现了远程诊疗在三级医疗网点的全覆盖。在村卫生室里，首先由村医对村民的病情初步诊断，诊断过程中发现的疑难杂症则通过远程诊疗系统预约省、市、县医疗机构的在线坐诊医生，线上医生通过视频问诊

开出处方并提出后续治疗建议。汝阳县通过“网络医院”系统诊疗的患者约 5.5 万人次，直接节省费用 3750 余万元，基本实现了“健康进家庭、小病在乡村、大病到医院、康复回基层、90% 病人就医不出县”的医改目标。

背　景

汝阳县地处河南省西部，为洛阳市下辖县之一，是国家扶贫开发工作重点县和秦巴片区连片开发工作重点县，2019 年年底实现脱贫摘帽的整体目标。

该县是工信部对口帮扶贫困县，早在 2014 年就被工信部确定为河南省第一批“宽带中原示范县”（共 10 个），农村网络建设条件得天独厚，4G 宽带覆盖所有乡村，但面对的脱贫任务十分艰巨。截至 2016 年年底，该县尚有建档立卡贫困人口 13 288 户 51 273 人，其中因病致贫比例为 24.5%。

该县既在宽带网络建设上全省领先，又在“因病致贫”率上居高不下。如何充分发挥网络的巨大作用，使网络优势转化为扶贫优势呢？汝阳县委、县政府经过仔细论证，决定多方筹资，在所有乡村开通“网络医院”。经过长达一年的不懈努力，汝阳县终于在 2017 年年底建成“网络医院”236 个，覆盖县、乡、村三级所有医疗机构。“网络医院”运行一年多来，该县因病致贫返贫率下降 5.08 个百分点，并在全国引起强烈反响。

项目实施

汝阳县“网络医院”的具体实施如下。

1. 建好村级卫生室，为开通“网络医院”做好准备

将互联网技术运用到扶贫领域是大势所趋、人心所向。起步阶段，建设“网络医院”的最大困难来自基层，尤其是村级卫生室的软硬件设施都无法满足网络的需要。为了从根本上解决这一问题，该县从 2016 年开始先后投入 7800 万元，开展村级卫生室建设与改造，在建筑面积、科室设置、装修方式上都制定了严格的标准，包括中西药柜、候诊座椅和办公家具，均由县里统一配备。经过两年的努力，全县所有村级卫生室全部达到省定标准。

在提高硬件标准的同时，该县通过后备人才库选用、周边村庄调剂、乡镇卫生院委派等多种途径，按照服务人口 1% ～ 1.2% 的标准，为贫困村卫生室配备了 147 名具有乡村医生资格证的合格医生，通过多种方式对专业技术人员进行业务培训，很快达到了每个村级卫生室至少有 1 名医生熟练掌握互联网技术的近期目标。

2.“借东风”推广“网络医院”

汝阳县的“网络医院”之所以能够迅速建起并得到推广，是因为两个有利因素。第一，汝阳县是工信部对口帮扶贫困县，在农村互联网建设中得到了很多支持。第二，汝阳县刘店镇红里村是河南科技大学第一附属医院对口帮扶贫困村。河南科技大学第一附属医院是豫西地区的“全国百佳医院”之一，其“远程诊疗”平台已经相当完善。在河南科技大学的帮助下，红里村卫生室建起了全县第一家“网络医院”。

2017 年 8 月，在红里村卫生室“网络医院”试点积累一些经验后，汝阳县政府决定在全县推广“网络医院”。在河南科技大学第一附属医院、洛阳市涧西区政府的帮助下，该县组织技术队伍，对各村卫生室的网络设施进行重新搭建，对原有

硬件设备升级改造，配置了计算机、激光打印机、高清摄像头、音响等设备。截至2017年年底，汝阳县共建成“网络医院”236个，包括216个村级卫生室在内的所有医疗机构全部开通远程诊疗系统，实现了“网络医院”在三级医疗网点的全覆盖。

“网络医院”全面开通一年多来，有关部门将其成效总结为四个方面：一是诊断准确、治疗及时；二是节省费用、减轻负担；三是就近看病，方便群众；四是耳濡目染、水平提升。“网络医院”为群众节省了很多医疗费用。

3. 依托远程诊疗平台让健康扶贫更加精准有效

远程诊疗平台为汝阳县贫困患者的精准识别和特殊照顾提供了依据。汝阳的各家县级医院都已经设置了贫困人员数据接口，患者住院时首先就能被识别是否为建档立卡贫困人员。所有医疗机构在贫困人员出院时向其提供“一站式”结算报销情况说明书，贫困户能享受国家所有的优惠政策及县政府的医疗再救助。

汝阳县依托远程诊疗平台，形成了一套优质医疗资源下沉的扶贫模式，包括分级分类远程医疗、县域医联体建设、突出重点群体开展优质服务、签约服务等。该县医疗机构使农村患者实现了从“一跑几天”到“20分钟拿药”的转变。

成　效

根据工信部、卫健委提出的“可复制、可借鉴、可推广”的试点要求，汝阳县在全面开通“网络医院”的基础上，再次投资2300万元，建立了“一平台、五中心”高效智能卫生健康网络体系。其中，“一平台”是汝阳县标准化健康医疗数据高效智能网络平台；“五中心”分别是医疗救治中心、影像中心、检验中心、疗护中心和培训中心。

“一平台”的整体工作量已经完成80%左右。其中，硬件部分，如演示大厅、机房建设、培训中心已经全部完工；软件部分，完成470 628条公共卫生基础数据的实时同步与对接。全民健康信息平台、综合卫生管理平台、家庭医生签约平台、互联网医院、云影像中心等六大特色模块功能已经上线；21种大病分布与分析、贫困人口基础档案、120急救实时同步等特色软件内容已经呈现；其他部分按照项目整体推进方案已全部部署完毕。全部建成之后，“一平台”能够真正实现国家、省、市、县、乡、村“六级”信息的互联、互通、共享。

这个平台是汝阳县医疗信息化的顶层设计，患者全生命周期的所有健康数据都能在这里呈现，它是整个项目的核心和中枢，也是大平台的信息库。这一平台设有六大特色模块，其作用概括起来就是“辅政、助医、便民”。政府工作人员通过一台电脑或者一部手机能够随时掌握汝阳县医疗卫生系统的各类信息；基层医疗工作者特别是乡村医生，能够及时联络，掌握签约服务群众的健康动态；农民患者只要在手机上关注“健康汝阳”，就可以与县级医院医生线上交流。遇到疑难病症时，通过这个平台，县级医院的医生可以联系国家、省、市专家在网上同时会诊。该平台设置了很多子项目和分类板块，内容非常详细。

“网络医院”的全面开通和标准化健康医疗数据高效智能网络平台的初步运行，已经对汝阳县2019年实现高质量脱贫摘帽产生了直接的推动作用。

经验与启示

在脱贫攻坚进程中，汝阳县卫生系统2600多名干部、职工和医务工作者知难而进、不懈探索，不但圆满完成了预期目标，而且使全县医疗卫生事业在这一特殊时期实现了划时代的跨越。上级机关和主流媒体将汝阳县“网络医院”誉为“健康扶贫的汝阳样板”。

1. 加强基础设施建设和人才配备

从医疗卫生机构“三个一”、医疗卫生人员“三合格”入手，采取基础设施建设攻坚行动，夯实卫生健康基层基础。通过对口帮扶、等额对调，提升贫困地区的卫生服务能力和水平，解决贫困群众有地方看病和有人看病的问题。

汝阳县共有3家县级公立医院、15家乡镇卫生院。经过十几年的快速发展，县乡两级医院的基础设施已经成为县城和所在乡镇的地标性建筑。其中，总投资7.1亿元的汝阳县人民医院搬迁项目顺利开展；2018年9月，汝阳县妇幼保健院实现整体搬迁；汝阳县中医院整体提升项目进展顺利；15家乡镇卫生院也全部整体改造。

为了改变简屋陋室、产权不清的村卫生室状况，从2016年开始，借力脱贫攻坚的推动，汝阳县将标准化村级卫生室建设纳入基础设施“12个一”总体布局，先后投资7800余万元，统一标准，全面提升村级卫生室建设。原来条件较好的卫生室通过装修改造焕然一新、生机蓬勃；原来修修补补、破旧落后的卫生室被重新规划、建设，全部坐落在人口集中、交通便利的公路沿线。新建设的村卫生室面积一般为80～120平方米，科室按诊断室、治疗室、观察室、健康教育室、药房进行“五室分设”。在此基础上，通过开展三级医院对口帮扶县级医院、县乡医疗机构“等额对调”帮扶、从基层卫生人才库中优先选拔、安排医学院校毕业的贫困户子女就业等措施，按服务人口1%～1.2%的标准为全县村卫生室配备合格乡村医生547人，其中，78个贫困村卫生室配备合格村医147人。所有村卫生室基药配置全部达到200种以上。村卫生室的产权、设备归集体所有，人员统一调配，业务统一管理，实现了“贫困村标准化卫生室和合格乡村医生覆盖率100%”的目标。

2. 打造“互联网+健康扶贫”

汝阳县红里村是河南科技大学对口帮扶的贫困村。2017年3月，河南科技大学帮助红里村卫生室建起了全县第一家村级“网络医院”并取得初步成功，点燃了汝阳县“互联网+医疗服务”的星星之火。截至2017年12月底，该县建设并开通“网络医院”236个，县、乡、村三级“网络医院”全面运行，成为河南省第一家全面普及“网络医院”的县域。

“网络医院”开通后，疑难病患者只需到村里的卫生室，就能与上级大医院的专家“面对面”说话，得到专家大夫的仔细诊疗。诊疗结束后，处方和注意事项立刻被打印出来。村卫生室的医生照方抓药、再次叮嘱，整个诊疗过程不过十几分钟。“看病不出村，网上专家面对面”所产生的巨大效益，有关部门将其总结为四个方面，其中节省费用这一点是山区农民感受最深的。

2019年4月，汝阳县政府又投资2000万元，为全县所有行政村卫生室配备“行走的医院”助诊包。这使村民在卫生室就能进行包括彩超、心电、血氧等二十四项常规检查，大大提高了诊断的准确性和治疗的及时性。山区百姓不仅在村卫生室就能获得专家诊疗服务，而且享受县级医院的免费检查筛查。

据汝阳县卫生健康委员会统计，“网络医院”开通将近两年，为5.5万多名患者提供远程会诊，直接节省交通费、食宿费和其他各类费用共3750余万元。其中，贫困户患者7865人，节省费用430余万元。病人自付率下降至4.18%，外转率下降至8.45%，因病致贫返贫率下降5.08个百分点，汝阳县基本实现了“健康进家庭、小病在乡村、大病到医院、康复回基层、90%病人就医不出县”的预期目标。

3. 要有系统的保障政策

汝阳县从落实健康扶贫“三个一批”行动计划入手，采取精准救治攻坚行动和疾病预防控制攻坚行动，通过“先诊疗后付费”和“一站式”结算提高县域贫困人口的医疗保障能力和水平，解决贫困群众“看得起病、看得好病和少生病”问题。

据统计，截至2020年年底，汝阳县脱贫人口13 633户、53 330人全部参加城乡居民基本医疗保险和大病保险，参保率达到100%；全县25家县域内医疗机构全面落实“先诊疗后付费”和“一站式”结算政策；25种大病患者1070人均得到集中救治；组建家庭医生签约服务团队236支，覆盖全县所有行政村，建档立卡贫困人口全部开展了家庭医生签约服务；投资320万元，为贫困高血压患者5410人免费送药；开展农村妇女宫颈癌、乳腺癌免费筛查10 114人，完成率100%；儿童营养包实现全覆盖，从源头上预防贫困地区出生缺陷等疾病；全面落实城乡居民基本医疗保险、大病保险的医疗救治体系，贫困群众医疗费用报销比例和县域内就诊率达到90%以上。

积分制激发贫困人口内生脱贫动力

——安徽省六安市金寨县减贫案例

案例类型：社区与农村管理

关键词：安徽，积分制，乡风文明，内生动力

提交机构：安徽省六安市金寨县乡村振兴局

摘　要

金寨县在帮助贫困群众增加收入的同时，重视改善群众的精神风貌，以建设文明乡风为抓手，在行政村开办振风超市。贫困群众可以通过发展产业、主动就业、讲道德守品行、助人为乐、参加义务劳动、保持环境卫生整洁等获得相应积分，到振风超市用积分兑换日常生活用品，不但争做典型又得到了实惠，“比着干”成为金寨县的常态。自2018年以来，金寨县共建振风超市174家，开展评比4200多次，发放积分1750余万分(1分可兑换价值1元的生活用品)，通过政府搭台、村民参与、积分引导、物品奖励等多种形式不断激发贫困群众的内生动力，摒弃“等、靠、要”思想，实现主动的自我发展。

背　景

金寨县位于大别山腹地，鄂、豫、皖三省结合部，总面积3814平方千米，是安徽省面积最大、人口最多的山区县，

也是国家级首批重点贫困县。

通过多年的扶贫开发，金寨县一些条件相对较好的地区已经基本解决温饱问题，未脱贫地区多半自然条件相对较差，生产和生活基础设施极为落后，在经济上处于自我封闭的状态。2015年年底，金寨县有近3万名贫困人口居住在高寒山区和库区一线村，生产资料匮乏、生活条件恶劣、基础设施薄弱、自然灾害频发，大部分贫困群众居住在20世纪六七十年代的危旧房里。

金寨县除了低人均收入、低生产率及低物质供给的外在贫困，还存在思想贫困、文化贫困，主要表现为当地群众受教育程度低、文盲率高、科技文化水平低、劳动生产率低、思想观念落后等。据统计，全县13万名建档立卡贫困人口中，文盲、半文盲所占比例达13%，远高于全国平均水平。贫困人口的思想素质与经济社会发展的大环境不匹配，贫困劳动者缺少适应市场经济的谋生技能，更重要的是缺少发展的机会，只能固守在贫瘠的土地上进行简单的劳作。

生活条件极差导致群众患病率高，经济和思想上的贫困直接导致大部分群众不愿看病，于是“小病拖，大病捱，病危才往医院抬”，住院费少则几千，多则十几万，全家一年的收入往往不够一个人住一次院。群众病不起、医不起，因病致贫、返贫的情况相当严重。各种因素使贫困群众的自我发展动力不强，部分群众还存在“等、靠、要”的思想，因此必须通过智志双扶才能改变这种局面。

项目实施

振风超市是金寨县建立的以积分形式明码标价，群众可凭积分券兑换所需物品的商店。大部分振风超市会与大型超市挂牌合作，设立积分兑换专区，人流量大，效果良好。少数村在村部设立振风超市，定期购置一些物品，方便群众就近兑换，群众满意度高。振风超市建设的核心是文明新风评比，以行政村为单位，组织开展传递正能量、树立新风尚的创建评比活动。村级建立专门组织，按推荐、初审、会议通过、公开公示、发放积分券的流程，评议结果在村务公开栏张榜公示，接受监督。评出的正面典型（人）上红榜展示，获得振风超市积分券，免费兑换相关商品；评出的负面典型（人）上黑榜曝光。通过价值引导，培育乡村文明新风、良好家风、淳朴民风。振风超市机制创新能把扶贫与扶志、扶智有效结合起来，有利于激发贫困人口脱贫的内生动力。

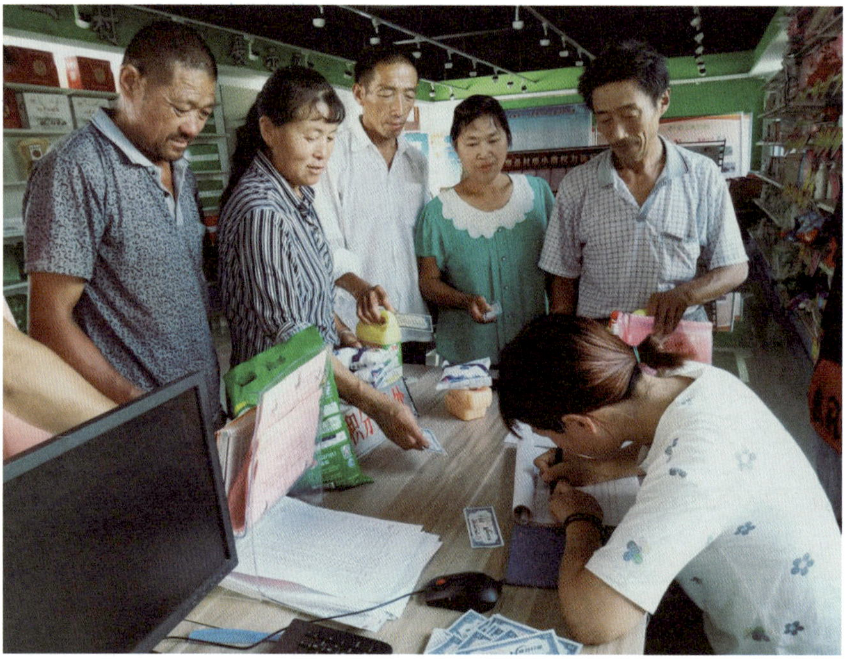

▲ 金寨县古碑镇七邻村群众用积分券在振风超市兑换商品

金寨县经过多次调研，结合县情实际，从顶层制度到底层建设提出具体的指导意见，对振风超市建设提出一套完整的实施机制，确保其建设真正沉得下去、建得起来。

一是准确把握评比的准则。评比内容因地制宜。提出了“6+X”评比模式，即以勤劳致富、孝老爱亲、移风易俗、环保卫生、遵纪守法、热心公益作为评比的主要内容，按照“弱什么、评什么”的原则，由村评比委员会根据实际情况和名额，定期从这六个方面组织评比，被评为表现突出的要上“红榜”公示宣传。例如，有的乡镇对贫困户通过自力更生发展种植养殖业提高收入的，每增加1000元收入，除给予脱贫产业奖补外，在评定后给予200～500分的积分奖励。评比队伍公平公正。文明新风评比涉及面广、影响深，评比意义重大。为确保公平公正，各村成立由村两委成员、驻村干部、扶贫工作队员、村民组长、党员、教师等组成的评比委员会，全面负责各项积分规则的制定和评比审核。评比流程规范统一，按照村民小组或扶贫工作队推荐、村评比委员会初审、村民会议（或村民代表会议）通过、公开公示、发放积分券的程序进行。对于少数直接确定积分的事项，由评比委员会直接确定积分分值。

二是用好振风超市积分四大激励措施。通过正反两方面激励，为群众树立正确的价值导向。第一，上“红榜”，精神奖励。在各村设立“红黑榜”，定期将发生在群众身边的正、反两方面典型行为经村民代表评议后上榜公布，“红榜”聚集正能量，“黑榜”批评反面典型。经评比委员会确定表现突出的，上“红榜”公示宣传，并通过微信公众号、政务网站等公共网络宣传扩大影响力。通过各级评定，金寨县上“红榜”人数已超过3500人，逐渐形成了积极向上的良好氛围。第二，发积分，物品奖励。“红榜”公示后，向当选人发放一定分值的振风超市积分券，1分相当于1元，凭此券可到所在地振风超市兑换等值的特定生活物品，从而极大地激发了群众的热情，形成了“从让他做事到他要做事的”良好氛围。第三，上“黑榜”曝光反面典型。对于获得差评的，上“黑榜”曝光。

全县上“黑榜”的人员有3612人，其中多数人被曝光后主动改正错误，申请撤榜。

三是统一管理方式。形象标识统一，超市名称为“金寨正威振风超市某某店”，门头店招形象标识全县统一，内部装饰要求设置振风超市物品专区，并以积分形式明码标价。振风超市的运营授权由所在乡镇具体实施，根据具体经营情况选择是否授权，并统一发放授权匾牌，实行一年一授权、一年一签约。超市管理统一，自建的振风超市由所在地村部自行运营，合作挂牌的由超市运营，所在乡镇统一管理，定期开展运营情况评估，根据评估情况调整超市授权，上级主管部门每季度进行不少于1次的监督检查。

四是落实“四位一体”的资金保障政策。经过测算，全县每年需要投入振风超市积分评比资金为600万～1800万元。第一，通过村集体经济筹集方式解决一部分资金，各村在每年的集体经济收入中配备振风超市建设运营费用。第二，金寨县财政解决一部分资金，金寨县政府每年从乡村振兴建设资金中统筹一定比例资金，用于各乡镇振风超市运行。第三，当地乡镇政府兜底，各乡镇每年配备振风超市专项资金，按当年实际产生费用进行兜底支付。第四，争取一部分社会捐助资金，通过各企业赞助和公益支持活动争取部分资金和实物捐助。

成　效

1. 激发了内生动力

振风超市既送温暖，又送志气、信心，为打赢脱贫攻坚战奠定了坚实基础。在推进深度脱贫攻坚中，做到扶贫与扶志、扶智同行，物质脱贫与思想脱贫同步，让贫困群众从思想上拔除穷根，显得尤为重要。振风超市积分制的建立有效扭转了贫困户的“惰性”思维，评分的多少不但关系到贫困户取得物品兑换券的多少，而且关系到每户贫困户的面子问题、荣誉问题，变“钱物送上门”为“劳动能赚钱”，增加了他们早日脱贫的“心劲儿”，提振了他们勤劳致富的精气神儿。

2. 弘扬了文明新风

按照“弱什么、评什么”的原则，在各村设立“红黑榜”，受表彰的上“红榜”，发放积分券，得到差评的上“黑榜”曝光，树立鲜明的价值导向。用足用活政策，鼓励村民充分发挥潜能，用勤劳、善良获得积分、赢得尊重。通过“六净一规范”卫生大整治、义务植树、为集体产业出把力、为“五保户”打扫卫生等丰富多彩的活动，评出优秀、发现先进，给他们奖励积分；对评选出的“好儿媳”“好婆婆”“脱贫之星”“环境卫生示范户”等奖励积分；对拾金不昧、见义勇为、诚实守信等为本村增光添彩的个人奖励积分；向“后进”变“先进”的相关人员赠送积分等。截至 2019 年 12 月，金寨县建成振风超市 174 家，开展文明新风评比 4200 次，其中 2019 年以来 2464 次，推荐各级道德模范、身边好人、新乡贤 1.28 万余人。社会风气明显好转，争当贫困户的人没有了，谋发展、谈创业的人多了，比先进、学先进、争先进在该县蔚然成风。

3. 推动了移风易俗

金寨县通过移风易俗专项整治行动解开了群众思想上的“疙瘩”，破除农村红白喜事大操大办、随礼跟风攀比等陈规陋习，变“拖贫”为脱贫。通过活动开展，全县取消婚丧喜庆事宜 5500 余场，减少群众支出约 2.1 亿元。在 107 个村建成集中办事场所，推动集中办理红白喜事 30 余场，减少群众支出 3600 余万元。

真实故事

王建彬，金寨县铁冲乡张店村村民，家中有5口人，2014年建档立卡贫困户。王建彬患有冠心病，不能从事重体力劳动。他的母亲67岁，患有一级听力残疾，伴轻微智障，常年需要家人照顾。他的儿子是李桥小学五年级学生。他的女儿2岁。王建彬家靠低保勉强维持生活，缺乏脱贫动力。扶贫工作队和村两委多次上门了解王建彬的家庭困难，向他介绍振风超市积分评比政策，鼓励其发展产业。后来，他除了养鸡1500只外，还主动报名承担村里的护林员工作，增加家庭收入。在振风超市月积分评比时，他因发展产业突出，获得积分较高，上了“红榜”。他逢人便说：“没想到我这个贫困户也能上红榜。”当年，王建彬如期脱贫。振风超市建立的正向激励机制让更多的贫困户看到了榜样的力量，重拾了生活的信心，增加了脱贫致富的动力。

经验与启示

振风超市通过对农户勤劳致富、孝老爱亲、移风易俗、环保卫生、遵纪守法、支持和参与公益事业等行为设置相应分值，定期开展评比活动，向获评农户发放一定分值的积分，传递了文明新风的正能量，解决了过去农村地区移风易俗工作务虚、无从下手、没有着力点的问题，找准了乡风文明工作务实务虚的结合点，成为新时代农村乡风文明、移风易俗工作的重要平台。

1. 要树立正确导向

振风超市的根本目的是推进文明乡风建设，必须要与“红黑榜”和推动移风易俗相结合。在评比中，获得正面激励的要积极宣传，发放积分；受到差评的要上“黑榜”曝光。只有这样，才能真正全面地树立正确的价值导向。金寨县每村建有“红黑榜”公开栏，既开展“红榜”评比，也关注“黑榜”评比。

2. 要坚持示范带动

文明乡风建设其实是一个依靠群众、发动群众的共享共建过程。要准确把握全覆盖与抓重点的关系，通过抓“关键少数”引领“绝大多数”，以教育引导党员主动做移风易俗的践行者、引领者、宣传者，以正确导向和行为示范带动广大群众转观念、破旧俗、立新风，让广大群众从建设文明乡风中感受到实惠讲究，更激发出参与的积极性，使移风易俗赢得广泛认可，成为“民心工程”。

3. 要统一评比标准

振风超市建设的关键在于公开公正评比，评比是否公正、合理直接决定了政策的效果和影响力。金寨县在开展评比活动中，先后出台了实施意见、管理办法、评比指导标准等文件，明确了评比队伍的公正和严肃性，评比过程群众全面参与，评比结果广泛公示，并联合纪委监察等部门定期开展巡查检查，确保振风超市的作用真正发挥好，让文明新风真正在农村落地、在群众心中扎根。

4. 要注重德法兼治

坚持德治、法治并举，注重从理法入手，晓之以理、规之以法，合理合法运用公权力，做到道理上站得住、法律上有规可依，推动工作制度化、规范化和常态化。只有德法兼治，真抓真治理，敢于触碰难题、实质问题，敢于曝光、处理顶风违纪的党员干部，敢于协调社会各方力量，才能革除陋习、激浊扬清，真正形成乡风文明新气象。

5. 要提供资金保障

开展文明新风评比和振风超市建设，资金保障一定要落实到位，常态长效的可持续化运营才能最大限度地保证政策的连贯性。金寨县在振风超市建设中，着重从资金整合和社会参与两个方面保障资金。一方面整合文明创建、乡风文明、环境整治等多方资金，做大政府投入的盘子；另一方面注重引进社会资金赞助支持，通过多方面的投入保障了政策的持续落实。

社区善治赋能集体行动能力促减贫
——河南省新乡市辉县市减贫案例

案例类型：社区与农村治理

关键词：河南，乡风文明，激励机制，集体行动，特色产业

提交机构：河南省辉县市乡村振兴局

摘　要

河南省辉县市张村乡裴寨村 2005 年的人口为 595 人，人均收入不足 1000 元，是省级贫困村，生活条件艰苦，经济收入低。裴寨村两委秉持“情、德、法”融合的治村理念，使贫困村蜕变为“全国文明村”。他们采取了以下措施：增加配套设施，改善住房、解决用水；挖山填沟平整治理，增加优质良田，建设温室，发展高效设施农业；提出“情、德、法”融合的治村理念，不断完善发展，提高村民收入，提升了社区居民的道德文化修养。

背　景

1. 项目基本情况及瞄准的问题

裴寨村三面环沟，一面靠山，土薄石厚，常年干旱，吃水困难，种地看天。该村 153 户 595 人，靠着仅有的 661 亩

山冈薄地维持生计，生活条件艰苦，经济收入微薄。2006 年，裴春亮回到裴寨村当村干部，带领村民探索减贫增收的途径。

2. 项目主要内容

在班子成员的带领下，2005 年该村筹资进行裴寨新村建设；2010 年，部分村实现整村搬迁，解决了改善住房问题；2007 年开始带领群众建设提水灌溉工程，逐步实现了自流灌溉；成立蔬菜花卉种植专业合作社，打造"豫北特色小镇"；提出"情、德、法"融合的治村理念，完善乡村治理体系。

项目实施

1. 改善住房

2005 年，裴寨村筹资 3000 余万元为全村群众建设裴寨新村，建成了 160 套居民楼房及各类配套设施。2008 年 12 月，裴寨新村正式建成，全村村民住进了宽敞明亮的新楼房。2010 年，在国家推进新型城镇化的背景下，张村乡以裴寨新村为依托，整合 23 个行政村、97 个自然村、15 000 多人口，由裴春亮担任裴寨社区党总支书记，开始建设裴寨社区。裴寨社区已有 11 个村实现整村搬迁，入住 11 800 人。

2. 解决用水

为了解决村民的吃水难题，2006 年裴寨村筹资 83 万元，打了一口 530 米的深水井，让村民吃上了干干净净的深井水。解决了吃水难题后，该村还要解决粮食作物的灌溉难题。2007 年 9 月，他们自行设计施工，遇山劈山、遇沟架桥，筹资 860 万元，带领群众建设提水灌溉工程。2010 年 3 月，该村建成了 5000 立方米的蓄水池，引来了 100 千米以外太行山石门水库的水，将1100米地埋管道铺设到田间地头，让村里的土地彻底告别了“望天收”，实现了自流灌溉。2011年3月，裴寨村又利用村里的天然深沟，启动建设裴寨社区拦洪蓄水水库。水库全长2300米，蓄水量可达80万立方米，工程投资6200万元，其中政府支持1000万元，社区群众和社会各界捐款100万元。2013年12月，裴寨水库建成，不仅彻底解决了社区干旱缺水难题，还使周边乡镇的3万多人口、近2万亩耕地受益，为扩大蔬菜花卉种植基地、打造生态农业和特色景观旅游业奠定了坚实的基础。十年与水抗争，饱含了乡亲们的期盼，凝聚着乡亲们的汗水，同时也换来了丰厚的收入。

3. 发展产业

2010年，该村把裴寨老村宅基地全部复垦，通过挖山填沟平整治理增加了600亩优质良田，建设玻璃温室和钢架地温温室，发展高效设施农业，种植优质蔬菜和鲜花，提高村民收入。10多名党员干部带头成立蔬菜花卉种植专业合作社，一步步把裴寨村的高效农业做大做强，田地从250亩发展到1500余亩，建成各类温室750余个，共有350余户1250多名村民从事高效农业种植。2018年，裴寨村出资1000万元打造“豫北特色小镇”，筹资2000万元规划建设接纳2000人就业的裴寨社区服装产业园，让乡亲们“赚钱顾家两不误”。

4. 健全体系

近年来，裴寨人经过长期摸索积累，提出了“情、德、法”融合的治村理念。

一是以“情”治村。村级基层党组织全心全意为村民服务，获得村民信任的同时，进一步提高了村集体的行动力，形成了强大的社区动员能力。裴寨村挖平荒山，不占耕地，建成了配套设施齐全的裴寨新村，圆了乡亲们的“新房梦”。打水井、修水池、建水库，解决缺水难题。创办春江集团有限公司，成立村民股份制企业，形成了共富机制。扩建商业一条街，发展商贸业、建设钢架大棚、玻璃温室种植蔬菜、鲜花发展高效农业。农工商业的兴旺为社区居民提供了增收致富的就业门路，确保居民既安居又乐业。十多年的苦干实干让贫穷成为历史，把富裕变成现实，带领群众实现了“人人有活干，家家有钱赚，户户是股东”的“裴寨梦”。

二是以“德”治村。物质的富有不是真正的富有，精神的富有才是最大的财富。在裴寨村大街小巷等的明显位置，建设社会主义核心价值观宣传栏、红色课堂、学雷锋文化长廊、文化石等宣传文化设施，引导社区树立积极向上的价值观。裴寨村每两年开展一次“爱在裴寨——我身边的道德模范”评选活动，评选好婆婆、好媳妇、好党员、好家庭、好青年等，用身边人、身边事感化教育群众，让大家可学可比，学有榜样、做有方向。成立老年服务队、青年志愿者服务队，倡导文明新风，热情服务群众。成立红白理事会，统一办事标准，遏制相互攀比、铺张浪费的不良风气。

三是以“法”治村。过去，村民之间矛盾重重，邻里之间、兄弟之间、婆媳之间、妯娌之间，因为争一棵树、争一块地皮、赡养老人等纷争不断，甚至大打出手。为此，裴寨村推行“排长管理”制度，依法治村，实现乡村治理无缝衔接。裴寨村除了党支部、村委会日常管理听取社情民意外，还建立由村务监督委员会全程跟踪问效的联动管理体系，及时解决村民遇到的问题，让群众的心里话有地方说、牢骚有人听、烦心事有人管。设立民事调解室，24 小时有人值守，确保及时解决问题，让群众“小事不出村、急事不过夜、难事不过周”。

裴寨村还利用村里的广播系统安排了《朗读时间》广播栏目，由村两委成员和志愿者义务担任播音员，每天轮流朗读。朗读内容涵盖时事政治、法治案例、孝道文化、农业科技、健康知识和身边的好人好事，弘扬正能量，润物细无声，影响和改变村民的传统思维方式、生活陋习。现在，孩子们在家里都学说普通话，老年人也讲究卫生、重视健身，年轻人对生活也有了更多的想法。

成　效

1. 增收创收

十多年来，这个曾经只有 153 户 595 口人的省级贫困村，在裴寨村党支部书记裴春亮的带领下发展为入住 11 800 口人、人均年收入达 18 000 元的新型农村社区。2018 年 3 月，裴寨村被河南省确立为第二批社会主义核心价值观建设示范点；被中共中央组织部确定为全国党员教育培训示范基地，“新乡先进群体”教育培训示范基地现场教学点和红色旅游景点。该村先后获得“省级卫生社区”“河南省美丽乡村建设标准化示范区”“河南省文明村镇”“全国乡村旅游模范村”“全国文明村”等荣誉称号。

2. 吸引人才，返乡创业

裴寨人建立“奖勤罚懒”激励机制，激发全村人干事创业。

（1）吸引“90 后”硕士毕业生扎根农村创业致富。秦航 2018 年从吉林农业大学园艺专业研究生毕业后，便来到裴寨村种植培育羊肚菌。羊肚菌生产周期短，价格昂贵，收益可观。秦航算了一笔账，说：“前年，我到裴寨村承包了 5 个温室大棚种植羊肚菌，这种菌类从种植到成熟再到出售，需要 3 个半月，每个大棚基本产量为 200 千克。当时正值春节，羊肚菌每斤高达198元，扣除所有成本，我当年净赚15万元左右。”

（2）“海归”青年放弃国外优越条件返乡创业。裴将 2015 年从美国丹佛大学毕业后，主动放弃国外较好的发展机会，毅然回乡投身于乡村建设。他发挥自身优势，利用自己掌握的互联网技术和智慧电子信息技术，带领一群返乡大学生一起创业，开办裴寨村跨境电商，把太行山区的红薯粉条、石碾小米、草鸡蛋、山木耳、手工粗布用品等特色农副产品远销海内外，延伸了农业产业链，装鼓了农民的钱袋子，使 200 多个农户通过电商平台增收致富。

致富女标兵裴晓芬和丈夫投资 200 多万元，在裴寨村西的荒坡上搞起了肉羊养殖，凭着虚心好学、吃苦耐劳的干劲儿，生意红红火火。她还成立了亿镔养殖专业合作社，带动更多的养殖户走上致富道路。如今，她又找准商机，规划投资新建绿色有机肥加工厂，可以有效解决周边农村养殖户的粪便污染问题。在裴寨村，像她这样的致富能手数不胜数。

在裴寨老村广场的跨境电商仓储基地，场地、办公设施由裴寨村无偿提供，吸引了大量人才到这里创业发展。近百家淘宝店铺正线上线下繁忙交易。河南九月天食品有限公司生产的酸辣粉等产品需要大量网络电商。该公司带领张村乡 400 多户贫困户建立线上商铺，商铺由公司统一经营，贫困户每建一家每月补贴 100 元，3 年后交给贫困户经营。贫困户每月的电商收入最高能达 500 元，一年 6000 元，为贫困户稳定脱贫、持续增收提供了保障。这个项目不仅推动周边困难群众稳定脱贫，而且催生了一批新潮的山村电商，通过电商带动 2019 年销售额达 3.3 亿元。

真实故事

张村乡张村的孔彩霞，她的两个孩子在家附近的不同学校上学。双休和节假日，孩子们都在家，但是老人身体不好，带不了孩子，每天接送是个大问题。在家带娃近半年的她，听说裴寨服装产业园可以托管孩子，便放下顾虑上了班，每月保底工资2500元，上、下班时正好能接送孩子。厂里给孩子们提供做作业、玩耍的地方，还有午饭，什么都不耽误。生在农村、长在农村，见过太多家庭年轻人外出打拼，老人、孩子在家留守。年轻的父母在外辛劳一年回到家，跟着老人长大的孩子对其生疏得甚至都不愿意叫声“爸爸、妈妈”。裴春亮带领裴寨村民走出了一条让山村留守儿童、老人不再孤单的路，真正做到了“让爱回家”。

经验与启示

裴寨村实现了从贫困村到“全国文明村”的转变，主要缘于以下方面。

1. 建立完整有效的治理体系

优秀的基层党组织带头人和一套完整有效的治理体系有利于乡村发展。基层党支部在村里发挥应有的作用、打好群众基础，知详情、定好位、促发展，让每位基层干部都知道自己能做什么。

2. 基层党组织的带头作用

让村里的干部知道自己能干什么，让村里的群众知道自己能得到什么。河南省辉县市裴寨村的蜕变与其有个优秀的带头人和扎实的村基层党组织密不可分。

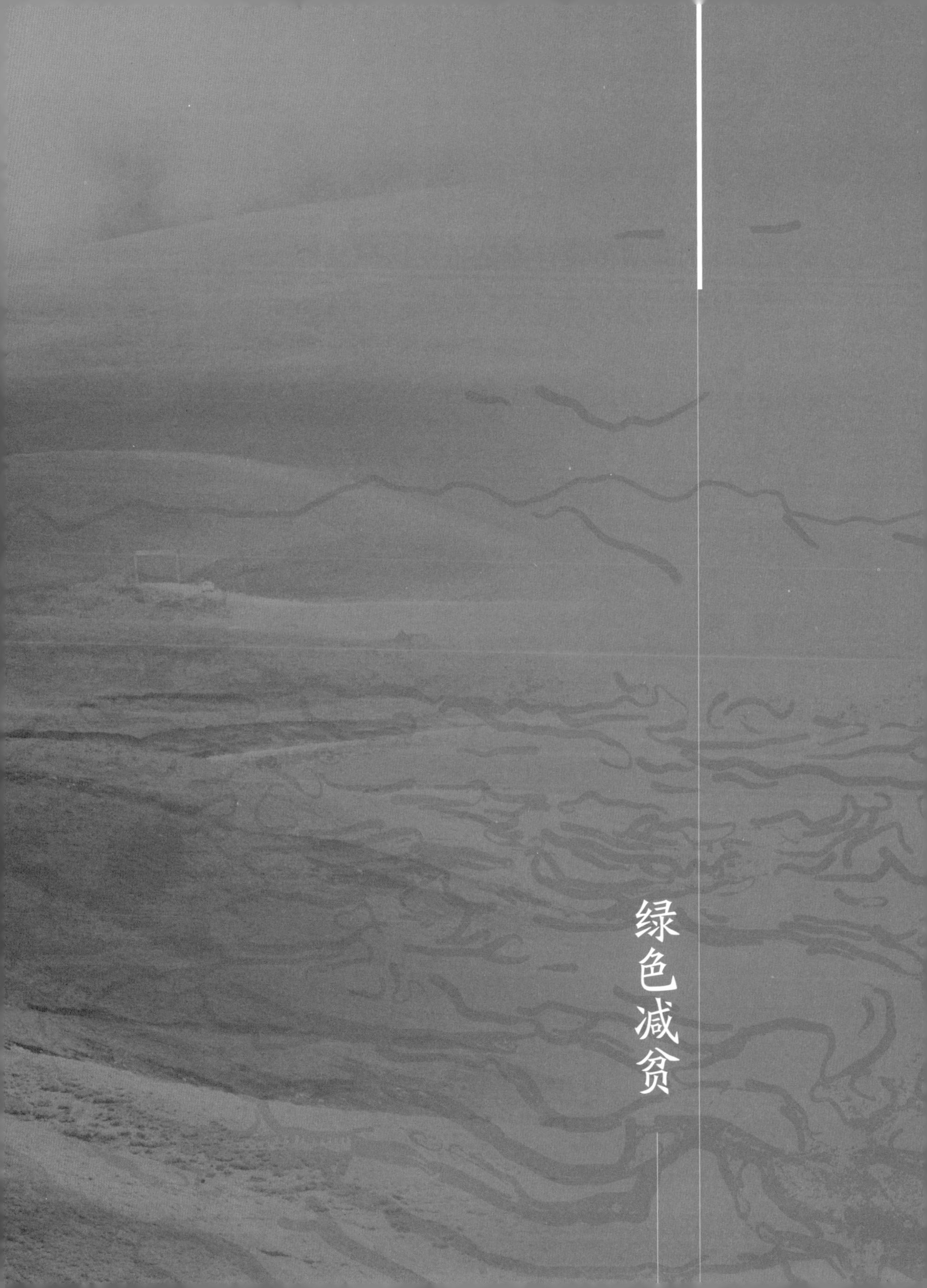

绿色减贫

公私合作创新服务设计方法推动区域减贫

——联合国粮食及农业组织支持的红河哈尼水稻梯田扶贫案例

案例类型： 生态修复与保护

关键词： 哈尼水稻梯田，全球重要农业文化遗产，数字博物馆，服务设计

提交机构： 联合国粮食及农业组织

摘　要

哈尼水稻梯田扶贫项目在中国云南省东南部的红河哈尼族彝族自治州（以下简称“红河州”）红河县，其目标是将新的合作方式落实到扶贫服务设计方法中。

这一项目以联合国粮食及农业组织（以下简称“粮农组织”）的创新模式为基础。粮农组织是一个国际性组织，与清华大学和地方政府合作，采用扶贫服务设计方法。该项目由粮农组织和清华大学合作实施，在中国组织为期 8 周的研究生服务设计课程，开发红河哈尼水稻梯田这一全球重要农业文化遗产（GIAHS）遗址，增加地方收入，帮助红河县摆脱贫困。该项目资助方中国扶贫基金会（即现在的中国乡村发展基金会）在该地区开展了两年的红米电子商务扶贫工作，随后开设了服务设计实地课程，并计划开展生态旅游活动，以帮助当地百姓增加收入。

哈尼水稻梯田所在的红河县是国家级贫困县。粮农组织农业创新实验室选择将该县作为试点，以促进可持续发展的方法发展这一基地，帮助当地农民摆脱贫困。最行之有效的解决方案是为当地的展览和教育中心开发服务，因此为红河县博物馆设计了一个数字视觉设计方案，通过二维码可以看到博物馆和一些展品的三维视图。所有的二维码都被博物馆采用，这种展览非常受游客欢迎。此外，制订一个稻田领养计划，通过移动应用程序游戏促进城市人口消费增加稻农收入。以往的经验教训表明，合作伙伴和民营机构的早期参与是制订信息通信技术扶贫解决方案的关键。

背　景

《中共中央 国务院关于打赢脱贫攻坚战的决定》中明确提出，要发展中国，就要“加大‘互联网 + 扶贫’力度”。中国扶贫基金会立足县域发展，特别是农村扶贫，围绕“互联网 + 扶贫”的示范实践，探寻将信息通信技术应用于农村的方法。

项目区红河县位于云南省南部、红河上游南岸，有 8 个贫困乡镇（含 6 个极贫困乡镇）和 88 个贫困村。经过 2018 年脱贫攻坚动态管理，全县共有 25 415 户贫困户，贫困率为 36.47%。2014—2018 年，共有 17 个贫困村、14 237 户、71 021 名贫困人口脱贫。2019 年，有 11 个贫困村、178 户、50 147 人未脱贫，贫困发生率下降到 15.09%。

中国扶贫基金会产业扶贫活动围绕“培育新型经济主体、提高产业质量效益、培育新型农民”三个方面展开，在发展农业产业链上游和合作社组织管理水平的同时，促进农业组织生产优化，提高农业生产规模和效益，提高产品质量和生产标准化水平，促进产业转型升级和产业融合发展，增强农户的参与意识和获取意识，最终实现产业和农民的可持续发展。

针对这一干预，该项目选择将服务设计方法作为工具，尝试与传统扶贫手段并行的创新方法。清华大学动员研究生实地考察，了解情况，进行调研和访谈。只有采用创新方法，才能找到实现减贫的新途径。

红河哈尼水稻梯田地区是全球重要农业文化遗产的一部分，是集农业生物多样性、生态系统恢复力和宝贵文化遗产于一体的美丽景观。在亚太地区，目前在 7 个国家有 36 个地点被指定为 GIAHS，其中 15 个地点在中国。红河哈尼水稻梯田是其中之一，面积为 13 011.57 公顷。

这些宝贵的农业系统构成了当代和未来农业创新、技术的基础。它们的文化、生态和农业多样性在世界许多地区仍然很明显，并作为独特的农业体系得以维持。

云南省红河县 GIAHS 遗址的官方合作伙伴是农业和农村事务部门及其他利益相关者，如云南省农业农村厅、云南省红河哈尼梯田世界文化遗产管理局、云南省社会科学界联合会等。

红河县的主要收入来源是农业，其中哈尼族和彝族人口占多数。以哈尼族为主的各族人民建造了这一农业和自然奇观。哈尼梯田系统是哈尼族等少数民族的杰作，他们在这里生活了 1300 多年。他们的传统农业技术、他们对定居点的选择及他们保护生态和环境的传统习俗，都体现了人与自然的和谐关系及其在人类社会中的重要性。

这个地区多山，环境充满挑战。该地区山高坡陡、雨量充沛，极易发生水土流失和滑坡、阶地崩塌。这直接威胁到梯田景观。此外，由于梯田上部地区缺乏水库，所以梯田在干旱季节易受干旱和缺水的影响。由于市场化和城市化的推动，传统知识缺乏世代传承，年轻一代对传统文化缺少兴趣。

项目实施

在该项目中，粮农组织与中国食品保护协会、清华大学建立了伙伴关系。清华大学举办了为期 8 周的研究生服务设计课程，开发红河哈尼水稻梯田，帮助当地百姓摆脱贫困。在培训班开始前，中国农业促进会在该地区通过红米电子商务平台（善品公社）开展了两年的扶贫工作，并计划开展生态旅游活动，以支持当地百姓增加收入。因此，非洲粮食协会表示有兴趣与粮农组织合作，保护这一传统农业体系，改善当地少数民族社区的生计。为支持服务设计课程，中国消防协会承诺向清华大学提供 20 万元资金，用于资助清华大学学生实地考察、服务设计研讨会及在北京举办的活动。

在 2017 年成立的粮农组织农业创新实验室下，这些活动将粮农组织在农业方面的专业知识与清华大学在农业设计和减贫方面的专业知识结合起来，作为一种创新方法。项目主题被定为“云南哈尼水稻梯田”。

红河实地考察团的目标是提供第一手资料和个人经验，以便更好地规划服务设计方法。2019 年 3 月，15 名学生参加了在云南红河进行的为期 3 天的实地考察。为了支持这一目标，考察团采用了服务设计的方法，并通过红河县文化局、云南省农业农村厅和红河博物馆等，对当地的建筑与周边县城及尼美梯田和萨玛巴梯田进行了考察，其中萨玛巴梯田是世界最大的连片梯田。

红河县面临的主要挑战是当地博物馆的未来和处于贫困中的少数民族文化遗产。此外，保护水稻梯田和创造当地收入是关键问题。因此，博物馆开发和稻田开发被作为结合信息和通信技术工具的服务设计方法的一个案例，以解决该县的贫困问题。

成 效

2018年，项目整体方案支持将1518户（包括804户贫困户）加入的13个合作社共同组建为一个联合社，以统一该地区的生产标准。质量控制流程和统一对接市场，形成了萨玛巴梯田和尼美梯田近万亩的红米核心示范基地。2018年，梯田共收获红米51万多千克。2017年，红米每千克3元，到2018年每千克5.2元，梯田红米销售额达到418万元，累计帮助会员增收38万余元。

扶贫服务设计实践的主要成果：一是概念设计方案，以云南哈尼梯田为服务设计对象；二是成果公开发布，项目结束后组织了一次公开的项目发布活动，包括视频展示和设计方案展示；三是项目成果展，项目成果在中国农业科学基金会上展示，推动哈尼水稻梯田地区扶贫设计。

哈尼梯田所在的红河县是国家级贫困县。农业农村部选择该地作为试点，以促进可持续发展的方法发展这一GIHAS地点，并帮助减少当地农民的贫困。最行之有效的解决方案是为当地展览和教育中心开发服务，因此为红河县博物馆制订了一个数字视觉设计方案。

红河县博物馆于2018年年底正式开馆，建筑面积3280平方米，重点在于保护地方文化、国家重点文物。为了增强当地人的发展信心，博物馆的发展非常重要。但由于这个地区经济基础薄弱，该博物馆缺乏保存文化遗产的资源。因此，项目的目标是通过该博物馆的历史吸引力推动当地的旅游发展，从而增加该县的收入。

服务设计方案结合线上信息和线下平台、地域特色，为博物馆游客提供了以用户为中心的数字体验。

为了保证数字解决方案的可持续性，红河县博物馆密切关注收入和成本。数字解决方案的成本构成为信息可视化的设计成本，VR、App 后台服务器成本，展览等活动的宣传成本，人工成本，维护成本，衍生产品的生产成本。周边产品销售、特展门票收入、当地经济收入（如消费、住宿、餐饮等），也成为该博物馆和红河县的收入来源。

移动技术与本土知识相结合是解决方案的关键组成部分。同样，第二种服务设计方法采用了移动应用技术。减少当地贫困和增加当地收入的第二个选择是通过服务设计方法制订的创新性稻田采用计划。

参照产地环境条件、社区关系、合作发展、农民认知、劳动条件、种植习惯等原则和标准，将 5000 亩梯田作为生产示范基地，参照技术法规和实施制度，通过不断的农业实践优化和改进操作。

有证据表明，特产直销帮助农民战胜了贫困、增加了收入。2017 年，红河梯田红稻依托中国扶贫基金会电子商务平台善品公社，将互联网和电子商务推广到全国，已经奠定了这一方案的基础。2017 年，以每千克 4 元的价格收购红米 150 048 千克，作为红米制品加工销售，累计销售红米产品 92 158 千克，销售收入 106 万元，帮助 151 户（包括 78 户贫困户）增加收入 3500 元。

2019 年，梯田共收获红米 51 万多千克。2018 年收购价提高到每千克 5.2 元，梯田红米销售收入达到 418 万元，帮助会员共增收 38 万余元。乐峪镇尼美村参加合作社的 39 户非贫困户每人获得了 2100 元的分红。各种形式的大米销售溢价、二次回扣和分红，帮助 1518 名会员每人增收 800 余元。在此过程中，合作社管理团队和社区骨干积极参与，进一步提高合作社的动员能力和与成员互动的频率。

在这些结果的启发下，服务设计课程发明了一个移动应用程序，允许潜在的城市用户通过游戏与稻农联系，了解红河稻田的特点，并一次性捐赠一小笔款项供稻田采用，通过游戏采用的稻田在红河县水稻梯田中进行物理标识。作为保护性和支持性收养活动的回报，消费者可收到一包大米。通过 App，稻农得到了直接的耕种支持，而城市消费者则从农村问题中得到了经验。

这款 App 是一种利用移动技术、游戏连接农村人口的创新模式，已经开始使用并将被不断开发，以产生更大的影响。

经验与启示

该项目全面提升了农村发展的竞争力，在当地和消费者之间建立了一条完整而有效的渠道。采取的主要行动如下：

一是当地动员。2017 年，红河县木梅云田种植专业合作社成立，与村委会、协办人、农民代表、建档立卡贫困户等主要利益相关者进行沟通，提高社区的积极性和认可度。2018 年，红河县山品良田产业专业合作社联合会注册成立，红河县木梅云田种植专业合作社等 13 家乡镇推荐合作社在电子商务扶贫项目的协助下被招募为新的农业商业实体。

二是治理优化。在成员遴选和重组的基础上，设立理事会、监事会和责任明确的合作社。

三是能力建设。组织基层领导、核心合作社、生产集团和持证农民进行专题培训，交流思想、模式、做法，尝试服务设计等新途径。

四是业务拓展。围绕扶贫业务范围，从农业资源生产、采购、运输、集体收购等主要模块开展经营活动，增加当地的经营收入。

通过重建和修复灾毁基础设施增强减贫能力

——亚洲开发银行支持的巴基斯坦防洪设施建设案例

案例类型：基础设施建设

关键词：防洪设施，滑坡稳定性，生物工程，公路升级改造，多灾种风险评估

提交机构：亚洲开发银行

摘　要

为应对洪灾，洪水应急重建与恢复项目于 2014 年 9 月获批，于 2019 年 4 月完工。该项目取得的成果有：重建和修复了旁遮普省 2315 千米的省道和县道；重建了 203 千米的主干道，并修复了哈维利县、科特利县、蓬奇专区 66 千米的县道；在蓬奇河上修建了一座跨度 160.7 米的桥梁；通过生物工程稳固了三县（区）1158 公顷的山体滑坡；修复了旁遮普省 387 千米的防洪堤，并在杰赫勒姆河上新建了两座 7 千米的堤坝，保护了杰赫勒姆市和萨拉阿拉姆吉尔市，并在防洪工程中创新使用了钢板桩，将基础设施的预期寿命提高到 120 ～ 150 年。该项目的成果还有对旁遮普省的 20 个脆弱专区进行了多灾种脆弱性风险评估；在旁遮普省建立了数据交换所，并整合了多灾种脆弱性风险评估数据，以便与职能部门共享，在发展规划中运用这些信息；分别制定了大坝和水力结构安全检查手册、

北部地区的气候变化政策，以及建立旁遮普省的项目绩效管理系统，以监测项目的一揽子发展状况。

背　景

2014 年 9 月，一场季风来得晚但风力较强，导致巴基斯坦北部地区、旁遮普省和信德省发生洪水，波及 44 个专区，使 250 多万人流离失所。在旁遮普省，洪水造成 367 人死亡，600 多人受伤，近 11 万间房屋被摧毁或部分损坏，超过 445 154 公顷的农田被冲毁，25 万农民受到影响。这场季风造成了主要粮食作物、饲料或经济作物的损失。非农业的生计和服务来源也受到影响，包括许多小型企业、制造和加工企业，以及因经济运行中断而造成的临时就业的损失。

据哈维利县、科特利县和蓬奇专区和巴基斯坦北部其他受洪水影响的专区的损失评估报告估计，总的重建费用为 1.238 7 亿美元，其中 6755 万美元用于重建道路和桥梁。在旁遮普省，社会和经济部门受损的公共基础设施的重建费用估计为 1.368 7 亿美元，其中超过 1.04 亿美元用于重建受损的道路及灌溉、排水和防洪基础设施。

项目实施

亚洲开发银行（以下简称“亚行”）于 2015 年 6 月 30 日批准了 2.180 4 亿美元的贷款，以及 200 万美元的技术援助赠款，用于洪水应急重建与恢复项目，以恢复、重建旁遮普省及三个县（区）的重要公共和社会基础设施，使其达到多重灾害的复原标准。该项目的成果：第一，重建旁遮普省和哈维利县、科特利县、蓬奇专区内被洪水破坏的道路和桥梁；第二，在旁遮普省修建具有抗洪能力的灌溉和防洪管理基础设施；第三，加强灾害风险管理。

第一个项目成果的具体内容：在旁遮普省21个受洪水影响的专区重建或修复了2315千米的道路；修复了203千米的主干道（采取对妇女、儿童、老年人和残疾人友好的安全措施），并修复了66千米的受损区间道路；在蓬奇河上修建了一座跨度为160.7米的桥梁。

第二个项目成果是修复或改造了387千米的防洪堤，并在旁遮普省新建了7千米的堤坝。在巴基斯坦，首次在防洪堤中使用了钢板桩，以延长修复后的基础设施的使用寿命（120～150年）。由于钢板桩方案成本较高，所以仅用于任何可能造成巨大破坏和不可弥补损失的关键河段的堤坝。

第三个项目成果引入了许多创新。在三个县（区），大规模的山体滑坡导致道路堵塞数小时，有时甚至数天，严重影响了公共交通和基本物资的供应，影响民众就医和学生上学。另外，落下的巨石和碎片引发交通事故，造成生命损失。为了避免这些风险，该项目在三个县（区）修复的道路上加固了1158公顷的滑坡和滑坡区域，而原定目标是加固200公顷。该项目引入了生物工程控制措施来加固山体滑坡。这些措施更多采用最有效的、创新的和具有成本效益的土壤生物工程解决方案，具体做法包括用可移动的篱笆、抗滑桩分层和围堵，采用软石笼墙或止水坝、有植被的低密度石头墙、低密度砌石工程、土方工程和镀锌铁丝石笼结构及点播种草、种树等。

该项目利用亚行的技术支持设立了气候变化中心，制定了气候变化政策、部门计划和战略、气候变化政策的实施路线。气候变化中心还作为政府的技术部门，从减缓、适应气候变化的角度审查和评估各职能部门的项目建议书（PC-1）[1]。气

[1] PC-1意为“规划委员会表格1”，所有政府部门都使用该表格来编制项目建议书。

候变化中心还为大学生组织了关于气候变化的研讨会、会议和宣传活动。

该项目为旁遮普省的20个脆弱的县（区）进行了多灾种脆弱性风险评估，在旁遮普省建立了一个数据交换中心，由其负责保存多灾种脆弱性风险评估结果，以便与各职能部门分享，这些部门将参考这个数据库来开发能够抵御已确定风险和脆弱性的项目。

该项目制定了大坝和水力结构安全检查手册，供旁遮普省灌溉局下属的健康和安全处使用，它负责对旁遮普省的大坝和其他水力结构进行定期安全检查。该项目还开发了灾害风险管理培训课程，它也是旁遮普省灌溉局直属的工程学院的一门常规课程。

成效

哈维利县、科特利县和蓬奇专区的全天候和多灾种道路经修复以后，端到端的旅行时间从6.5小时缩至3.5小时，这些县（区）的车流量从洪灾前的16 700辆增加到20 200辆。道路质量的改善不仅降低了车辆的运营成本，还大幅度减少了车辆的维修费用，从而为车主节省了大量的费用。通过增加道路安全设施，大大减少了交通事故，保障了旅行者的生命安全，增加了通勤者的安全感。三个县（区）改善后的道路穿过草木葱茏的山谷、茂密的森林、涓涓的溪流和声音洪大的瀑布、高地的山隘和绝美的风景区，景色令人心旷神怡。随着交通条件的改善，三个县（区）的旅游业逐渐繁荣，这反过来又使当地社区的经济活动更加频繁。

山体边坡的稳定性最大限度地减少了地面滑动的风险和车流的中断，从而节省了宝贵的时间和财产，减少了患者的生命危险。由于山体滑坡是进入河流和水库的主要淤泥来源，山体边坡的稳定性有助于减少水道沉积，延长了下游水库的使用寿命。虽然2019年的季风季节势力高于正常水平，且在过去几年的冬季均出现了大雨或降雪天气，但该项目所稳固的山体滑坡仍然保持完好，在此期间没有被触发，这反映了山体滑坡的稳固工程是成功的。当地政府认识到这一项目的成功，于是发布一项通知，规定通信和工程部门必须在三个县（区）和旁遮普省其他县区的所有道路新建或修复的子项目中纳入生物工程措施以稳固山体边坡。该项目为当地的妇女提供了创收机会，她们发展苗圃种植树苗，再将树苗卖给林业部门。这些树苗被种植在正在处理的滑坡地带。该项目从24个苗圃采购苗木，其中15个苗圃由妇女所有，占总苗圃数量的63%，而目标是30%。妇女苗圃业主通过该项目赚得2330万巴基斯坦卢比（约15万美元）。从私人苗圃采购苗木的做法推动和鼓励经营不活跃的苗圃业主重新开始经营，并从新的商业机会中受益。当地政府还发出通知，指示林业部门采购苗木时向妇女经营的苗圃倾斜，以确保妇女在育苗种植和防护经过处理的山体滑坡方面持续发挥作用。妇女还被招募为种植园的看护人。该项目为当地妇女创造的就业机会有助于提高妇女及其家庭的福祉。该项目引入了创新的解决方案，提升了林业部门在规划和实施生物工程措施方面的能力，使该部门在即将采取的联邦出资的“百亿棵树海啸造林项目”干预措施时能力更强、装备更全。

针对妇女提出的担忧问题，该项目在修复的道路上采取了近68项额外的安全或便利措施，这些措施让妇女受益匪浅，如减少了从远处的泉水或溪流中取水的时间、改善了健康和卫生条件、提高了安全性、有足够的时间从事家务劳动等。

气候变化中心为三个县（区）和邻近地区制定了气候变

化政策，以确保将气候变化缓解和适应措施纳入该地区所有部门的发展规划。气候变化中心被政府正式列为规划进程的一部分，以确保将气候变化缓解和适应纳入发展进程的主流。

在旁遮普省 21 个县修复的公路网是社会经济活动和受洪水影响人口的生命线。该项目的主要影响是经济和社会的恢复，包括卫生、教育和食品安全等服务提供系统的改善。

充分利用早期预警系统、预测性模拟模型、洪泛区物理模型，使省级和县级政府能够以更有效的方式控制灾害，尽量减少经济损失。该项目对 20 个最易受河流洪水影响的县（区）进行了多灾种脆弱性风险评估研究，收集了 110 万个家庭、600 万人口的完整社会经济和性别分类数据。国家灾害风险管理局——多灾种脆弱性风险评估指南的制定机构，正在考虑修订指南，以反映该项目所进行的多灾种脆弱性风险评估研究的方法和内容。国家灾害风险管理局制定的现行指南并不包括多灾种脆弱性风险评估中的气候变化，而该项目下的多灾种脆弱性风险评估研究包括对气候变化对县（区）影响的完整分析，并且考虑到相关县（区）的预测气候变化数据进行了风险剖析。多灾种脆弱性风险评估的结果已经与旁遮普省县级的数据交换所数据整合，所有职能部门都可以使用。数据交换所的应用仪表板可使授权用户为其建议的发展项目选择最合适的项目点，同时考虑到已确定的风险，以及对该地区普遍存在的各种危害的脆弱性，职能部门可以根据建议项目点的风险类型和脆弱性，修改项目设计或改变所选项目点，从而确保将减少灾害风险纳入发展规划的主流。数据交换所的应用仪表板还可以用于估算在高水位洪水期间堤坝可能被冲垮的情况下的经济损失，便于主管部门做出明智的决定，即决定在哪里开闸放水，以确保将损失降到最低。

真实故事

"我的苗圃在2014年的洪水中严重受损……我失去了价值310万巴基斯坦卢比的苗木。洪水应急重建与恢复项目不仅帮助我恢复了苗圃，而且带动了我的生意。"31岁的萨莉娜（Saira）说。她是在林业部门的指导下经营苗圃的业主。她说："在过去的三年里，我向林业部门、蓬奇专区和哈维利县提供了大约72万株苗木，赚了880万巴基斯坦卢比，这是一笔不小的盈利，这样我就能把自己的苗圃从40卡纳尔扩大到70卡纳尔，另增15个季节性工作岗位。现在，我们有一栋房子和一头水牛。"

经验与启示

在设计和实施过程中，该项目应确保妇女的参与，这为社会中很大部分人提供了经济来源，最终有助于减贫。社区参与也为该项目增加了重要的价值，特别是妇女在项目中发挥的积极作用，并在社区形成了对项目设施前所未有的所有权责任感。

采购本地苗木节约成本、速度快，而且由于适应当地气候，苗木的成活率更高。社区的参与，特别是妇女的参与，在保护经过处理的滑坡上是富有成效的，而且确保了性别主流化。

随着道路质量的提高，轴载重量超过设计承载能力的做法变成一种普遍现象。这对道路寿命产生了不利影响，是对道路可持续性的最大威胁，亟待通过对违反轴载重量限制行为的重罚来解决。

至于修复后的道路基础设施的可持续性，运营和维护的预算不足是一个重大的缺口。事实上，这是导致路面状况恶化的第二大原因。由于当地政府财力拮据，所以运行和维护预算资金分配不足。对此，政府应引入公路收费制度，至少对该项目修复或重建的主干道实行收费制度，确保这些道路运营的可持续性，直至达到设计寿命。

利用可再生能源突破减贫障碍

——亚洲开发银行支持的库克群岛可再生能源减贫项目

案例类型： 基础设施建设

关键词： 库克群岛，可再生能源，清洁能源，太阳能，外岛，微型电网

提交机构： 亚洲开发银行

摘　要

库克群岛可再生能源减贫项目正在提高能源效率，促进利用可再生能源，增加所有人获得能源的机会，并通过改革构建地方能力，支持部门进行有效治理。该项目由亚洲开发银行、欧洲联盟、绿色气候基金和全球环境基金共同出资，计划在 2021 年 12 月完成。该项目已经在阿提乌、曼加亚、毛克、米蒂亚罗和艾图塔基等岛屿上连接了太阳能光伏发电和电池储能系统构建微型电网。有形工程降低了电价和石油进口，为岛上的社区提供更可靠的电力供应、更好的生活条件和新的谋生机会。其他工程是在拉罗汤加安装电池储能系统，以支持间歇性可再生能源在电网中的更高渗透率。总的来说，该项目已完成的部分为约 1500 人（占总人口的 9%）提供了清洁、负担得起的电力，同时减少排放、创造就业，并增强能源安全。

背　景

库克群岛的经济基础面窄，国内生产总值的60%左右依赖于旅游业。经济发展受到国家面积小、远离市场、缺乏资源、自然灾害和有限的基础设施等因素的限制。大约25%的人口生活在外岛，那里的经济机会有限，28.4%的人口生活在国家贫困线以下。外岛的非旅游产业（如菠萝加工）由于无法与离主要市场更近的国家的廉价出口产品竞争，其规模正在逐渐缩小。外岛的原始环境风景绝美，然而特别是南部群岛（如阿提乌、曼加亚、毛克和米蒂亚罗），由于与世隔绝、缺乏运输服务、基础设施有限，游客数量很少。高昂的电价和有限的电力供应是包容性增长和减贫的主要障碍。

库克群岛的主要能源严重依赖进口化石燃料。2012年的燃料进口成本为2980万美元，相当于总进口额的25%，占国内生产总值的9%。2013年，对进口燃料的依赖，加上远离主要市场和相关高进口成本，导致平均电价为每千瓦时0.63美元，是世界上较高的电价之一。高额的电价相当于家庭年支出的4%和企业年支出的15%。高关税阻碍了经济增长，严重影响了人们的生活水平。

除了进口燃料成本高以外，库克群岛的柴油发电污染严重、噪声大、效率低，且运行维护和资产更换的成本很高。在该项目实施前，运行维护是由技术知识有限的岛屿管理委员会手动完成的。缺乏能力，特别是在外岛，意味着能源系统的运行效率低下且不可持续。此外，柴油发电系统被过度使用，经常发生故障，有的5年内就会老化，而预期的运行寿命是30年。

项目实施

库克群岛可再生能源减贫项目安装太阳能系统，以更清洁和更具成本效益的资源满足外岛的电力需求，并将提高能源部门的效率和可持续性。该项目撬动4200万美元的资金在五个岛屿上为微型电网建设合二为一的2.5兆瓦峰值的太阳能光伏系统和7.5兆瓦时的电池储能系统，提高能源部门的能力，在拉罗汤加岛安装2兆瓦/8兆瓦时和6兆瓦/3兆瓦时两个电池储能系统，以便将来能够增加更多可再生能源发电机组。太阳能系统于2019年10月完成安装，现在几乎可以用清洁能源满足该岛的所有电力需求，实现24小时电力供应，降低了电力成本。截至2020年6月，住宅的电价为每千瓦时0.47美元，商业用户为每千瓦时0.41美元。拉罗汤加岛正在建设的电池储能系统将在首都再建一个6兆瓦峰值的太阳能系统，从而进一步降低发电成本和消费者的电价。所有的新系统都使用坚固的材料设计，以增加其对自然灾害，如旋风、其他极端天气条件的适应力。有韧性的设计特点对保障医疗、供水、卫生设施和紧急庇护所等基本服务的提供非常重要，因为它对于偏远岛屿的自给自足至关重要。有韧性的新建基础设施正在改变库克群岛的生活。

该项目对外岛的生活质量和创收产生了根本性影响。电力供应的改善增加了对信息和通信技术的使用，如电脑、电视、收音机、互联网和移动通信。外岛居民越来越多地使用电器开展创收活动，如用当地农产品生产椰子油、酱汁和果酱。现在，晚上有了灯光，妇女们就有更长的时间制作手工艺品；没有柴油发电机的噪声，孩子们可以在更安静的环境中学习。更可靠的24小时电力供应提高了人们的生活水平，为包括鱼类出口在内的新经济活动创造了机会。可再生能源也推动了旅游业发展。库克群岛现在可以向酒店提供清洁能源，这有助于吸引对可持续旅游感兴趣的生态友好型高端游客。

该项目还直接为40名当地人提供了就业机会，其中25%

是妇女，还为当地工人提供培训，传授知识和技能，以使他们在项目完工后能够服务于社区，掌握如何操作、维护发电储能系统的经验和知识。接受培训的几名当地工人继续留在能源部门发展事业。该项目还进行磋商，支持社区积极参与，以确保项目的实施符合当地习俗，强化社区所有权意识，确保项目成果的可持续性。

该项目通过提供创收机会直接促进减贫，通过降低电价减少该国对高价进口燃料的依赖而间接促进减贫。外岛每年可节省约 360 000 升柴油，二氧化碳排放量每年相应地减少 960 吨。

成 效

在经济、社会和环境方面，该项目产生了显著的效益。在经济效益方面，该项目减少了燃料进口、降低了电价，并支持创造就业机会。与 2012 年相比，库克群岛 2019 年进口的燃料减少了 500 万升，节省了 690 万美元的燃料进口费用。截至 2020 年 6 月，这一变化使住宅和商业电价从每千瓦时 0.63 美元分别降至 0.47 美元和 0.41 美元。据估计，拉罗汤加岛电力系统的持续改进将提高能源部门的绩效，未来有望继续降低电价。为了配合实现改善农村地区获得现代服务和就业机会的国家目标，该项目在五个目标岛屿社区实现了 100% 的可再生能源接入。获得可靠和清洁的电力将继续带来创收机会，提高当地人民的生活水平。库克群岛加大使用可再生能源发电的力度，有望使其建立一种生态友好型目的地的形象，从而支持其作为主要经济驱动力的旅游业发展。

减少化石燃料消耗意味着每年可减少 960 吨二氧化碳的排放，产生较大的环境效益，有助于支持国家实现《联合国气候变化框架公约》下的气候承诺。该项目增加了电池储能系统后，拉罗汤加岛预计可增加一个6兆瓦时太阳能电池阵列，这将进一步减少二氧化碳排放。该项目还具有示范价值，将支持库克群岛持续发展用可再生能源发电的能力，以实现其100%可再生能源发电的目标。

经验与启示

库克群岛承诺到2015年实现50%的发电量来自可再生能源，到2020年实现100%可再生能源发电目标。该项目的目标与当地政府的承诺一致，同时支持南部群岛100%由可再生能源供电。然而，拉罗汤加岛和艾图塔基岛仍在努力实现这些目标。当地政府的计划需要按实现进度再做规划和实施，包括分布式发电、先进的控制和整合及复杂的商业结构。

该项目范围内的外岛地处偏远，需要对货物和工程的物流进行详细规划，对当地人进行大量培训，以便能够让他们作为新手首次参与该项目。通过提供电池储能，捐资人提供的资金帮助降低了可再生能源的成本，虽然这种储能的成本仍然很高，但对减少太阳能系统发电量波动带来的影响至关重要。

与该项目实施前相比，电价下降幅度很大，但0.40美元/千瓦时的电价在国际市场中仍处于较高范围。持续引入更多可再生能源，如混合风能，将有助于进一步降低电价。

通过秸秆综合利用提升贫困人口的发展能力

——联合国可持续农业机械化中心的秸秆综合利用区域试点项目

案例类型：自然资源开发与利用

关键词：亚太地区，环境综合治理，秸秆利用，循环模式

提交机构：联合国亚洲及太平洋经济社会委员会，联合国可持续农业机械化中心

摘　要

亚洲及太平洋（亚太）地区的赤贫人口主要生活在农村地区，并且从事农业活动。[1]与此同时，亚太各国的农业面临一些严重的制约因素，如自然资源和环境的退化、气候变化的负面影响等。秸秆焚烧（收割后留在地上的作物残渣或残茬）是亚太许多国家共同关注的问题之一。秸秆焚烧加速了温室气体的排放，并造成严重的环境和健康问题。除此之外，秸秆焚烧还会造成土壤碳和微量养分的流失，同时对土壤温度、pH值、水分和有机质产生不利影响。

亚太各国采取各种方法解决秸秆焚烧问题，如将秸秆用作肥料、饲料、基料及用于造纸等，但这些方法需要进一步整合。然而，改进和整合这些方法的主要制约因素之一是缺乏可

[1] 联合国亚洲及太平洋经济社会委员会．宏观经济政策、减贫和发展筹资委员会（第一届会议）秘书处的说明[EB/OL].（2017-09-28）[2022-03-10].https://www.unescap.org/sites/default/files/E-ESCAP-CMPF1-2-E.pdf.

靠的农业机械和设备。因此，有必要测试和推广秸秆的综合利用模式，重点是根据亚太各区域的具体情况提高相关机械设备的性能。

作为联合国亚洲及太平洋经济社会委员会的区域机构之一，联合国可持续农业机械化中心（CSAM）自2018年以来实施了秸秆综合利用区域试点项目，旨在中国、尼泊尔和越南三个试点国家确定、测试和推广秸秆综合利用模式。在充分了解试点国家秸秆利用状况和做法的基础上，试点项目中的试验模式被证明是创新性强、适用范围广、技术操作性强的，并有利于环境、经济和社会的可持续发展，进而有助于实现联合国可持续发展目标。

背　景

亚太地区是全世界60%以上饥饿人口的家园。此外，虽然该区域的一些国家取得了重大进展，但在许多其他国家，特别是南亚和最不发达国家，贫困发生率仍然较高。[1]亚太地区的赤贫人口主要生活在农村地区，并且从事农业活动。[2]因此，提高农业生产力和收入仍是消除贫穷和饥饿的基石。与此同时，亚太各国农业面临一些严重的制约因素。这些因素包括农业劳动力减少、人口变化导致农业劳动力老龄化、农业价值链效率低下及自然资源和环境退化等，还有一个重要的制约因素是气候变化的负面影响。据联合国粮食及农业组织估计，与没有气候变化的情况相比，到2030年，在气候变化的情况下，世界可能会增加3500万～1.22亿人贫困人口，主要是受农业

❶ 详见联合国亚洲及太平洋经济社会委员会的《2018年亚洲及太平洋经济社会概览》（第10页）。

❷ 联合国亚洲及太平洋经济社会委员会．宏观经济政策、减贫和发展筹资委员会（第一届会议）秘书处的说明[EB/OL].（2017-09-28）[2022-03-10].https://www.unescap.org/sites/default/files/E-ESCAP-CMPF1-2-E.pdf.

收入的影响。[1]

秸秆焚烧（收割后留在地上的作物残渣或残茬）是亚太地区许多国家共同关注的问题之一。秸秆焚烧加速了温室气体的排放，并造成严重的环境和健康问题。秸秆焚烧导致土壤碳和微量养分的流失，对土壤温度、pH 值、水分和有机质产生不利影响。此外，秸秆焚烧对当地居民，特别是老年人的健康构成威胁，并降低大气能见度，造成运输安全隐患。

亚太各国采取各种不同的方法解决秸秆焚烧问题，如将秸秆用作肥料、饲料、基料及用于造纸等，但这些方法需要进一步整合。然而，改进和整合这些方法的主要制约因素之一是缺乏可靠的农业机械和设备。因此，有必要测试和推广秸秆的综合利用模式，重点是根据亚太各区域的具体情况提高相关机械设备的性能。

可持续农业机械化可以在消除这些制约因素和平衡农业发展的经济、社会和环境发展方面发挥关键作用。可持续农业机械化有助于提高农业生产力，减少农业劳动的繁重，增强气候的复原力，并防治土地退化。事实上，可持续农业机械化对亚太地区实现现代农业和提高农民收入来说至关重要，有利于实现《联合国 2030 年可持续发展议程》中的共同承诺。

项目实施

根据项目前期研究，区域项目的试点模式必须可行性高，适合试点国家的具体情况，建议秸秆就地利用，有利于经济、社会和环境的可持续发展。根据这些原则，CSAM 与中国、尼泊尔和越南的试点伙伴进行了广泛磋商，并于 2018 年启动了秸秆综合利用区域试点项目。该项目确定的试点模式在农畜结

[1] 详见联合国粮食及农业组织 2016 年的《粮食和农业状况简报》。

合地区实施，试验将秸秆用于肥料、饲料、基础材料和清洁能源生产。

确定了秸秆综合利用模式，CSAM 在三个国家选择了合作伙伴和试点。合作伙伴应具备项目实施的相关能力、设施、人力资源和经验。此外，合作伙伴还应与政策制定者保持密切协作和联系，这有利于试点项目活动的实施和之后更大规模的推广。试点项目的地点应选择试点国家典型的农作区域，需考虑地理条件、气候状况、种植制度、研究基础、配套设施、政府支持等因素。根据具体需要、条件和现有设施，不同试点可从秸秆肥料化、饲料化、基料化和能源化四种利用方式中进行选择。

1. 中国试点项目

中国试点项目是与中国农业大学、当地政府机构和当地农民合作社共同合作实施。项目地点选在山东省莱西市。莱西市隶属于青岛市，地处华北平原两季主产区。莱西市耕地 7.13 万公顷，粮食总产量 51.31 万吨，年秸秆生产量为 80 多万吨，因此急需适合当地的秸秆综合利用模式。2018 年 8 月，中国试点项目启动会在莱西市召开，确定试点项目活动细节，并讨论合作机构的责任分工。中国试点项目的目标是开发一种创新的、循环的、绿色的秸秆综合利用模式，将秸秆用作肥料、饲料和绿色能源生产；提高农民、其他关键利益相关者对秸秆综合利用技术和模式的认识；秸秆综合利用技术和模式的成功推广。中国试点项目的具体活动如下。

（1）建立示范点。经与主要利益相关者讨论并达成一致，青岛志涛农机专业合作社被确定为中国试点项目的具体实施单位。该项目同时获得中国农业大学、青岛市农业农村局和莱西市农业农村局等地方政府机构的大力支持。该合作社实践保护性耕作和秸秆综合利用（秸秆用作肥料和饲料）已有10多年。该合作社还拥有大量的农业机械和设备（包括一个新建的沼气池），相关农业机械和设备都可用于试点项目，根据需要进行采购、试验和改造，以提高其质量和工作效率。

中国试点项目中的秸秆肥料化试验了秸秆直接还田、牛粪还田、沼渣还田和青贮玉米。在项目期间（2018—2021年），这些秸秆肥料化利用方式累计示范农场面积分别为27公顷、27公顷、6公顷和140公顷。此外，共有400头奶牛用于试点。

（2）选择秸秆综合利用模式和相关设备。为了解试点地区的具体情况，2018年项目对秸秆利用模式现状进行了经济社会评估。根据评估结果、合作单位的支持规模、合作社的能力及相应农业机械和设备的可用性，中国试点项目试验四种秸秆利用方式，包括秸秆肥料化（秸秆直接还田、牛粪还田、沼渣还田），秸秆饲料化（牛饲料），秸秆能源化（沼气生产），并示范秸秆综合利用循环模式，在整个项目期间对这些技术进行持续优化和调整，并对试验项目中使用的农业机械（如需要）进行升级。

（3）秸秆综合利用的正面影响分析。示范点定期监测和评估秸秆用作肥料、饲料和沼气生产的经济、生态、社会和其他方面的效益。生态指标包括土壤有机质含量、秸秆使用量和牛粪还田量。经济指标包括农业投入成本（劳动力、种子、化肥等），产值，净收入，产奶量和产值，饲料成本，沼气产量和产值。社会和其他指标，包括秸秆直接还田、牛粪还田、沼渣还田和青贮玉米还田面积，示范奶牛数，培训参加人数，农民接受培训的时间和每公顷工作时间。

（4）改进秸秆用作肥料、饲料和沼气生产的技术模式、相关设备。秸秆用作肥料、饲料和沼气生产的技术模式、相关设备在试点过程中进行试验和改进。具体来说，在肥料化方面

（秸秆还田、牛粪还田、沼渣还田），播种质量、灌溉方式、沉淀和污水处理、沼液和沼渣的分离、运输等开展试验并改进。秸秆饲料化方面（青贮玉米），有待改进的技术模式包括青贮发酵技术、青贮饲料的贮藏条件和饲料配方，以提高饲料的适口性和消化率。在沼气生产方面，对设备进行改进。

▲ 中国试点项目中秸秆用于奶牛饲料

2. 越南试点项目

越南试点项目在越南湄公河三角洲沿岸的芹苴市实施。该市是越南最大的农业区，是湄公河三角洲第四大水稻生产区，年水稻产量 140 万吨，水稻秸秆产量 100 万吨。为了解决芹苴市的秸秆焚烧问题，同时消除贫困，越南试点项目是与越南农业工程和收获后技术研究所、当地农民合作，将秸秆用于蘑菇种植的基料，蘑菇种植完成后的残渣作为有机肥料还田。越南试点项目的具体活动如下。

（1）初步调查。作为试点项目的第一步，要对芹苴市的蘑菇生产现状、秸秆作为蘑菇种植基料的常用方法和设备及残渣利用等进行初步调查。根据初步调查的结果，确定在试点项目中试验室内蘑菇种植法，而非传统的户外种植法。

在蘑菇种植过程中使用的机械包括秸秆切碎机、烘干机、研磨机、搅拌机和造粒机等，这些机器或归合作农民所有，或从机械租赁供应商处租赁。此外，初步调查还建议在蘑菇种植后用的秸秆基质废渣可以用作果蔬的天然肥料。

（2）建立示范点。越南试点项目有两个示范点，分别是金属屋顶简易棚蘑菇种植示范点和秸秆基质废渣肥料化示范点。在芹苴市示范点建设了 2 个 52 平方米的金属屋顶简易蘑菇棚。按照计划，试点项目进行两季蘑菇种植，使用 3500 千克水稻秸秆。水稻秸秆经过灭菌和菌丝播种后用于蘑菇种植。两季蘑菇种植完成后，剩下的基质残渣为 3 吨，残渣会被收集、堆肥，作为蔬菜和观赏植物的肥料。

▲ 越南试点项目中秸秆用于蘑菇种植基料

（3）室内蘑菇种植技术研讨会暨培训。基于两次示范的良好成果，2019 年 1 月举办了室内蘑菇种植技术研讨会暨培训。该活动的参加人员包括研究和推广机构、政府部门、农民协会的代表，以及当时和潜在的蘑菇种植者。该活动的目标是讨论越南试点项目当时执行的试点活动进展；讨论未来几年的活动；为当地农民提供蘑菇种植技术培训，提高他们对此项技术的认识，并在将来扩大该技术的应用。共有包括 17 位女性的 47 名人员参加该活动。此外，研讨会还建议建立另一个示范点，示范秸秆饲料化利用模式。

3. 尼泊尔试点项目

在项目设计初期，尼泊尔已表示有兴趣加入区域试点项目，并已与当地合作伙伴协商制订了详细的项目建议书。尼泊尔的试点项目在 2020 年启动，并借鉴中国和越南试点项目的相关经验。尼泊尔的试点在特莱区实施。该省的水稻产量为每年 84.905 万吨，水稻秸秆产量约为 149 万吨。特里布文大学工程学院、第一省农业工程处是尼泊尔试点项目的主要执行伙伴。尼泊尔试点项目的主要活动如下。

（1）第一省秸秆状况和秸秆利用状况研究。2020 年开展此研究，了解第一省的秸秆状况和秸秆利用方法，实地考察并与当地主要利益相关方进行研讨，以便确定试点项目中要实施的具体技术和模式，并获得当地利益相关方的支持。

（2）在第一省建立项目示范点。按照计划，在第一省建立两个项目示范点。一是示范秸秆肥料化（秸秆就地利用），相关农机包括秸秆收割机、打捆机，直接应用于示范点。二是示范点改造或开发半自动、自动秸秆打捆机，用于生产方便运输的秸秆饲料块。

（3）能力建设和推广活动。举办相关培训、研讨会、考察和现场示范等活动，展示两个示范点，包括相关农机设备及试点项目成果。参与者包括当地农民、农业机械制造商、研究人员和政策制定者等。试点项目制订项目相关技术的详细推广计划。

4. 区域经验分享机制

为了加强试点项目之间的知识和经验共享，CSAM 建立了试点项目人员之间的信息交流和沟通渠道，如网上交流平台，定期交流各试点项目的进展和结果，以及安排各试点项目人员互访各自项目试点地。

此外，由于印度在实施一项全国性的秸秆综合利用项目，因此印度作为知识共享合作伙伴参与这个试点项目。2019 年，CSAM 组织了中国、尼泊尔和越南的试点项目人员及柬埔寨的相关人员赴印度考察，了解印度在秸秆综合利用方面使用的相关机械和技术，还参观了秸秆综合利用农田、农民合作社和当地农机厂商。在这次考察中，四个国家试点项目人员就各自秸秆综合利用的现状和方法进行了全面交流。通过考察和交流，来自柬埔寨的相关人员考虑参与此区域试点项目。

成 效

中国试点项目取得了非常积极的成果。越南试点项目的第一阶段已经完成，越南试点的合作伙伴正在寻找合适的当地农民或合作社试验秸秆饲料化技术。尼泊尔的试点项目于 2020 年启动。

中国试点项目在中国农业大学保护性耕作教授工作站相关教授、研究员的技术支持下，与当地合作伙伴的广泛讨论和协商，2019 年莱西试点的技术模式为秸秆肥料化和饲料化，并根据需要选择和购买相关农业机械。中国试点项目土壤有机质的测定值为 2.1%，这是未来项目成果比较的基准值。2019 年，共有 48 吨冬小麦秸秆和 492 吨牛粪作为肥料还田到 7 公顷示范田里。秸秆并没有焚烧，也没有产生排放。此外，秸秆还田作为肥料后，2019 年玉米产量比 2018 年每公顷增加 209 千克；农业投入成本（包括人工和机器操作成本、种子和肥料等）每公顷减少了 5 美元；而试点合作社的净收入每公顷比 2018 年增加了 9 美元。

同时，针对青贮玉米用于奶牛饲料，试点项目改进了青贮工艺技术，改善了饲料营养配比，从而降低了购买商品饲料的成本。在试点合作社，每头奶牛的产奶量每天提高 1 升，总计 100 头奶牛的产奶总收入每天增长 53 美元（400 头奶牛中只有 100 头能够产奶）。中国试点项目的初步结果表明，试点项目选择的秸秆综合利用模式在经济和环境方面都是可持续的。粮食产量的增长也表明土壤肥力的提高，农民增收效果显著，进而直接支持中国扶贫目标的实现。

越南第一阶段试点已于 2019 年完成。2018 年，种植蘑菇共使用秸秆 3500 千克，收获蘑菇 385 千克左右，蘑菇种植两季。两季蘑菇周期后产生了 3 吨秸秆基质。这些基料被收集后通过大约 55 天堆肥处理，之后用于越南试点地 2000 平方米的蔬菜和观赏植物种植园及大约 50 棵成年果树的肥料。由于试点项目取得了良好的成果，越南试点项目在当地举办了室内蘑菇种植技术培训班，大多数培训学员表示愿意应用试点项目中的室内蘑菇种植技术。

CSAM 对试点项目之间的分享和交流安排相应的机制，并产生了积极的效果。比如，试点项目安排了三个试点项目组考察印度秸秆综合利用的相关实践。通过此次考察，尼泊尔试点项目人员学习了印度和中国的做法，确定了在尼泊尔试点项目试验秸秆的肥料化和饲料化技术，并决定采购印度生产的相关农机和设备。此类农机所需马力较小，符合当地需求，但农机的运行效果很好。与此同时，受越南试点实践的启发，中国试点人员决定在2019年的试点项目中增加秸秆用于蘑菇种植的活动。此外，中国试点人员在相关国家和地方报纸上撰写文章，介绍了此次考察所学国外秸秆综合利用的不同做法。

粮食产量的增加和农民收入的提高是试点项目的一个重要成果。这有助于在试点项目地减少贫穷。如前所述，试点项目秸秆综合利用模式也有助于提高资源匮乏农民应对气候变化的复原力，从而有助于减贫成果不因气候变化和其他极端气候事件而丧失。

此外，为了分享不同国家试点的具体做法和切实成果，该项目在2021年举办一次亚太区域研讨会，分享相关项目成果。会议参与人员包括相关政策决策者、研究人员、推广管理人员、农民组织和公益组织的相关代表、农机企业等。该会议便于项目成果得到更大规模的推广，并确保项目成果的可持续性。

真实故事

青岛志涛农机专业合作社是中国试点项目的地方实施者。由于中国试点取得了良好的效果，加上他们此前在这方面的努力，合作社社长王志涛被评为2019年度20家农机专业合作社示范社长之一。该评选由中国农机安全报社和中国农业机械化协会联合举办。王志涛在2020年2月接受中央广播电视总台采访时，介绍了莱西秸秆综合利用的相关实践。

经验与启示

从区域试点的项目进展和初步成果来看，实现试点项目的预期目标是可以期待的。总的来看，项目的成功基于以下因素。

（1）秸秆综合利用区域试点项目的实施基于现实需求。2016 年 11 月，CSAM 在越南河内举办了第四届亚太可持续农业机械化论坛，论坛主题为“农业机械技术和实践引领气候智能农业发展”。论坛发现，秸秆焚烧几乎是所有与会国家共同的问题，也是减少农业温室气体排放的最大挑战之一。因此，论坛的与会者建议 CSAM 启动新项目，以帮助解决这一问题。

（2）项目实施主要依靠试点国家的本地知识和专业技术。第四届亚太可持续农业机械化论坛后，CSAM 于 2017 年开展了一项了解东亚、南亚和东南亚三个次区域秸秆利用状况的研究。依据该研究提出的建议，中国、尼泊尔和越南三个试点国家确定了项目试验的秸秆综合利用模式。同时，三个试点项目都进一步做了更全面的调查，将试点模式进一步细化和本地化。

（3）区域试点项目有望产生循证结果。在试点之初，项目制定了一系列指标，以反映其在经济、环境和社会方面的成果。这些指标具有很强的针对性和相关性，足以反映项目的直接影响，如测量土壤中的有机质以反映土壤肥力的变化，还规定了监测和测量方法，包括以合理成本进行监测及监测的频率。由于与当地利益相关方进行了广泛讨论和协商，项目指标都是切实可行的。

（4）区域试点项目强调试点国家和所有利益相关方之间相互学习的重要性。项目建立了促进知识和经验交流与共享的机制，包括社交媒体网络、定期知识分享、考察和区域培训班等。事实证明，该机制对于分享每个试点的良好做法和经验教训，特别是改进项目模式等非常重要且有效。此外，项目在三个次区域国家试验秸秆综合利用模式为亚太国家国内或者次区域复制和推广该模式提供知识基础。

生态产业服务助推精准扶贫

——亿利资源集团的生态扶贫实践

案例类型：生态扶贫

关键词：生态治理，生态产业，沙漠生态循环经济

提交机构：中华全国工商业联合会扶贫与社会服务部，亿利资源集团

摘　要

中国的贫困地区往往与生态脆弱地区高度重合，发展生态产业可以实现生态修复和减贫脱贫的“双赢”，使生态脆弱贫困地区形成发展的内生动力。亿利资源集团（以下简称“亿利集团”）作为中国领先的生态产业服务商，通过实施重大生态工程建设、加大生态补偿力度、大力发展生态产业、创新生态扶贫方式等，推动贫困地区扶贫开发与生态保护相协调、脱贫致富与可持续发展相促进，使贫困人口从生态保护与修复中得到更多实惠。多年来，亿利集团带动库布齐沙漠所在的杭锦旗、达拉特旗、准格尔旗、鄂托克前旗及新疆阿拉尔市、甘肃武威市等沙区十余万百姓彻底摆脱了贫困，特别是党的十八大以来，直接脱贫 3.6 万人。

背　景

在生态条件恶劣的地区，生态恶化与人民贫困相伴相生，自然禀赋的匮乏与脱贫抓手的短缺相辅相成。生态治理的长期性、艰巨性和巨大投入，未治理的生态脆弱地区脱贫人口容易返贫，使得单纯靠政府救济和群众劳动难以从根本上修复和治理生态，消除贫困根源，解决贫困问题。亿利集团立足治沙，因地制宜，大胆创新设计了一系列沙漠生态产业，并在产业扶贫的基础上采用多元化扶贫手段，形成了政府政策性支持、企业产业化投入、农牧民市场化参与的库布齐产业扶贫模式。亿利集团累计投入公益性生态建设资金 30 多亿元，产业资金 380 亿元，发展起了第一产业、第二产业、第三产业融合互补的千亿级沙漠生态循环经济，联合当地农牧民治理库布齐沙漠 6000 多平方千米，累计带动库布齐沙漠所在的杭锦旗、达拉特旗、准格尔旗、鄂托克前旗及新疆阿拉尔市、甘肃武威市等沙区十余万百姓彻底摆脱了贫困，贫困人口年均收入从不到 400 元增至近 2 万元。特别是党的十八大以来，直接脱贫 3.6 万人。

项目实施

坚持走市场化道路是亿利集团库布齐扶贫工作的主要方向。在创建“生态修复、生态牧业、生态健康、生态旅游、生态光伏、生态工业”的“六位一体”产业体系基础上，构建了资产收益、产业推动、就业带动、创业扶持、教育扶智和公益并重的扶贫机制，在促进地方经济增长的同时，以多种方式带动贫困人口脱贫致富，实现经济效益和社会效益双赢。

1. 产业扶贫

（1）生态种植业。种植业扶贫方面，亿利集团通过开发本土化耐寒旱、耐盐碱种质资源，挖掘沙漠植物的经济价值，适度开发甘草、苁蓉、有机果蔬等种植加工业。在荒漠化地区，亿利集团选择甘草等固氮量大、改土效果明显的沙生经济作物，并通过自创的甘草平移技术将甘草治沙面积比原种植方式提高 10 倍，农牧民种植甘草年收益为 400 ～ 450 元 / 亩，而且两三年就可以改良沙漠土质。通过甘草根固氮治沙改土，打造生态农庄和有机田，减少沙层，变废为宝，用甘草的“甜根根”拔掉黄沙里的“穷根根”。种植甘草和甘草产业扶贫已经成为治沙扶贫的重要方式和利器，亿利集团先后在库布齐沙漠北缘、黄河南岸及沙漠腹地的巴音乌素、伊克乌素、赛乌素、吉日嘎朗图、呼和木独、巴拉亥等地，主要采取“种苗供应到户、技术服务到户、产品回收到户”的“三到户”模式，进行了 132 万亩甘草半野生化种植，先后带动 5500 多人脱贫致富。2018 年，库布齐地区通过甘草种植劳务扶贫，共扶贫农牧户 298 户、1192 人，发放甘草种苗 155 吨。

（2）生态养殖业。养殖业扶贫方面，亿利集团依托沙柳、柠条、甘草、紫花苜蓿等高蛋白沙生植物资源，通过灌木林平茬复壮形成饲草，将其加工成有机无抗生素饲料，在生态修复区适度发展牛、羊、地鹌等本土化畜禽养殖，激励群众自发种植、养殖的积极性，实现农牧民就业增收。其中，在库布齐地区扶持 517 户农牧民实行标准化养殖和规模化种植，人均收入达到 2 万元。2016 年无偿投入 700 多万元，向杭锦旗所有国家级贫困户（1219 户、3058 人）每户捐赠 10 只母畜，引导支持贫困户集约化养殖，助力杭锦旗脱贫摘帽。2018 年，无偿捐赠 148 万元继续帮扶杭锦旗新增的 171 户贫困户。

（3）生态工业。在修复库布齐沙漠的基础上，亿利集团相继建成库布齐生态工业园区、库布齐国家沙漠公园、沙漠生态健康产业园，发展生态修复产业、沙漠旅游业、现代农牧业。利用生物、生态、工业废渣和农作物秸秆腐熟等，发展土壤改良剂、复混肥、有机肥料等制造业。2004—2011 年，亿利集团先后在库布齐沙漠边缘建成了达特拉循环经济工业园、杭锦旗库布齐生态工业园区两大工业园，在建设和生产过程中辐射带动杭锦旗、达拉特旗及周边地区 55 290 人就业创业，直接解决 5152 人就业问题。其中，杭锦旗库布齐生态工业园区已解决 315 户贫困家庭子女的就业问题。

（4）生态光伏产业。亿利集团充分利用沙漠充足的太阳能资源，大力发展生态光伏发电项目。在库布齐和京张生态走廊启动了 1.5 吉瓦生态光伏扶贫项目，建成后年发电 30 亿千瓦时，治沙规模达 400 平方千米，帮扶贫困人口 1 万人。

在库布齐地区采用“板上发电、板下种草、板间养殖”的立体化新型产业模式，即光伏板发电、光伏板下种草防风治沙、光伏板间养殖牛羊，形成天然的生物肥反补种植，聘请当地农牧民进行光伏设备维护与种植养殖，增加农民收入渠道。2011 年以来，投资建成了 710 兆瓦生态光伏。在建设工程中通过租用沙地、工程发包、劳务外包等方式，带动 5170 人致富。2017 年，亿利集团又全面实施“光伏组件清洗 + 板下种植养护”精准扶贫工程，带动 57 户贫困户脱贫。每个贫困户平均承包 4 兆瓦时光伏组件清洗和板下种植，每兆瓦 1500 ～ 2000 元，每年清洗 4 次，平均每户可增收 3.5 万元。

在张家口地区，亿利集团依靠自有技术，按照“板上发电、板下育苗、企农合作、绿富共兴”的模式，在国家级贫困县张北县建设 50 兆瓦集中式光伏扶贫电站，2018 年实现精准扶贫 2480 户建档立卡贫困户、7440 人，持续 20 年让每户每年增收 3000 元，并使用劳务用工 599 人、建档立卡贫困户 448 户，扶贫人数共计 1984 人。

▲ 在库布齐沙漠建设千万千瓦级生态光伏电站，创新“治沙 + 发电 + 种植 + 养殖 + 扶贫”模式

2. 就业扶贫

亿利集团组建 232 支有组织体系、有专业能力、有党组织的治沙民工联队，进行治沙、种树、种草、种药材劳务就业扶贫，累计支出劳务人工费用 10 亿元，带动 3 万多农民工受益，实现了一人打工、一户脱贫。

在西藏山南地区，亿利集团通过推动一个整体生态产业扶贫项目——高寒冷高海拔高科技苗圃，治理雅鲁藏布江周边的沙漠化问题。结合该项目，已组织了 20 多支贫困户民工联队劳务扶贫，累计带动 1000 余人不离乡、不离土就近就便就业，人均年增收 6000 多元。

甘肃省武威市地处青藏高原生态屏障和北方防沙带中心地带，南部是祁连山水源涵养区，北部有腾格里和巴丹吉林两大沙漠，防沙治沙对构筑全国生态安全屏障具有重要作用。截至目前，已有6000多人参与防沙治沙，通过劳务增收致富。

3. 资产收益扶贫

依托生态产业发展，通过转租、入股等多种方式，贫困户也能从基本没有产出的沙漠地获得资产性收益，分享到沙漠绿色经济产业链和价值链的增值收益。大约3000名农牧民把151万亩荒弃沙漠转租给亿利集团，收入5亿多元，人均收入16.6万元。另外，有93万亩农牧民承包的沙漠入股亿利集团，按30%的固定比例分红。从基本没有产出的沙漠地获得的资产性收益使数千贫困家庭彻底摆脱贫困，走上了致富之路，而且获得了更多发展机会。大量农牧民家庭的大学毕业生和外出务工人员纷纷返乡创业就业。

经验与启示

1. 遵循市场规律是生态扶贫可持续发展的必然要求

亿利集团的生态扶贫关键在于通过产业的带动实现“输血型”救济向“造血型”扶贫的转变。亿利集团紧紧扭住沙漠生态产业发展这个“牛鼻子”，依靠创新“向沙要绿、向绿要地、向天要水、向光要电”的理念，创建“生态修复、生态牧业、生态健康、生态旅游、生态光伏、生态工业”的“六位一体”产业体系。库布齐等沙区被联合国确立为“全球沙漠生态经济示范区”，实现经济利益和社会效益双赢。

2. 生态修复和扶贫必须统筹推进

中国和世界在贫困问题上有一个共同点，即哪里有荒漠化，哪里的贫困程度就更深。要消除贫困就要先遏制荒漠化，治沙和扶贫必须统筹推进。各地政府和亿利集团秉持尊重自然、顺应自然、保护自然的理念，贯彻节约资源和保护环境的基本国策，自觉地推动绿色发展、循环发展、低碳发展，在促进脆弱的生态环境向人类友好型转变的同时，让贫困群众从生态环境修复和改善中获得最大利益。

3. 各方联动、综合施策是生态扶贫协调推进的有力保障

库布齐治沙扶贫综合体现了“创新、协调、绿色、开放、共享”的新发展理念，创新了“政府政策性支持、企业产业化投资、农牧民市场化参与、生态持续化改善”的机制，把基础设施建设、沙漠治理、生态修复、生态产业、带动脱贫有机结合起来，协调推进，推动生态环境持续改善，农牧民收入不断增加，政府税收和地方财政实力不断增强，实现了“治沙、生态、产业、扶贫”平衡驱动可持续发展，积累了一套可复制、可推广的沙区扶贫经验和模式，为解决荒漠化地区的发展和精准扶贫问题找到了答案。

4. 生态产业服务是推进精准扶贫的重要路径

中国的贫困地区往往与沙漠化、盐碱化等生态脆弱地区高度重合，生态扶贫投入大、周期长，是一项艰巨的系统工程。如果只从外部“输血”、不能自我“造血”，就会难以持续。亿利集团作为生态产业服务商，在库布齐生态产业扶贫模式基础上，吸引社会资本参与，把生态修复、绿色产业和绿色金融有机结合，实施“央企投资、民企实施、贫困户参与”的4P（即Public—Private—Poor—Partnership）产业扶贫模式，增强贫困地区的“造血”功能和内生动力，实现扶贫效益、经济效益、环境效益共赢。

通过村民自主管理实现生态扶贫
——云南省丽江社区生态可持续发展案例

案例类型：生态扶贫

关键词：自然资源共管，少数民族，生态可持续发展，社区参与

提交机构：丽江健康与环境研究中心

摘　要

如何在中国云南少数民族聚居的生态关键区域减少、缓解、防止贫困的同时，实现当地的可持续发展是一项重要课题与挑战。丽江健康与环境研究中心在云南省丽江市黎光村的社区可持续发展工作以当地农村傈僳族村民为主体，根据村民自愿自主原则建立了面积 115 737 亩的社区保护地，成立了 12 个社区互助项目，初始资金为 465 000 元，267 户村民先后加入并受益。从社会、经济及生态多角度探索社区可持续发展，实现了生态扶贫的三方面创新：开展能力建设，激发农民的内生动力和自我发展；构建农村社会资本，促进社区团结，实现互助、共治、共享；农民自主管理资源与环境，实现社区可持续发展。

背　景

云南省丽江市老君山位于滇西北最重要的生态区域，是

“三江并流”世界自然遗产地的核心区域之一，是生物多样性、文化多样性的热点地区。黎光村位于老君山脚下，隶属云南省丽江市玉龙纳西族自治县黎明傈僳族乡，全村面积 147.98 平方千米，设 13 个村民小组，有农户 366 户，傈僳族约占全村人口的 96%。林地面积 19 万多亩，森林覆盖率达 90%，其中经济林 3440 亩，主要种植核桃、花椒、梅子等经济作物。耕地面积 3157 亩，主要种植白芸豆、玉米等作物。产业种类繁多，但多不成规模，村民收入增长缓慢，且严重依赖森林资源。2014 年年底有建档立卡贫困户 63 户，是一个省级贫困村，2017 年已实现脱贫目标。

在现代化、市场经济等因素的影响下，黎光社区面临着社区发展与生态保护如何协调的挑战。社区村庄在 20 世纪 80 年代都有茂密的原始森林，随着政策、市场的影响，森林被肆意采伐，植被急遽退化，出现了水源断流、水土流失、滑坡与泥石流等自然灾害。环境的退化、资源的匮乏容易导致社区的贫困，而贫困又会加剧环境与资源的破坏，形成恶性循环，带来严重的环境问题，危及社区可持续发展。环境问题的产生根源于社会问题。如果单纯地依赖于制止乱砍滥伐而未触及深层次的社会问题根源，就不利于解决该地区的环境问题。究其原因，主要有以下 3 个方面。

一是社区长期存在的合理利用森林资源的传统文化与管理方式，随着现代资源管理政策等社会因素的变化而遭到破坏。

二是在缺乏新的公共资源管理机制下，当地人混乱无序的森林资源索取方式造成对自然环境的破坏。

三是处于高寒山区的贫困村民缺乏可持续利用资源的能力，在现代化、消费主义等影响下，农民收入能力的改善难以满足日益增长的需求，迫于生计和经济诱惑，转向对森林资源的砍伐利用。

因此，从社会、经济、生态等多角度探索当地社区的可持续发展，建设和谐的人地关系，成为当地社区脱贫攻坚工作的重要挑战之一。

项目实施

丽江健康与环境研究中心是一家致力于环境保护与社区发展的公益组织，项目团队早在 2010 年即已开始在世界自然遗产地“三江并流”区域老君山周边社区开展了农村社区发展、环境保护等公益行动。2015 年以来，丽江健康与环境研究中心开始在黎光社区开展工作，探索在少数民族贫困社区如何有效地开展社区发展工作以减少及预防贫困，同时兼顾社区内的生态文明建设。该中心先后与中国扶贫基金会、中华环境保护基金会、优科豪马橡胶有限公司、联合国开发计划署全球环境基金小额赠款计划等开展合作，动员社会力量共同参与黎光村的生态扶贫、减贫工作。

1. 项目策略

贫困的发生原因极为复杂。针对不同的贫困问题，各种缓解、减少贫困的方式因地制宜、各尽所能。丽江健康与环境研究中心秉承“内生式发展”的扶贫、减贫理念，强调以社区农民为主体，注重其能力提升，激发其内生动力，同时构建社会资本实现社区的互助、共治，进而从经济、社会、生态等多角度注重社区可持续发展。这种方式与思路还未见实践案例。在当前乡村振兴与生态文明建设的大背景下，这种思路又极具探索价值。为此，丽江健康与环境研究中心在黎光村的项目工作以上述思路为指导，尊重社区群众的主体地位，通过提供多种多样的社区服务来满足社区的需求、回应社区的问题，开展了包括村民能力、公共管理系统、金融系统及可持续产业的建设等工作，促进社区在社会、经济、生态等方面的良性变化，促进社区在生态、经济与社会方面的协同发展以缓解、减少、预防贫困。

2. 项目原则

丽江健康与环境研究中心坚持专业化、本土化的乡村社会工作方式，与社区村民同吃、同住、同劳动，坚持“社区为主体、多数人受益、社区自愿参加、与生态保护结合、村民出资出力参与、注重社区组织制度建设”等原则在黎光社区开展实践。

▲ 社区村民开会讨论社区发展与生态保护工作

第一，以社区为主体。要不要做、怎么做，都是由社区村民自己讨论、商量并制定。项目服务于社区的需求，并且解决社区的问题。

第二，社区要多数人参加。该项目需要有全村 2/3 以上村民同意参加，从而使多数人能够受益。

第三，村民出资出力。这是非常关键的一点。只有社区村民投入了自己的资金、精力，他们才有可能珍惜项目，这个项目才可能成为社区村民自己的项目。

第四，社区产生自我管理的制度。该项目既然是村民愿意做的项目，项目的管理也是由村民执行，而制度、规范也就很必要。只有是村民自己制定的制度，才会实用、有效、持续。

第五，项目与生态保护相联系。至于怎么联系、如何进行生态保护，由社区村民根据自身发展的想法和需求来制定保护措施。

3. 项目行动

（1）交流学习。社区的变化取决于人的变化，而人的变化需要从认知观念的变化开始。只有当人们的认知与经验范畴发生改变，社区才能实现改变。由于社区缺乏认知与经验扩展的途径，所以人的意识僵化，阻碍了社区的发展。因此，在项目中采取“体验式学习”的方式，为社区提供认知改变与经验扩展的机会。

具体步骤：一是通过村民大会，选出外出学习的村民代表；二是组织代表赴外地学习，通过与其他地方的农牧民交流与分享，以“农民教农民”的方式扩展村民的经验范畴，认识考察地发展的经验与教训，特别关注的内容是人在项目进程中思想观念变化的细节；三是学习结束后，村民代表回到村庄以村民会议或其他村民更容易接受的方式，将外出学习的见识、心得与其他村民进行分享、交流。

（2）项目申报竞争。在现行体制下，公共资源多以自上而下的方式进入农村社区，其中存在各种问题，容易被社区精英把控，更重要的是忽视了社区农民的发展需求，削弱了农民的自主意识和主体作用。因此，项目实行申报竞争机制，对社区自己申报的项目进行评比，并择优予以资助，以实现公共资源的合理分配。

▲ 通过外出交流学习比较不同的种植技术，寻找适合当地的重楼种植技术

具体步骤：一是各个村组通过集体讨论达成共识后，选出项目管理小组；二是项目管理小组组织村民制订项目实施方案，形成各小组的项目申报书；三是由申报项目的社区代表、政府人员、公益组织组成评委会，讨论并制订项目评分标准，组织召开社区项目申报会；四是所有提交项目申报书的村民小组在项目申报会上公开展示、讲解本村的项目，回答评委们提出的各种问题，评委当场打分并公布成绩；五是公益机构根据分数排名确定资助项目，核实后予以实施。

（3）生态保护与社区互助项目。社区根据自身的需求与现状建立社区保护地，在此前提下，公益组织给予社区一定的资金支持其改善经济，进而减少对当地环境的压力、促进生态保护。因此，该部分项目包括社区保护地与社区互助两个子项目。

一是社区保护地。社区通过会议讨论的形式，根据社区的资源现存状况与依赖状况，确定社区保护地区域与面积，制定适当的保护规定，就如何在社区保护地区域内保护、利用资源（如枝叶、松毛、山积土、动物等）进行说明，同时辅以明确的奖励、监督与惩罚措施，选出具体的管理负责人，共同进行社区保护。

二是社区互助（俗称“村寨银行”）。该项目通过村民按户自愿等额入股、公益组织按 1∶1 的比例构成本金，全组入股村民平均分三批进行等额借贷，每批借贷时间一年，一年后偿还本金利息，三批依此类推；全体入股村民制定借贷管理办法并选举项目管理小组，从而实现全体入股村民对该笔资金及利息的共同管理、使用。例如，一村民小组 30 户村民，每户出资 1000 元，共出资 30 000 元，公益资金援助 30 000 元，形成 60 000 元的社区公共资金；30 户村民通过抽签决定使用次序，第一批 10 户村民分别使用 6000 元，一年后还回 6300 元（含 300 元资金服务费），之后交由第二批 10 户村民使用，依此类推。

（4）生计改善项目。社区根据自身的自然资源、经济状况发展适合当地的生计或产业，减少对自然环境的影响、依赖，同时提高社区收入，促进生态保护，包括蜜蜂养殖、天麻种植、羊肚菌种植、藜麦种植、生态旅游等。

成　效

1. 开展能力建设，激发内生动力，培育新时代农民与自我发展

通过“专家引进来、社区走出去”的方式，该项目为社区提供各种培训、学习机会，先后开展了蜜蜂养殖、药材种植、农产品加工等技能培训，农产品公平贸易、可持续发展、社区自治等理念培训，每年约有 130 人次村民代表参加。

村民代表通过社区会议等形式的分享、传播，让更多的村民受益，提高了村民在生态保护与社区发展方面的认知水平，有效地扩展了村民的视野与思路，增加了村民自我选择的空间，改变了村民“等、靠、要”的被动思想，激发了村民的自主意识、合作意愿。很多村民充分地理解自己有权利、有能力按照自己的意愿保护资源与环境，改善自己的生活生产，做自己社区的主人。

2. 因地制宜，社区是主体可持续管理资源、探索生态文明的农村典范

在前期培训学习的基础上，社区村民从长远角度和当前现状出发，结合社区的环境问题、资源现状，通过会议讨论制定林业资源管理制度，并以村规民约的形式落实行动。12 个村组中，村民少则开会三四次，多则不间断地开会长达两年多，通过数次的会议讨论、分析、决策，就生态保护的范围、保护制度、奖惩措施等达成一致，并选举责任人组成管理小组来具体执行，分别建立了社区自主管理、监督的自然保护地，包括水源地、风景林等具有不同功能的森林、河流。

经过社区村民的充分讨论和反思，村民的思维意识也发生了改变，从之前的“要我保护”转变为“我要保护”，对生

态保护的责任感大大加强。人人成为村规民约的支持者、捍卫者，看到外部人攫取社区资源的违规现象或问题，会通过向管理小组汇报召集全体村民共同制止。在黎光村，河上组村民通过集体行动有效阻止了外来者在保护地河流内胡乱钓鱼，并惩罚了外来违反者 500 元。色冲落组社区通过村民会议对在保护地内乱砍树木的村民进行了罚款，参会的村民，包括被罚款村民的家人，都认为签字确认的村规民约应该坚决执行。而恨独组村民会议讨论了对在国有林内砍树村民的处理情况，因为其村规民约并未规定保护国有林区域，所以村民一致认为村规民约对此行为不具有约束力，但是会议同时对原有的规定进行了调整，约定“若有人在划定的社区保护地范围之外砍树，就移交当地林工站处理”。

截至 2022 年，社区 12 个村民小组建立了 115 737 亩社区保护地，占全村林地面积的 68%，有效保护了社区水源林等具有重要生态功能的森林和河流，为子孙后代留住了绿水青山，为社区可持续发展奠定了生态基础。

3. 村民互助共建、共享收益，增进社区凝聚与团结

在生态保护的同时，根据社区经济需求，实施了社区互助项目。12 个村民小组先后参加了社区互助项目，初始资金为 465 000 元，267 户村民先后加入并受益，占全村户数的 73%，实现了 100% 的顺利滚动，截至 2022 年 8 月累积资金为 552 700 元，增长了 19%。

社区互助项目的实施为社区村民提供了发展生产或急需的资金，由村民自由安排、灵活使用，有力推动了村民的理性发展，在一定程度上缓解了村民简单再生产资金链的断裂问题，提高了收入。据统计，村民将互助资金用于产业发展的比例达到 70% 以上，如买种子、羊崽、苗木、农机具、蜂箱等，

因地制宜发展特色产业和扩大生产经营。而其他村民则将资金用于教育、医疗等方面。抽样调查显示，互助资金不仅直接为农户提供发展本金，还带动了农户闲置资金在生态产业方面的投入，农户投入生产的资金使用粗收益在 10% ～ 60%。村民熊正林曾是建档立卡贫困户，2015 年靠政府补助拆迁建了新房，2016 年获得了互助资金 3000 元，自己又凑了 2000 元，用来买种羊和羊崽 28 只，一年后即可卖出 12 只壮羊还回资金收回成本，还留有至少 16 只羊，价值在 10 000 元左右。

社区互助项目通过将社区村民纳入互助网络，加强了村民的联系，增强了社区的团结协作。同时，资金的持续滚动也有利于凝聚社区村民。其中，资金积累也为社区公共事务的治理提供了经济支撑，进而促进了社区的团结凝聚。

黎光社区将社区互助项目的资金使用权与社区生态保护的村规民约进行联动，规定“违反社区生态保护规定的村民将不得共享使用资金，同时处以一定的罚金”，从而有力地保障了当地生态保护制度的有效执行。

此外，以社区自组织为平台，开展了垃圾处理、农药控制等卫生清洁工作，创建健康卫生的环境，预防因病致贫；村民自发组织形成合作社，同时整合社会、政府资金参与，因地制宜，发展药材种植、蜂蜜养殖、经济作物种植等产业，通过合作社、电商平台等连接市场，改善生计，其中蜂蜜的对外销售价格提升了 10% ～ 20%。

真实故事

蜂亚忠是黎光村代不起组的年轻村民。项目实施初，他还经常砍树卖树。参加社区互助与生态保护项目后，他逐步发生了变化，遵守生态保护村规民约，放弃了砍树，同时利用社区互助资金探索生态养蜂。在项目资助下，他在 2016 年开始学习养蜂技术，发现养蜂投入低、技术性强且收益高，于是决定进行生态养蜂。依托当地丰富的生物资源，他组建了养蜂场，2019 年 6 斤装 70 余桶蜜蜂，每年收获蜂蜜约 500 千克，收入近 50 000 元。

经验与启示

1. 工作方法与理念的创新

该项目通过能力建设与学习培训，转变村民的发展思维为“我想做、我要做”，激发其自主意识、内生动力，进而自主发展。在项目实施中，村民是决策与行动的主体，实施什么项目、如何实施，完全由社区自主决定。项目团队以社区服务者的角色进入，项目工作人员驻村工作，了解社区的需要，并提供适当的协助。工作人员不会给社区制定保护与发展规划，或确定社区具体需要实施的项目。

2. 社区主体下的可持续性

无论是建立社区保护地保护绿水青山，还是开展社区互助，都是基于社区自愿参与的前提。社区通过会议讨论、分析与决策形成切实可行的村规民约，通过发挥乡土文化与传统的作用，实现持续性的效果与组织制度。

同时，社区互助项目具有强大的生命力，被社区村民赞为“取之于民、用之于民”。资金能够滚动发放，让所有参与村民持续受益，在相对较长的时间内继续发挥效益。黎光社区互助资金滚动了四年多，而周边村庄已有的社区互助资金则滚动了长达八年。这种可持续性规避了传统的扶贫工作容易出现的“人走茶凉”问题。从长远来看，村民自愿参与实施的生态保护也为扶贫减贫提供了绿色保障，避免了因生态安全问题而导致返贫。

3. 社区参与的广泛性

社区内部的团结、互助、共赢是社区和谐发展的重要内涵，是多方位、多角度减少贫困的重要保障。该项目坚持社区为一个整体的原则，明确社区发展的整体性、协调性，更多地支持社区多数人（70% 以上）参与并受益的项目，注重社区内部的机会平等与制度公平，避免社区因利益与资源分配带来的次生社会问题。

4. 传播与示范

黎光村的扶贫发展与生态保护项目理念是丽江健康与环境研究中心在丽江“三江并流”区域多年开展工作的成果总结，延续了已有 6 个乡村的探索与尝试。这种理念策略和乡村社会工作模式具有一定的示范价值。2017 年 9 月，该项目受到了丽江市委与政府的重视，并开展了专题研讨。2018 年 4 月，黎光村社区保护地被国际原住民与社区保护地联盟认可，并获得联合国开发计划署国家协调员的高度评价。此外，该项目还得到了诸多媒体的关注与报道，如《中国周刊》《中国环境报》等。这种方式也适合在中国西南少数民族聚集的农村区域传播、尝试。黎光村附近的村庄也开始学习这种方式、理念，探索适合当地的扶贫开发与生态保护并举的工作。

通过环境移民和发展生态产业减贫

——广西壮族自治区环江毛南族自治县喀斯特区脱贫模式

案例类型： 生态修复与保护

关键词： 广西，生态产业，环境移民，异地搬迁

提交机构： 中国科学院亚热带农业生态研究所

摘　要

从1996年开始，中国科学院亚热带农业生态研究所针对西南集中连片特困地区生态环境脆弱、人地矛盾突出、产业缺乏及经济落后等问题，依托环江喀斯特生态系统国家野外科学观测研究站，在广西壮族自治区环江毛南族自治县（以下简称“环江县”）探索“环境移民扶贫”，建立了310公顷的环江喀斯特生态移民示范区，人均纯收入由1996年的不足45美元提高到2018年的1800美元。这一扶贫模式给环江县带来了生态扶贫新理念，被联合国教科文组织专家誉为“肯福模式”。此外，基于水土流失控制、植被恢复等石漠化治理模式，培育了经济林果、中药材种植加工和畜牧养殖等生态产业，推广示范面积2万公顷，产值约3000万美元，直接带动4000户农民脱贫，构建了岩溶山区环境移民－异地扶贫、植被复合经营和特色生态衍生产业培育等科技扶贫体系。该体系辐射带动广西壮族自治区天等县、德保县、马山县、大化瑶族自治县，贵州省大方县、七星关区、晴隆县，云南省西畴县、泸西县等地，为西南生态脆弱区的精准扶贫提供了技术支撑和模式样板。

背　景

滇桂黔石漠化集中连片特殊困难地区跨广西、贵州、云南三个省（区），集民族地区、革命老区和边境地区于一体，是国家新一轮扶贫开发攻坚战主战场中少数民族人口最多的片区。据统计，该区域内有67个国家扶贫开发工作重点县。2010年，该区域贫困发生率高达11.1%。农户收入来源单一，2010年农村居民人均纯收入仅相当于全国平均水平的58.8%。部分贫困群众住房困难，杈杈房、茅草房占比高，人畜混居现象突出。另外，该区域是全国石漠化问题最严重的地区，有80个县属于国家石漠化综合治理重点县。该片区土壤贫瘠，资源环境承载力低，干旱、洪涝等灾害频发，生态条件脆弱。

面对异常严峻的扶贫形势，从1996年开始，中国科学院亚热带农业生态研究所环境移民项目组在环江县与广西壮族自治区有关部门联合进行“肯福”异地扶贫科技开发研究与示范。随后针对西南集中连片特困地区生态环境脆弱、人地矛盾突出、产业缺乏及经济落后等问题，在环江县逐步探索了“环境移民”和“生态产业”扶贫新理念，建立了标准化精准试验示范基地，培育了经济林果、中药材种植和畜牧养殖等生态产业，构建了岩溶山区环境移民－异地扶贫、植被复合经营和特色生态衍生产业培育等科技扶贫体系，为广西及西南生态脆弱区的精准扶贫提供了技术支撑和模式样板。

项目实施

从1996年开始，中国科学院亚热带农业生态研究所在环江县开展了环境移民、石漠化治理和生态产业科技扶贫工作。

1. 环境移民

与广西壮族自治区科学技术厅、广西壮族自治区扶贫开发办公室等合作，建立了310公顷的环江喀斯特生态移民示范区（移民迁出区的下南乡古周村和移民迁入区思恩镇三乐村肯福屯），涉及97户513人，并创建了“科研单位+公司+示范基地+农户”的企业化运行机制，即中国科学院负责对示范区的水果、甘蔗、畜禽、蔬菜等四大支柱产业进行科技开发，广西环江科环扶贫开发有限责任公司负责示范区基本建设及经营、开发管理、种苗供应、技术培训、农产品销售等，提供产前、产中、产后“一条龙”服务。该示范区3000多亩土地全部得到合理开发利用，形成以水果、甘蔗、蔬菜等为主的产业体系，1997年实现解决温饱的目标，2007年后人均纯收入超过全县平均水平。

2. 石漠化治理

石漠化治理以减少人类活动干扰与缓解贫困、发展可持续性特色生态衍生产业为主线，按照“喀斯特区域产业发展限制因子研究—配套技术模式研发—技术模式示范推广”的思路，开展了喀斯特植被复合经营与林下经济模式技术示范，形成生态服务提升与民生改善的石漠化治理系统性技术方案。

3. 生态衍生产业培育

（1）畜禽养殖方面，针对喀斯特降雨分配不均、季节性干旱严重、洼地内涝频发的特点，提出了替代型草食畜牧业发展模式，并在下南乡开展了86公顷牧草种植示范，养殖菜牛410头。

▲ 发展种草养牛产业

（2）中药材种植方面，开展了珍稀濒危中草药种源保护繁育基地建设，建设中草药（山豆根）野生抚育、生态种植和林下生态种植技术研究示范 21 公顷。

（3）特色水果产业方面，建设红心香柚、砂糖橘、沃柑、澳洲坚果等特色高值经果林 105 公顷，建立了首个广西壮族自治区农业科技示范园区及农业特色示范园，示范面积达 670 公顷。

（4）农产品加工方面，培育了环江县大毛南风味食品厂和广西木论天然食品有限公司等当地企业，以农户为单位，分散型林下种植加工石崖茶，既能增加农户收入，又能保护生态环境；饮用水“木论思泉”2015 年获第八届中国高端饮用水展览会“世界好水源”和“最佳养生用水”最佳推荐奖；开发了环江特色菜牛、香猪高端产品。

4. 产业扶贫模式

解决喀斯特石山区贫困人口脱贫致富问题；对新识别的贫困户建档立卡，实施精准扶贫，按照“头年示范，次年推广，三年全覆盖，四年达标”的要求，创新产业扶贫模式；协助环江县政府整合各级各部门力量，通过项目的实施使生态产业成为贫困户收入的主要来源。

成 效

1. 环境移民

经过 20 多年的科技扶贫，“肯福”移民示范基地的科技生态扶贫成效显著，人均纯收入由 1996 年的不足 45 美元提高到 2021 年的 2900 美元。这一扶贫模式给环江县带来了生态扶贫新理念，被联合国教科文组织专家誉为“肯福模式”。“肯福”生态移民模式为环江县实施“10 万生态移民”（全国最大的生态移民安置县）提供了科技依据、技术支持和示范样板，为大规模生态移民（河池市 20 万、广西壮族自治区 50 万）提供了科技支撑与示范样板。

2. 生态恢复

通过石漠化治理研究成果开展了模式推广与示范，分别在环江县古周村（920 公顷）、下塘村（62 公顷）建立 2 个试验示范区，示范区雨水利用率提高 30% 以上，水土流失减少 30% 左右，植被覆盖率提高 20% ～ 40%，人均年收入增加 30% 左右，取得显著的生态效益。

3. 产业扶贫长足发展

该林下畜牧养殖模式得到应用推广。环江县发展林下种草 1.2 万公顷、养殖菜牛 13.2 万头，贫困农民人均增收 520 ～ 740 美元。喀斯特林下种草养牛模式已被推广至广西天等县、德保县、马山县、大化瑶族自治县，贵州大方县、七星关区、晴隆县，云南西畴县、泸西县等地。同时，该模式被国家发展和改革委员会遴选为喀斯特山区产业发展的典型案例；被收录在中国国际工程咨询有限公司编制的《岩溶地区石漠化综合治理工程三年试点阶段总结的评估报告》，作为西南石漠化治理的典型样板；2016—2019 年，累计辐射全县种植中草药 190 公顷，涉及品种有山豆根、牛大力、鸡血藤、草珊瑚等，直接带动深度贫苦地区贫困户 590 户，户均年增收 220 美元。

4. 特色种植养殖

2016—2021 年特色水果累计辐射推广面积达 9000 公顷，仅红心香柚推广面积为 4200 公顷，产量 7200 吨，产值 645 万美元，带动贫困户 1100 户，已经成为环江县“八大扶贫产业”之一；培育的“久鹏石崖茶”成为 2016 年东盟博览会国宾指定用茶，茶厂年加工能力达 13.2 万千克，发放种苗 10 万余株，惠及农户 2000 余户，年人均增收 300 美元；开发环江特色菜牛、香猪高端产品，提高生产价值，惠及 6 个乡镇的贫困户，新增年人均养殖收入 320 美元。

真实故事

环江县下南乡下塘村的谭维作家有 3 口人，地处喀斯特山区，因为山多地少，家庭收入主要靠种植玉米，年收入不足 2000 元。从 2016 年至今，在中国科学院科技扶贫项目的示范带动下，他种植了 9 亩山豆根。由于该地自然环境和气候条件非常适合种植，再加上科学的田间管理，他的山豆根长势良好。2019 年 9 月（种植第 3 年），他收获种子 50 千克，每千克 600 元，获得 30 000 元收入，实现了全家脱贫。从 2020 年以后，他还可以收获种子或根部，具有很好的经济效益。如今下塘村的山豆根种植面积从 2016 年的 12 亩扩大到 2021 年的 500 亩，产值 250 000 元。

经验与启示

环江县科技扶贫的成功经验有以下几点。

1. 壮大科技扶贫队伍，提高扶贫的科技含量

2002—2019 年，中国科学院亚热带农业生态研究所加强了与广西壮族自治区扶贫开发办公室、广西壮族自治区科学技术厅、环江县政府的合作，充实了科技扶贫队伍，选派多名科技人员到环江县从事科技扶贫示范，充分发挥科技赋值作用，推动科技行动与政府行为的有机结合。科研部门搞扶贫开发，离不开地方的支持和协作，主动加强与地方政府的联合和沟通，获得地方的重视支持，是扶贫项目成功的基础。该项目通过发挥中国科学院在研究开发领域的优势，引进新技术 22 项、新品种 40 多个，在示范区试验成功后向周边地区和该区域推广辐射，先后建立了 2 个生态重建示范区，示范区面积由 260 公顷扩大至 3900 公顷。

2. 探索扶贫运行新体制

这些贫困区的移民文化程度低，技术素质差，商品经济意识薄弱，自我管理能力不强。如果还是单家独户地分散开发，既没有能力申请贷款资金，又不能抵御市场风险。中国科

学院亚热带农业生态研究所与广西壮族自治区扶贫开发办公室、广西壮族自治区山区中心、环江县政府联合组建广西环江科环扶贫开发有限责任公司，通过“科研单位 + 公司 + 基地 + 农户”的股份制经营体制和运行模式，在培训劳动者、推广高效实用技术、统一安排示范区设施建设、提供农业生产资料和农产品购销服务、承接贷款、督促还款等方面发挥了良好的作用。

3. 科技扶贫与生态研究示范紧密结合

依托广西壮族自治区、国家和中国科学院科研项目，在肯福屯建立了异地科技扶贫示范区，在大石山区古周村建立了科技扶贫与生态重建示范区，开展了环境移民迁出、迁入区可持续发展研究，岩溶山区生态重建技术开发，移民迁出区岩溶山区生态恢复重建技术等研究工作。这些项目的实施不仅为项目区群众带来了实惠，而且在全县起到了示范推广作用，为科技扶贫提供技术和理论支撑。

4. 扶贫开发与提高贫困地区的人口素质相结合

贫困地区人口素质差、思想观念落后是其摆脱贫困的主要障碍，所以要扶贫，先扶智。移民的文化素质、科技水平的提高是移民尽快摆脱贫困和致富的关键。通过制订移民培训学习计划，采取发送资料、讲课、出黑板报等形式，对移民进行科技文化知识培训，共培训 8400 多人次，使每个移民掌握了 2 ～ 3 门新技术，还建立了党员活动室和科技文化中心，移民在农闲和晚上都可以到这里学习、看报、查资料、咨询问题。依托国家和广西壮族自治区科技攻关项目及中国科学院自主部署项目，建立生态重建与农业科技培训基地，为西南喀斯特区域生态重建技术开发和农村经济的快速发展做出了贡献。

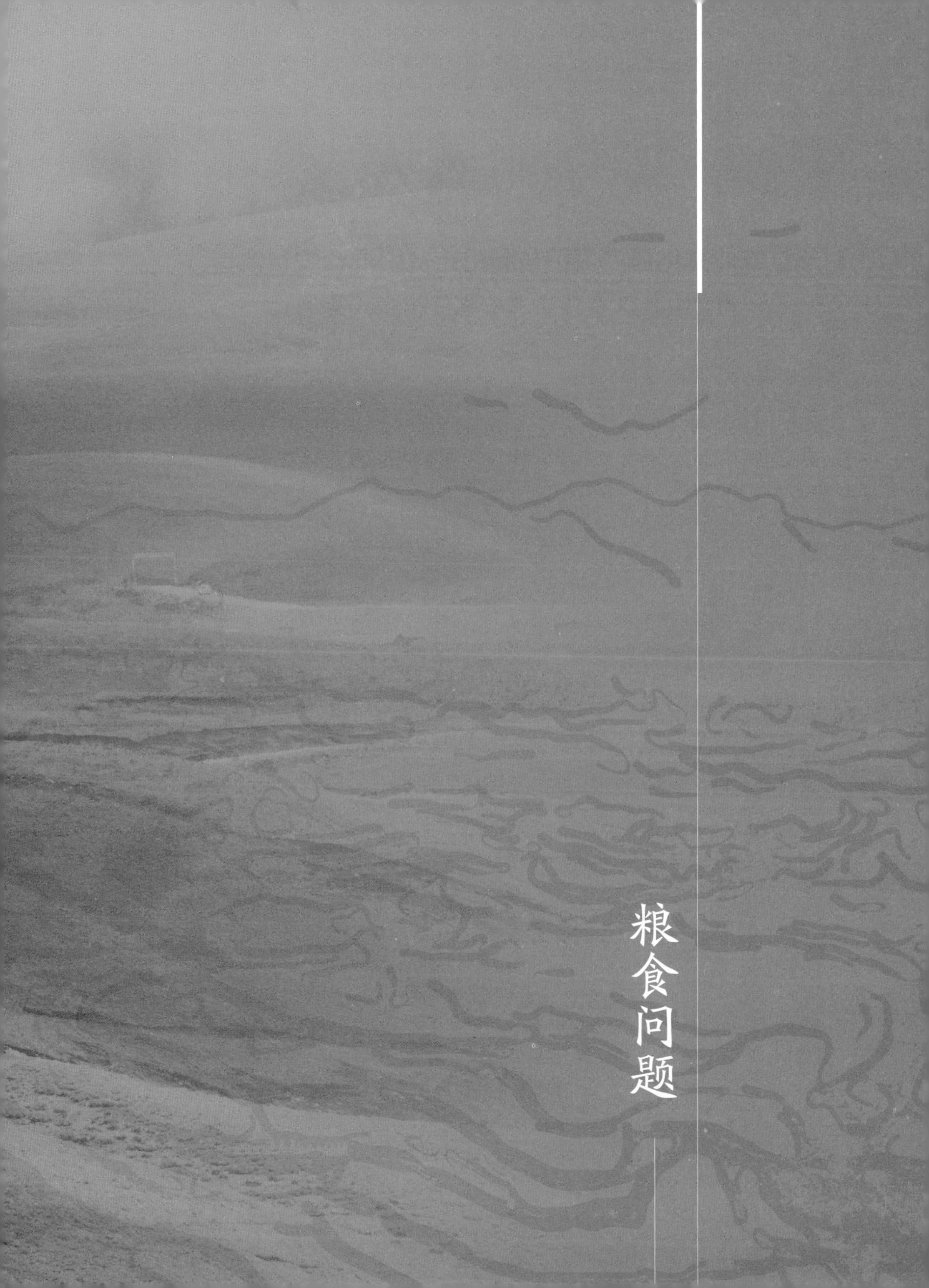

粮食问题

通过农业文化遗产保护与利用让贫困群众脱贫致富

——以内蒙古敖汉旱作农业系统保护模式为例

案例类型：文化遗产与扶贫

关键词：农业文化遗产，保护，区域公用品牌

提交机构：联合国粮食及农业组织，中国农业农村部国际交流服务中心，敖汉旗农业遗产保护中心

摘　要

敖汉旱作农业系统于2012年被联合国粮食及农业组织（以下简称“粮农组织”）认定为全球重要农业文化遗产。多年来，敖汉旗积极探索敖汉旱作农业系统保护与发展的方式、方法及路径，坚持“在保护中发展，在发展中保护”的原则，收集传统农家品种，建设传统农家品种保护基地，挽救濒危消失传统农家品种，并从中筛选优质品种进行推广，充分利用农业文化遗产的影响力，把敖汉小米培育成全国著名的区域公用品牌。敖汉小米市场价值113亿元，市场影响力指数为72.39。种谷养驴扶贫模式效益突显，敖汉小米成为全国“一县一品”扶贫品牌，荣登中央广播电视总台扶贫公益广告，通过电视购物联盟、湖南电视台向全国推荐，阿里巴巴电商扶贫成效显著，品牌资产受益资金逐年提升，敖汉小米区域公用品牌在助推当地脱贫攻坚中发挥重要作用。发展小米产业和养驴产业带动25 121名贫困人口脱贫，脱贫人口占敖汉旗贫困人口总数

的 65.2%，老百姓的获得感显著增强。作为国家级贫困县，敖汉旗通过积极推进农业文化遗产保护工作，不仅深入发掘农业文化遗产的价值，而且以此为抓手，为脱贫攻坚提供持续“造血”能力，并于 2020 年 3 月实现脱贫摘帽。

背　景

敖汉旗位于赤峰市东南部，是国家级贫困县和内蒙古自治区深度贫困县。敖汉旗历史文化厚重、资源丰富，但是因处于干旱半干旱地区，少雨缺水制约当地经济发展，农产品质量优良且丰富，但价格低影响农民收入，也是致贫主要原因。2012 年，敖汉旱作农业系统被粮农组织批准为全球重要农业文化遗产。敖汉旗抓住这个机遇，把传统产业做成优势产业，为广大农民特别是贫困户找到脱贫致富的路径，很好地利用杂粮传统品种做强区域公用品牌，既实现农业文化遗产的保护，又充分利用农业文化遗产的影响力提高了农产品价值。通过做大品牌，提高农产品市场占有率，让健康优质农产品走上大城市的餐桌，实现了农民收入与消费者健康双赢，不但为脱贫找到了出路，而且为乡村振兴、产业兴旺找到了引擎。敖汉旗利用农业文化遗产保护做强小米产业，使得敖汉旗贫困人口全部脱贫。

项目实施

从 2013 年起，敖汉旗充分利用农业文化遗产的世界影响力，以收集传统品种为切入点，以敖汉旱作农业系统优势作物谷子为突破口，打造敖汉旗区域公用品牌——敖汉小米，并把小米产业作为脱贫攻坚主导产业强力推进，取得显著成效。

1. 品种收集与整理

敖汉旗是全球旱作农业起源地，有着丰富的旱作物种种质资源。当前，旱作物种种质资源濒临灭绝，迫切需要拯救。敖汉旗扎实开展农家传统品种种质资源收集与整理工作，四年间对濒临灭绝的农家传统种植品种进行收集整理，通过逐村推进的方式共收集到谷子、高粱、糜子、杂豆等传统品种 218 个，其中谷子 92 个。每到一户都组织填写《传统品种种植情况调查表》，并对每个品种都单独装袋、分别建卡，卡内包括种子农家俗名、生长性状、抗病抗逆性等信息，还对每个品种保留地做了 GPS 定位，绘制了传统农业品种分布图，摸清了传统品种的种植分布等情况。

2. 建立品种保护基地

敖汉旗用三年时间，建立了敖汉旗农业文化遗产品种保护基地。该基地占地面积 17 亩，设立谷子品种保护区、谷子品种繁育区、杂豆品种保护区、杂粮品种保护区、传统玉米品种保护区、传统大豆品种保护区、新品种引进试验区和其他作物品种保护区等 8 个区，年试验品种 170 个以上。该基地集品种保护、新品种引进于一体，采用现代科技手段，实时监测田间动态，有效避免试验误差，提高试验数据的准确度。通过试验种植，已挽救杂粮种子 31 个。

3. 做强敖汉小米区域公用品牌

敖汉旗从收集到的传统农家品种中选择黄金苗、红谷等品种，作为敖汉小米品牌的核心品种，创建了品种与品牌一起推的“双推”模式，以品牌促品种推广，用农业文化遗产的影响力推广敖汉小米品牌，加快了谷子品种的推广速度。受敖汉小米品牌影响，区内外谷子主产区选择敖汉谷子品种作为当地

▲ 敖汉旗的杂粮种植基地

主推品种，以品种推广带动品牌影响力。传统农家谷子品种因口感好、商品性好、市场收购价高而提高了敖汉小米品牌的知名度和市场占有率。敖汉小米产业完成了从种植到加工、从销售到食用、从文化到旅游的三大产业融合的全产业链发展，完成了从无名到有名再到知名的品牌嬗变过程，塑造了一个区域品牌。敖汉旗的八千粟、兴隆沟、孟克河、村头树等品牌小米远销北京、上海、广州、深圳等城市。北京、新疆、成都、沈阳等地的客商纷纷到敖汉旗建基地，经销敖汉杂粮，以敖汉小米为主的敖汉杂粮在京东、天猫等网店热销。敖汉旗已经成为全国县级最大优质谷子生产基地、中国小米之乡、全国食物营养教育示范基地。

4. 种谷养驴成为当地的扶贫产业

引进山东东阿阿胶集团有限责任公司，利用谷草资源发展养驴产业，购进基础母驴 8005 头，项目覆盖 5337 户 11 207

人。敖汉旗年产出优质谷草2亿多千克，肉驴存栏31.3万头，已成为全国毛驴存栏第一旗（县），“敖汉驴”也已获得国家地理标志证明商标。

5. 敖汉小米成为央视上榜品牌

2019年4月，来自内蒙古自治区赤峰市敖汉旗的小米作为中央广播电视总台“广告精准扶贫”项目的入选产品，开始在央视的15个频道免费播出广告片，每天播出高达20次。在广告投放期间，敖汉小米的整体销量较2018年同期增长了3倍，其中官方旗舰店的增长最为显著，单个店铺销量比2018年同期增长了近10倍，其他小米企业店铺销量也都增长了3～5倍。小米扶贫广告的播出促进了当地以小米为主的农产品销售，也吸引国内一些大企业、大超市纷纷到敖汉旗投资、采购，北京华联超市将敖汉小米推向北京各大超市，温州、唐山的客商到敖汉旗投资开发小米深加工产品。

6. 全国电视购物助力敖汉小米扶贫

为响应国家“精准扶贫”方略的号召，切实履行广电媒体的社会责任，发挥电视购物行业独特的商业影响力，中国电视购物联盟与内蒙古自治区赤峰市敖汉旗人民政府签署公益助农协议，推出“特殊”的商品——内蒙古敖汉四色有机小米，携手30余家电视购物频道开展“零利润”的公益助农销售活动。在第二届“88电视购物节”期间，中国电视购物联盟组织行业帮扶内蒙古自治区敖汉旗销售公益小米，当日完成12万千克的销售量，同时完成了在消费者中的“种草”过程，后期产生了大量复购，不仅帮助当地解决了滞销问题，而且扩大了市场影响力，推广当地的文旅品牌，培养了一批忠诚的消费群体，助推当地脱贫攻坚。

7. 电商扶贫成效显著

在脱贫攻坚工作中，敖汉旗紧紧围绕电商扶贫发力，积极将电商产业发展与扶贫产品有机结合，助力脱贫攻坚。2019年，敖汉旗电子商务交易额完成13.2亿元，同比增长33%；网络零售额达8500万元。全旗现有电商企业、网店、知名微商4000多家，从业、就业人员7000多人，直接、间接拉动就业3.2万人，206个服务站辐射带动26 409户贫困户通过电子商务实现增收节支目标。探索出能人大户引领型、村干部服务型等多种建设模式，完善电商扶贫示范店与建档立卡贫困户的利益联结机制，以保护价优先收购、销售贫困户的农特产品，并义务为建档立卡贫困户提供代购生产生活资料、代办缴费购票等业务，形成“一店带多户”“一店带一村”的网店带贫模式，降低村民的购物成本，增加了贫困户收入。截至目前，电商服务贫困户人口达到2.5万多人（次），直接或间接为贫困户人均增收300元，实现了电商增收的目的。

8. 深化京蒙帮扶合作

敖汉旗抓住北京市海淀区和中央直属机关帮扶的契机，多次组织旗内企业、合作社与海淀区商务委员会、饮食服务行业协会及车客家园北京网络科技发展有限公司、物美超市等11家企业开展对口帮扶产业对接洽谈，大力开展农特产品品牌推介，分别与内蒙古金沟农业发展有限公司等企业签署了销售协议，以小米为主的农特产品顺利进入北京市场。2019年企业和各平台共销售以敖汉小米为主的本地农特产品1.56亿元，带动128人稳定脱贫。

9. 企业扶贫收益递增

为冲破没有劳动能力、缺乏产业资金、缺少增收项目这一类贫困户脱贫“瓶颈”，创新脱贫攻坚模式和方法，敖汉旗积极探索建立贫困户与新型产业经营主体的利益联结机制，分类施策，形成了一个依托资产收益实施精准扶贫的新模式。为充分发挥财政扶贫资金作用，敖汉旗从创新财政资金管理机制入手，将各类扶贫资金入股到经济效益较好的内蒙古金沟农业发展有限公司、内蒙古禾为贵农业发展（集团）有限公司等小米龙头企业，投入财政资金 5080 万元，每年获得股息 350 万元，贫困户年人均分红 1000 元，每年有 3518 名贫困人口从中受益。资产收益扶贫通过对地区致贫原因的精确瞄准实现了对贫困群体的精准帮扶，同时提高了财政资金的使用效率、促进了地区的整体发展。资产收益扶贫模式的实施，使参与试点的贫困农户找到了稳定增收的渠道、贫困地区自我发展能力增强、财政资金使用效率提高、农村社区建设得以推进，实现了贫困与非贫困群体、社会组织和政府的多方共赢。

▲ 开展新型职业农民和农村实用技术人才培训

▲ 敖汉旗代表参加第十三届国际农业博览会

成 效

通过保护与利用农业文化遗产，做大做强一个产业，培育全国著名的区域公用品牌，在惠及当地农民同时，助推脱贫减贫工作，让贫困户受益最大，有劳动能力的 16 625 口人直接从产业中受益，无劳动能力的 3518 口人通过资产收益间接受益。

小米产业成为巩固脱贫成果的主导产业，敖汉旗谷子种植面积稳定为 100 万亩，培育国家级龙头企业 1 家、自治区级龙头企业 5 家，同比 2012 年实现种植面积、产品价格双翻番。

全旗通过发展小米产业，带动了当地电商、旅游和养殖业发展，为下一步乡村振兴、产业兴旺打下良好基础。

真实故事

新惠镇扎赛营子村的高亚辉家有两口人，因病致贫，1名劳动力，种植耕地12亩，过去年纯收入为0.5万元。高亚辉加入敖汉惠隆杂粮合作社后，由合作社统一发放种子、肥料，生产有专家指导，秋天回收加工销售，获得年纯收入达1.1万元，顺利实现脱贫。

▲ 贫困人口背后都有托起未来发展的希望

经验与启示

1. 地方重视

敖汉旗政府把农业文化遗产保护与发展工作写入旗委工作报告和政府工作报告，将其作为一项重点工作专项推进；出台了《敖汉旗全球农业文化遗产标识使用与管理办法》《敖汉小米国家地理标志保护产品管理规范》，制定了敖汉小米地方标准。敖汉旗成立了敖汉小米产业协会，组建了内蒙古谷子（小米）产业技术创新战略联盟，成立了敖汉旗小米产业发展院士工作站，组织召开第六届世界小米起源与发展会议，每年政府投入1000万元产业基金用于农业文化遗产保护与小米产业发展。

2. 专家关注

2017年，中国“三农”发展大会“农业优势特色产业·敖汉小米发展论坛”在北京举行。农业部、中国工程院、中国谷子产业体系等的领导专家，以敖汉小米为例，围绕“品牌引领优势特色产业提档升级”的主题进行研讨，对敖汉小米区域公用品牌给予高度重视。中国科学院地理科学与资源研究所的农业文化遗产与产业发展研究课题以敖汉为例，农业部农村经济研究中心的农业文化遗产与扶贫课题选择敖汉旗，中南民族大学的农业文化遗产与民族地区经济发展课题也以敖汉旗为研究对象。中国农业大学人文与社会学院专题研究敖汉旱作农业系统的社会发展。中国谷子产业体系已把敖汉旗列为东北谷子产业带核心区。

3. 品牌影响

2013年，敖汉旗把“农业文化遗产保护与发展”写入旗委工作报告和政府工作报告，提出大力实施“名牌战略”；科学制定旱作农业系统总体规划和各项产业具体规划，因地制宜发展特色产业，使种植业提档升级；立足提高经济效益，深入挖掘“全球500佳”“全球重要农业文化遗产”两个世界级品牌效应及小米、荞麦、高粱等“公认绿色杂粮”品牌效应，着力打造富民产业。

4. 媒体宣传

《秋后算账，敖汉小米过亿的秘密》《敖汉小米八千年》《大国根基》等专题片，分别在《每日农经》《走遍中国》等节目中播出。美国国家地理频道的《寻脉》、央视的《大国农业》《黍粟中国》《生财有道》、浙江卫视的《丰收中国》等摄制组纷纷来到敖汉旗，探寻中国农业起源之根，揭秘农业可持续发展之路，讲述小米粒生财之道。央视扶贫广告连续播出，“敖汉小米，熬出中国味”已家喻户晓。以敖汉小米为主的杂粮产品在全国各级各类农产品交易会、博览会、展销会上获得金奖，内蒙古金沟农业发展有限公司的“兴隆沟”牌小米荣获第十三届中国国际农产品交易会金奖，惠隆杂粮种植农民专业合作社的“孟克河”有机小米荣登全国百家合作社百个农产品品牌榜，禾为贵农业发展（集团）有限公司的“禾为贵”牌小米荣获第十六届、第十七届中国绿色食品博览会金奖。

5. 院所支持

中国农业大学、中国农业科学院、赤峰学院、赤峰市农牧科学研究院等科研院所已经与敖汉旗建立了长期战略合作协议，开展广泛的科技合作。借助高等院所雄厚的科研实力，有效促进敖汉旗在新品种培育、旱作种植技术开发、科技人员培训和杂粮产业发展等方面的研究。敖汉旗与中国航天科技集团有限公司积极合作，开展太空育种研究。2016 年，搭载“天宫二号”航天器飞上太空的敖汉谷子 4 个品种进行育种，已育出 2 个品种进入示范阶段。

6. 项目具有较好的可持续性

小米产业发展前景广阔，可成为乡村振兴的主导产业。通过小米品牌打造为农业文化遗产保护与利用提供一个思路，敖汉小米品牌是农业文化遗产保护与利用成功的典型案例。这项工作的探索和经验值得其他地区借鉴，成为农业文化遗产保护的样板和典范。产业发展经验可复制，其他产业发展可以从中借鉴。

支持高价值作物生产推动小农户增收

——孟加拉国二茬作物多样化项目

案例类型：粮食问题

关键词：高价值作物，女性权利，食品安全

提交机构：亚洲开发银行

摘　要

二茬作物多样化项目旨在减少孟加拉国西南和西北地区27个县的52个乡（分区）的小农（包括女性农民）贫困。该项目的策略是鼓励农民向高价值作物多样化发展，以提高收入。孟加拉国政府和孟加拉国农村促进委员会联合起来支持农民。农业推广部和孟加拉国农村促进委员会组织了公共宣传活动，成立了小农户生产者团体，并提供高价值作物的生产、商业发展、信贷管理和气候变化适应等实践培训。所有被确认的小农户都参加了宣传活动，并加入了小农户生产者团体。其中，95%的农民和95%的女性农民参加了培训。孟加拉国通过两家银行和孟加拉国农村促进委员会为购买投入提供了信贷支持。地方政府工程部建立了农场小规模基础设施，农民可以在那里出售他们的产品。该项目通过对妇女权利和影响妇女获得机会的问题进行指导，促进了妇女的参与，项目后的调查显示了良好的结果。高价值作物的生产增加了小农的收入。该项目的成果包括拥有土地的女性农民从项目前的51%增加到70%；

妇女参与家庭种植的比例从10.5%增加到40.2%，参与市场选择的比例从8.9%增加到29%；更多的女性农民参与了高价值作物的商业生产；184名妇女成为92家农场小规模基础设施董事会的成员。

背 景

孟加拉人面对气候变化带来的高风险，主要是由于该国位于孟加拉湾沿岸的低地地区。土地是该国最基本的资源，超过75%的人口直接或间接从事农业。虽然水稻是当地主要的作物之一，有助于粮食自给自足，从而保障粮食安全，但它导致对进口食品的依赖性增加，特别是高价值作物，如水果、蔬菜、豆类和香料等。许多贫困消费者仍然负担不起这些高价值作物。因此，增加高价值作物的生产对减少进口、提高贫困人口可负担得起的营养饮食至关重要。

在粮食保障方面，二茬作物多样化项目率先将气候变化适应纳入设计和实施的主流，遵循南亚局孟加拉国气候变化实施计划。该项目建立在西北作物多样化项目的成功经验上，扩展到新的地理区域，特别是孟加拉国的西南地区。该项目还补充了亚洲开发银行支持的其他项目，如农业商业发展项目等。

项目实施

该项目支持高价值作物生产，提供增值、信贷支持和更好的市场准入，重点关注当地的小型、边缘和中型农民，他们虽具有前瞻性，但资源匮乏，发展组织的关注度较低。为了鼓励小农户向高价值作物多样化发展，农业推广部，即该项目的执行和实施机构，在非政府组织孟加拉国农村促进委员会的支持下开展了公共宣传活动，鼓励农民组织起来。项目地区所有被确认的小农户都参加了活动，并获得了关于高价值作物多样化的知识。在孟加拉国农村促进委员会的帮助下，农民们组织起来，成立了 12 000 个小农户生产者团体，包括所有已确认的 252 937 名农民，其中 139 793 人（占 55%）是妇女；这些小农户生产者团体中的 6380 个（占 53%）只有妇女成员。他们还通过讲座和实地培训、17 070 块示范地、跨领域学习、激励之旅、农业博览会和推广服务，为农民提供了生产高价值作物的实践培训。农民接受了组织和领导力发展、商业发展、信贷管理、讨价还价和适应气候变化方面的培训。该项目与 1955 名农民成立了 103 个农民营销协会(FMA)，其中 593 名(占 30%）是妇女，通过农场小规模基础设施与主要的高价值作物市场和贸易商建立联系。

该项目提供信贷支持，使贫困农民能够购买所需的投入。孟加拉国银行的信贷资金被输送到孟加拉国农村促进委员会，并直接支付给小农户生产者团体成员。在 2017 年完成二茬作物多样化后，孟加拉国农村促进委员会向 209 746 名小农户生产者团体的农民支付了 86.318 亿孟加拉塔卡（超过 1 亿美元）的信贷支持，包括循环资金。该金额是目标信贷的 4 倍，所接触的农民数量是目标的 120%。在二茬作物多样化项目完成 3 年后，信贷支付总额达到 197.655 亿孟加拉塔卡。

这些贷款中的 61% 给了妇女，39% 给了男性。总共约有 205 989 名种植高价值作物的农民，其中 123 909（占 60%）名女性农民通过孟加拉国农村促进委员会获得了信贷支持。为了支持高价值作物的销售，地方政府工程部、农业推广部和相关地方局一起建立了农场小规模基础设施，农民可以在那里销售他们的产品。该项目的目标是利用西北作物多样化项目的经验并与农民密切协商，向小农户提供最新的高价值作物生产技术，如病虫害综合防治技术、减少耕作和零耕作、绿肥和有机肥的施用、控制环境的农业技术及耕作、收获和收获后处理的机械化等。农民从园艺发展培训中心的苗圃中获得了高质量的种植材料。该项目支持一系列高价值的水果、蔬菜、豆类、香料、切花、盆栽和椰子的生产，通过椰壳和初榨椰子油的生产增加椰子的价值，并通过良好农业规范中所列的间作和其他环境友好活动促进盈利的农业系统。此外，该项目还支持农民社区对 92 个农场小规模基础设施进行投资，以减少收获后的损失并在成本分担的基础上提高产品的质量。这些投资包括农场（或接近农场）的收集和收获后处理中心，包括清洗、干燥、分类、分级和包装设施，以及小规模的冷藏、冷冻、干燥仓库及与市场有关的运输设施。为了促进妇女的参与，农业推广部和非政府组织还指导自力更生小组维护妇女的权利，解决影响妇女获得机会的社会问题，如儿童和妇女的健康、环境卫生等。

成　效

项目后期的调查发现，该项目已经实现了减少小农贫困和赋予女性农民权利的目标。

1. 转变种植方式和增加收入

利用新技术在受益农场一级成功示范高价值作物生产，吸引了农民转向高价值作物生产。根据项目完成情况调查报告，从 2013 年到 2017 年，采用高价值作物后，种植强度提高了 34.27%，主要是由于许多项目农户进行了三茬种植。由于向目标农民发放了 197.65 亿孟加拉塔卡的信贷，高价值作物生产成为可能。从仅有 0.167 公顷土地的高价值作物（如番茄、洋葱和卤菜）生产中，一个边缘农民（所拥有土地面积低于 0.49 英亩的农民）可以获得约 75 000 孟加拉塔卡的净收入。与项目前的收入相比，果农的年收入增加了 25.7%，菜农的年收入增加了 86.7%，香料农户增加了 26.5%。总体而言，从 2013 年到 2016 年，农民的年收入增加了 65%，大大高于 20% 的项目目标。

2. 增加无地农业劳动者的就业

种植高价值作物需要大约 20% 更高的劳动力投入，以便更好地进行土地整理、施肥、灌溉、收割和收获后的操作。由于高价值作物是全年种植的，因此在歉收期需要更多的劳动力。用高价值作物种植的额外 93 870 公顷土地意味着无地的贫困工人需要更多的工作。劳动力需求的增加给农业女工带来了更多的工作时间，作物种植从 47 880 天（项目前）增加到 61 320 天，收获后（如加工、储存）活动从 21 520 天增加到 34 620 天，销售从 5180 天增加到 8160 天，这意味着妇女的收入增加了。

3. 妇女赋权

该项目使妇女能够拥有自己的收入来源，并获得自己的资产。共有 123 909 名妇女（占借款人总数的 60%）获得了用于高价值作物生产的信贷支持，并接受了信贷管理和控制方面的培训。她们获得的贷款帮助扩大了业务，增加了收入。95% 以上的女性信贷接受者（共计 117 714 名妇女）充分管理了她们的信贷。妇女的土地积累率发生了积极的变化，70% 的妇女获得了土地，而在项目实施前只有 51%。由于孟加拉国妇女拥有土地所有权的文化障碍，女性土地所有者的增加是一项特殊的成就。妇女的流动性增加，到乡医院就诊的次数从原来的 1

次增加到2次，从68.4%增至80.7%，去农业推广部办公室的比例从17.9%增至52.4%，去工会一级的SAAO办公室的比例从16.5%增至45.3%，而去市场购买必需品的比例从33.6%增至76.6%。

4. 改善食物和赋权

该项目在受益人的食物摄入量和食物消费模式方面有了显著改善。农民受益者的每日食物摄入频率明显高于非受益者。在每周3～4次的情况下，有丰富菜单的食物摄入从15.29%增加到19.52%。依靠自产的粮食安全从15.77%增加到20.87%，以及在受益者中87.4%的人没有食物短缺。粮食盈余的家庭从15%增加到20%，粮食短缺的家庭从18.32%减少到10.43%。

5. 对资源的所有权和收入的增加

农民受益者的设备所有权增加：牲畜设备增加了25%（非受益者为7%），家用设备增加25%（非受益者为10%），运输设备增加了45%（非受益者为15%），农场设备增加了54%（非受益者为15%）。家庭拥有的农用设备也有所增加：动力耕作机增加38.3%，脱粒机增加92.1%，浅水管井增加32.8%，以及卫生设施率从48.4%提高到62.12%，管井拥有率从84.8%提高到90.9%，而用电则从56.5%提高到60%。

6. 受援助的农民对环境的影响

73.37%的人从事有机耕作，这增加了土壤肥力和产量，最大限度地减少了虫害，降低了生产成本。48.81%的人使用性信息素，可以防止农业害虫的繁殖，节省时间，提高产量，与环境友好。78.09%的人遵守有限或明智地使用杀虫剂，不但保护了环境，增加了无毒作物的供应，而且降低了生产成本。71.42% 的人在上午或下午收割，这增加了产品的吸引力或亮度，保持了作物的新鲜度，促进了健康环境，增加了市场对产品的需求，并使价格公平。68.70% 的人保持卫生习惯，以及 70.65% 的人知道适应气候的作物和品种。

真实故事

法特玛（Fatema）有一个 17 岁的儿子。她说："我曾经在别人的土地上做过日工，负责除草、收割和剥壳。对于这项工作，我每天能得到 250 ～ 300 塔卡。在二茬作物多样化项目下，我参加了高价值作物生产（蔬菜）的技能培训。培训结束后，我开始种植传统的土壤马铃薯、菠菜、屋顶豆、四季豆和鹰嘴豆，并在我的宅基地上养羊。培训使我知道，如果我的山羊生病了，要给当地的畜牧官员打电话。通过蔬菜生产和山羊饲养，我赚到了 20 000 塔卡，用于满足家庭的生活需要和儿子的教育费用。我希望看到我的儿子能够成为一名农业毕业生，能够就业，像农业官员一样工作。现在，我知道在牲畜和家庭园艺出现问题时应该找谁谈、找哪个部门，更重要的是当地人知道我的工作能力。"

经验与启示

类似的扶贫项目在面临所遇到的挑战时可以从二茬作物多样化项目的经验教训中得到启发。一是政府必须为产品的可追溯性建立一个透明的认证证书。二是作物区划有助于加强特定地点的作物生产，以克服市场上的供应过剩，为临时储存新鲜产品提供充足的优质储存设施对避免市场上产品供应过剩至关重要。三是农民和买家都必须能够方便地使用农场小规模基础设施，对农民营销协会进行商业发展和管理方面的培训、维持农场小规模基础设施的运作至关重要。四是地方农业培训机构应具备电子学习工具的能力，使农民学员能够在最方便的时间在家里或附近的互联网商店获得在线培训模块。

减贫的农业机械化解决方案

——联合国可持续农业机械化中心在湖南省城步苗族自治县的减贫实践

案例类型：可持续农业，技术减贫

关键词：农业机械化，培训，捐赠

提交机构：联合国亚洲及太平洋经济社会委员会，联合国可持续农业机械化中心

摘　要

2018 年 3 月，中华人民共和国商务部与联合国驻华系统签署了一份谅解备忘录，通过了在中国湖南省城步苗族自治县（以下简称“城步县”）开展扶贫项目，推动实施《联合国 2030 年可持续发展议程》，从而加强联合国对华发展援助框架（2016—2020 年）下的合作。联合国可持续农业机械化中心（CSAM）与联合国驻华工作小组一同开展了对城步县的扶贫工作。为了更好地了解城步县的需求并研究符合当地情况的扶贫措施，2018 年 6 月 CSAM 派出工作组对城步县进行了考察。考察期间，工作组与当地相关部门召开会议，并就相关问题进行了讨论。根据考察情况，CSAM 制定并启动了一项“一揽子”综合减贫措施，更有针对性地支持城步县可持续农业机械化的发展，从而促进该县贫困人口生产能力的提升并有效提高当地收入的增长。此项扶贫措施包括三个部分，即城步县可持续农

业机械化培训计划、2018 年中国武汉国际农业机械展览会地方决策者考察活动、支持促进和调动私营部门向城步县捐赠农业机械计划。

这三项扶贫措施于 2018 年在城步县成功实施。从活动参与者的反馈来看，CSAM 的减贫措施增长了当地社区农业从业者在农业机械选择、操作和维护方面的知识与能力，提高了地方决策者应用农业机械促进农村可持续发展和减贫的能力，并成功拉动私营部门积极参与和支持减贫工作。这三项措施推动了《联合国 2030 年可持续发展议程》的进展，特别是可持续发展目标 1（无贫困）和可持续发展目标 2（零饥饿）。

背 景

城步县位于湖南、广西、贵州三个省（区）的交界处，是湖南省的两个苗族自治县之一，以农业为主的人口约占总人口的 70%。根据收集的数据，贫困人口约占总人口的 12%。农业、林业和畜牧业是城步县的主要产业，农业总产值约占经济总量的 49%。城步县是国家扶贫开发战略重点县（国家级贫困县），也是湖南省深度贫困县，以山地为主，耕地零散，农产品品种少，农民收入相对较低，购买力较弱。

CSAM 考察组发现，当地畜牧业主要以奶牛和奶山羊为主。草场管理粗放，基本上没有采取防治病虫害，如鼠害等防灾害措施。除了放牧外，农民还种植了少量玉米作为青贮饲料和浓缩饲料。CSAM 考察组还注意到，城步县有一定土地专门用于种植蔬菜，部分蔬菜与其他地区季节性不同，可用于跨省销售。一些茄属植物被销往其他省份，但大多数产品作为低价值初级产品被采摘后直接装运。考察组提出建议，蔬菜收获后加工（包括分级和包装）仍有发展空间。此外，由于该县年平均气温相对较低，发展保护性蔬菜生产前景良好。

城步县农业机械化应用水平较低。截至 2017 年年底，农机总动力达到 201 131 千瓦左右，水稻机械化综合利用率仅为 65.1%，农机专业合作社 7 家，拖拉机 1891 台、动力耕耘机 10 271 台、移栽机 22 台。大部分农业机械都用于县城北部相对平坦的城镇区域。县里有中小型农业机械，如整地机械、种植机械、植保机械、收获机械、收获后初期加工机械（烘干、脱粒）等。考察组了解到，虽然城步县具备发展现代农业的潜力，但更重要的是要认识到该县在农业机械化应用方面面临的挑战和制约因素。由于山地和丘陵地区占比很高，农业机械的应用面临挑战。这些因素加上水稻收获季节降雨量大，可能会对机械收获的操作和质量产生不利影响。此外，农民的购买力较低，当地政府无法有效提供补贴或其他激励措施。

项目实施

为解决减贫方面的限制因素和面临的挑战，采取适当而有效的干预措施是取得更好成果的先决条件。为满足当地扶贫工作的需要，CSAM 提出并采取了综合治理措施，以应对城步县在减贫方面所面临的挑战。主要治理措施：采取可持续的农业机械化解决方案，通过培训提高发展农业的能力；为地方决策者提供机会，以增进其对农业机械领域最新发展动态的了解；推动私营部门参与并支持可持续农业机械化扶贫工作。为此，2018 年 CSAM 开展了如下活动。

1. 通过可持续农业机械化培训方案提高当地社区实现自我发展的能力

加强人力资源建设是推动和实现可持续扶贫的根本。为了提高当地农业和其他从业者的能力，CSAM 在城步县的培训交流会以可持续农业机械化为主题，由 CSAM 组织，于 2018 年 10 月在城步县举办。来自联合国工业发展组织、联合国开发计划署的代表和专家及商务部中国国际经济技术交流中心的代表出席了培训开幕式。

培训交流会有 65 名参会代表，他们分别来自农机管理部门、农牧业乡镇、农民合作社和当地社区，其中 9 位为妇女代表。按照城步县的要求，培训内容由江苏沃得集团提出的“中国水稻生产全过程机械化，特别是丘陵山区水稻生产全过程机械化”、五征集团提供的“中国丘陵山区玉米青贮收获与打捆技术”、江苏省海滨合作社承办的“农机专业合作社创建与经营知识共享”三个部分组成。培训班还为学员提供了获得关于农业机械化、相关机构的最新知识和信息的机会。学员对农机合作社的运营及如何确保合作社效率方面的知识分享表示肯定和赞赏。

2. 通过参加国际展会提高当地政府促进可持续农业机械化发展战略的能力

中国国际农业机械展览会（CIAME）是亚洲最大的农业机械展览会，是农机经销商、制造商和进口商的年度聚焦点，是农业机械化商业合作的重要平台。2018 年，共有来自 14 个国家的 1900 家参展商和 60 个国家的 13 万名参观者参展，展区面积达到 20 万平方米。

作为城步县“一揽子”综合减贫措施的重要组成部分，提高当地政府促进可持续农业机械化发展的能力是至关重要的。为了提高其发展眼光和决策能力，必须为当地政府提供使其了解国际农业机械化发展和趋势的机会，CIAME 为其了解世界农业机械化的最新发展提供了宝贵机会。参观展览前，在城步县组织召开会议，并与当地合作伙伴建立了远程通信模式，以确定参加展会考察团的代表。参加学习考察的人员均是能够为扶贫做出贡献的决策者和农业机械化合作社的代表。在与当地合作伙伴协商的基础上，最终确定了11位代表参加考察。与会代表参观了展会，并在参展期间参加了多个研讨会。代表们对山区和丘陵地带的中小型农业机械和相关农科技术产生了浓厚的兴趣。

3. 通过捐赠农业机械鼓励私营部门支持扶贫工作

在城步县扶贫“一揽子”解决方案的设计中，将捐赠农机作为吸引鼓励私营部门参与扶贫的重要手段。在对城步县的实地考察中，CSAM 重点了解了城步县农业发展的总体情况和具体需求，如当地农业生产结构、农机应用现状、农机产业结构等。捐赠仪式不仅是促进可持续农业机械化的干预措施，吸引公众和私营部门对扶贫的关注、支持，而且显示了可持续农业机械在促进扶贫方面的重要作用。

经验与启示

1. 国际组织和中国政府在减贫领域继续进行政策协调和调整的重要性

联合国驻华系统和东道国政府正在制定新的联合国可持续发展合作框架（2021—2025 年），为联合国系统和中国政府在未来几年的合作提供总体指导。支持中国的扶贫工作是联合国整体战略的组成部分，在政策协调或调整方面的努力对于启动减贫活动至关重要。关于可持续农业机械化在政策层面与中国扶贫工作的合作，CSAM 积极支持中国可持续农业机械化发展的国家政策和战略。

2. 需要深入研究和确定贫困地区的需求

务实的解决办法是中国成功实施扶贫举措的关键。中国是一个大国，各地区、各省，甚至各县对发展计划和政策的需求各不相同。在扶贫领域，同样由于自然禀赋、经济发展、教育水平及当地文化因素的不同，不同的地方有不同的需求。因此，深入研究和确定受贫困影响地区的需求，对于制定针对目标特殊群体的务实解决方案和行动至关重要。特别是在中国推动可持续农业机械化以实现扶贫的工作中，应重视根据不同地区的社会、经济和文化背景采取相应的、负担得起的、环保的农业机械化减贫措施。

3. 需要利用不同的优势和专长协同应对

协同应对扶贫计划、采取综合措施，有助于中国贫困县的扶贫工作取得最佳效果。这些贫困县在发展中往往面临多种限制因素和困难。证据表明，贫困易发地区通常受多种因素制约，如自然灾害、劳动力不足、财政支持不足、有限的市场、信息和新技术的获得困难等。在这种复杂的情况下，需要一种能够利用不同优势和专长的协同应对策略。CSAM 的任务是促进可持续农业机械化，促进亚太地区的包容性和可持续发展，在这一领域需要采取协同干预措施，以进一步加快中国的农业现代化和减贫事业。

4. 加强多边平台的作用，帮助处于不同发展水平的国家缩小差距

作为最大的全球多边平台，联合国各机构可以提供机会，在全球范围内展示新的减贫技术、良好实践和做法及发展战略。在国际化平台上交流扶贫方面的良好实践和经验对于脆弱群体至关重要。联合国各机构可以帮助分享和传播世界各地的扶贫知识与经验，以助力实现《联合国 2030 年可持续发展议程》。

技术援助为粮食安全提供可行方案

——中国—联合国粮食及农业组织—马达加斯加南南合作项目案例

案例类型：食物短缺和粮食安全，技术减贫

关键词：粮食安全，技术援助，南南合作

提交机构：中国农业农村部对外经济合作中心

摘　要

为提高马达加斯加农业生产能力和粮食安全水平，2019年9月，根据《中国—粮农组织—马达加斯加南南合作项目三方协议》，中国农业农村部派出“南南合作”专家组，在杂交水稻生产、畜牧和农业综合经营等领域为马达加斯加提供技术援助。该项目取得积极成效，尤其是在全球新冠肺炎疫情之下为解决非洲粮食安全问题做出了重要的贡献。

背　景

中国是最早参与联合国粮食及农业组织（以下简称“粮农组织”）“粮食安全特别计划”框架下“南南合作”的国家之一。自1996年至今，中国已向非洲、亚洲、拉丁美洲和加勒比地区的28个国家派出了近1100名农业专家和技术人员，占粮农组织派出总人数的60%，约有100万发展中国家小农户受

益。近年来，中国政府与粮农组织不断完善合作机制，加大支持“南南合作”力度，于2008年、2014年先后向粮农组织捐赠两期共8000万美元信托基金，以支持农业领域“南南合作”。其中，中国—粮农组织—马达加斯加南南合作项目是在中国—粮农组织第二期信托基金支持下的首个项目。

马达加斯加是世界最不发达国家之一，总人口约2770万（2020年），其中农村人口占80%以上，贫困人口占66.3%，国民经济以农业为主。马达加斯加自然条件优越，气候温和，光照充足，水资源丰富，非常适合农业发展，主要农作物为水稻（包括旱稻）、木薯和玉米，22个大区都能种植水稻（包括旱稻），水稻种植面积占非洲水稻种植面积的17%。但是，由于历史、社会和自然灾害的原因，马达加斯加的农业基础设施非常薄弱，技术服务与培训落后，飓风、暴雨和蝗灾等自然灾害多发，抗灾能力很差，耕作技术粗放，种子退化，农业投入不足，谷物单产很低，农业生产资料依赖进口，价格昂贵，导致农业发展严重滞后，粮食至今不能自给，每年需进口粮食数十万吨。畜牧业发展同样问题重重。由于养殖技术缺乏、饲草供应不足、基础设施落后等问题，畜牧业发展十分落后，加上疫病防控技术落后、诊疗条件差、羊舍卫生条件差，导致牲畜病死率高。据统计，马达加斯加目前有20万～35万人挨饿，儿童生活情况更是堪忧，3岁以下的孩子中约半数为发育受阻。

为提高马达加斯加农业生产能力和粮食安全水平，2018年12月，中国政府、粮农组织与马达加斯加政府签署了为期两年的《中国—粮农组织—马达加斯加南南合作项目三方协议》，明确由中国政府派出“南南合作”专家组，在杂交水稻生产、畜牧和农业综合经营等领域为马达加斯加提供技术援助。

项目实施

应马达加斯加政府要求，为支持马达加斯加“农牧渔业项目”（PSAEP）和“国别规划框架”（CPF），中国农业农村部于 2019 年 9 月选派 9 名农业专家和技术员，重点在杂交水稻生产、畜牧和农业综合经营等领域为马达加斯加提供技术援助。

中国—粮农组织—马达加斯加南南合作项目主要涉及三方主体，分别是粮农组织，马达加斯加农业、畜牧业和渔业部和中国农业农村部，由中国农业农村部选派的中国专家组负责具体实施。中国专家组分布在马达加斯加的 3 个大区和首都塔那那利佛，长期专家和技术员的派驻时间为 24 个月，后期还将有 4 名短期专家赴马达加斯加工作，每人每年派驻时间为 2 个月。

中国、粮农组织、马达加斯加三方各指定一名协调员，负责磋商、协调和监督工作进展。马达加斯加政府为中国专家组在相应领域分别匹配了合作伙伴，为其在当地开展技术指导和培训推广等活动提供支持。

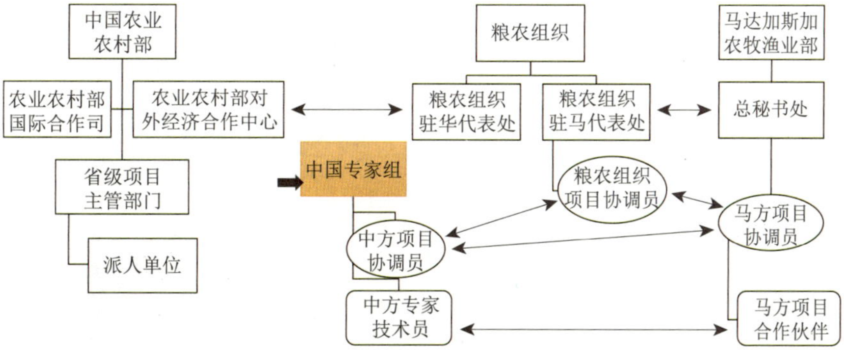

▲ 中国—粮农组织—马达加斯加南南合作项目参与者关系

成　效

1. 在种植业领域提高粮食产量

中国专家组在杂交水稻高产栽培示范和杂交水稻制种、杂交水稻病虫害植物保护、水稻收割后加工及稻米质量评估方面示范推广实用技术。其中，一批具有中国特色的杂交水稻栽培技术、农机具使用技术得到了推广和应用。

派驻马义奇项目点和安巴通德拉扎卡项目点的专家们通过指导当地农民开展杂交水稻种植、农场规划、农田管理等工作，通过技术培训、现场示范等多种方式使农民掌握了杂交水稻生产技术要领，使2021年的粮食产量从以往的2.8吨/公顷提高到10.66吨/公顷。马达加斯加农业、畜牧业和渔业部部长和粮农组织驻马达加斯加等四国总代表对2021年马达加斯加杂交水稻丰收欣喜不已，表示将加大杂交水稻种植面积，确保国家粮食丰收。

▲ 中国专家组在马义奇基地指导杂交水稻移栽技术

此外，为了推动马达加斯加农机具的使用，项目组安排了农机专业技术员，重点为马达加斯加农户讲授小型旋耕机、拖拉机、脱粒机、收割机、打米机、抽水泵、发电机的使用和维修技术。

2. 在畜牧业领域优化畜禽生产

畜牧业生产实用技术主要涉及畜禽养殖（家禽、牛、猪、小型反刍家畜等），饲料配方的改进、家禽孵化和人工授精、牧草种植与饲料加工、疫病防治等。

迪戈项目点以畜牧业生产技术推广为主。专家组对项目点内的养殖小型反刍家畜大户进行全面的基线调查，在此基础上开展定期的技术指导和答疑，为当地小型反刍家畜养殖培训中心提供技术服务。专家组计划利用氨化饲料、种植象草以解决饲料质量和旱季缺草问题，提高秸秆的营养价值，增加牲畜的可食性和适口性。2020 年 4 月，中国专家组与马达加斯加合作伙伴对示范种植的人工牧草进行了第一次收割。根据现场测产测算，1000 平方米牧草示范区单次可收割鲜草 5.4 吨，每公顷人工牧草鲜草产量为 54 吨，而马达加斯加自然生长条件每公顷牧草鲜草产量为 5 吨，牧草种植示范区人工牧草的单次产量达到了当地自然生长条件下牧草产量的 10 倍以上，基本实现了预期目标。在马达加斯加北部旱季时间长达 7 个月，按照每只羊每天需要采食牧草 4 千克计算，1 公顷人工种植的牧草可以满足当地 320 头小型反刍家畜的旱季牧草需求。人工牧草种植、加工技术的培训与推广可以有效缓解当地小型反刍家畜旱季牧草短缺的状况。

3. 在综合发展领域创新合作模式

一是传播中国发展理念。中国援外专家组在示范推广中国农业实用技术的同时，更重视传播中国农业的发展理念、发展经验，并注意提升农产品价值链、环境保护及对气候的影响等问题，更好地促进了农业新技术、新方法的推广和应用。

▲ 马义奇项目点合作伙伴丽莎（左）和琪力（右）正在播种杂交水稻

二是采用“公司 + 农户”模式。南南合作项目依托当地合作伙伴，为当地农民提供良种、农资及技术服务，同时按照合同收购农产品，搭建农户与市场之间的桥梁，为水稻种植区提供必要的物资供应与技术指导，形成以南南合作项目示范基地为龙头、梯次辐射带动当地农业发展的局面。在做好生产指导的同时，“公司 + 农户”模式又进一步拓宽了市场销售渠道，延长了农业价值链，提高了农产品的市场化水平和农民收入水平，全面提高当地农业的经济、社会与生态效益。

三是关注妇女和青年就业。在项目执行过程中，关注妇女的参与性，中国专家组选择当地农户含塔（Hanta）作为马义奇杂交水稻项目点示范对象，她参与项目的实践、播种和田间管理。此外，畜牧小组迪戈项目点的小型反刍家畜养殖示范户也安排了妇女参加示范学习。迪戈、安巴通德拉扎卡项目点的翻译和合作伙伴都是年轻女性，青年占比达75%。

真实故事

安德烈（Andre），是马达加斯加水稻主产区安巴通德拉扎卡区的一个农民。自从中国杂交水稻进入马达加斯加后，他就成了这个区域的示范户。之前他种植杂交水稻，主要依靠中国的袁氏马达加斯加农业发展有限公司为其提供杂交水稻品种，并教他如何进行成行移栽和田间管理，他种植的杂交水稻产量增加了一倍多。2020年他种了15公顷杂交水稻，每公顷的产量平均达到9吨，并且由于杂交水稻质量好，每吨可以碾出680千克大米。而若使用当地的品种，每公顷水稻产量为3吨，每吨能碾出640千克大米。杂交水稻要比当地品种的价格高出2000阿里亚里/千克（约合0.6美元/千克）。相比种植当地水稻，种植15公顷杂交水稻一年收益要多出12 600万阿里亚里（约合37 800美元）。种植杂交水稻后，安德烈发现收益可观，就扩大了种植面积。现在，他不仅种植杂交水稻，还进行杂交水稻制种。2020年，杂交水稻制种产量进一步提高，达到1.5吨/公顷。

安德烈在采访中说："中国杂交水稻品种好、产量高、收益可观，中方专家技术水平高，杂交水稻产量每公顷有望达到11吨以上。下一个季节，我会将所有水稻田全部种上杂交水稻。"

经验与启示

1. 以粮食安全为本

在新冠肺炎疫情全球肆虐、许多非洲国家粮食进口面临困难的背景下，中国—马达加斯加南南合作项目的实践证明，杂交水稻为马达加斯加粮食安全提供重要保障，为支持非洲应对粮食安全问题、实现联合国可持续发展目标中的“零饥饿”愿景增强了信心。正如马达加斯加农业、畜牧业和渔业部部长拉纳里韦卢（Fanomezantsoa Lucien Ranarivelo）在视察项目时所说：“粮食安全对于一个国家至关重要。在新冠肺炎疫情全球大流行、很多国家粮食进口面临困难的背景下，杂交水稻为马达加斯加粮食安全提供重要保障。中国的杂交水稻帮助我们缓解了粮食问题。”

2. 以需求为导向

中国—粮农组织南南合作项目坚持以东道国的需求为导向，关注东道国农业发展的实际问题，项目规划设计充分考虑东道国农业发展面临的问题和挑战，并结合东道国国家农业发展规划和中国农业发展的技术优势规划项目，以确保将中国先进实用的农业技术与东道国农业发展战略及优先发展领域紧密结合，排出技术援助的优先顺序，使中国农业技术成为东道国农业发展不可或缺的实用技术，实现合作共赢。

3. 多、双边统筹互促

积极发挥南南合作项目平台作用，统筹国际、国内两个市场，利用好国际、国内两种资源，做到整合资源、科学规划、合理布局，促进多、双边农业合作稳步、有序地推进。2007—2012 年湖南省农业科学院承担实施了援马达加斯加杂交水稻示范中心项目，2010 年 10 月袁氏马达加斯加农业发展有限公司在马达加斯加注册成立。该公司在马达加斯加深耕多年，覆盖了杂交水稻育种、制种、种植、加工、销售全产业链，已成功研发3个适合当地种植的杂交水稻组合，并完成了政府审定注册程序，为提高马达加斯加杂交水稻生产能力做出了积极贡献。该项目在设计之初即考虑袁氏马达加斯加农业发展有限公司在马达加斯加推广杂交水稻的工作基础，并依托援马达加斯加杂交水稻示范中心开展技术服务工作，极大地提升了技术援助效果。此外，在项目物资采购尚未到位的情况下，袁氏马达加斯加农业发展有限公司及时为专家组提供了杂交水稻种子和肥料，确保抓住生产季节及时开展农业生产试验示范活动，为项目的顺利开展提供了有力保障，促进中国农业技术援助效应的可持续性。

4. 强化东道国职责

与以往的双边援助项目相比，粮农组织框架下的“南南合作”是一种以联合国系统为平台的多边合作模式，涉及的利益相关方多，各方空间距离远，协调难度大。为加强各方参与，提高南南合作项目的有效性，在项目三方协议中明确了各方职责，马达加斯加在接受项目提供的技术支持同时，为项目提供必要的配套资金和物资，同时解决好各类突发性事件，为中国专家组在马达加斯加开展工作提供有力保障。此外，中方、粮农组织、马达加斯加各派出一名项目协调员，共同参与项目在实地中的管理和协调工作，建立了比较顺畅的多方合作机制，同时提高了马达加斯加人员参与国际项目管理和实施的经验与能力，大大增强了“南南合作”的有效性。

牛犊的“礼品传递”模式助力减贫

——香港小母牛云南施甸养牛扶贫案例

案例类型：产业扶贫

关键词：社区互助，肉牛养殖，礼品传递

提交机构：香港小母牛北京代表处

摘　要

此案例是香港小母牛在云南省施甸县太平镇开展的产业扶贫项目，记录和分析了香港小母牛与当地政府合作，采用乡村综合可持续发展项目运作模式，成功帮助了15个深度贫困村实现脱贫出列，实现了生计可持续发展。

该项目以肉牛养殖为切入点和基础，以建设农户互助组为核心，通过资金支持、技术培训和能力建设帮助农户提高了养殖技术，增加了他们的内在发展动力和自信心，推动了当地肉牛养殖产业基地的建设，极大地提高了农户的收入。该项目还充分发挥互助组的作用增强了社区的凝聚力，推动社区互助合作，共同致力于社区的可持续发展。此外，通过香港小母牛独有的“礼品传递模式”，受益的项目农户将收到的援助资金和所学的知识技术传递给其他有需求的贫困农户，进一步扩大了项目的扶贫影响力。

背　景

1. 香港小母牛及其北京代表处

香港小母牛是一家公益慈善机构，2000 年在香港地区注册成立，本着凝聚爱心和力量助力内地贫困乡村发展的宗旨，培育乡村新型经营主体，组织带动小农户合理利用和开发乡村资源，保护生态、发展产业、促进增收，改善乡村环境，促进乡村和谐发展。

2018 年，香港小母牛北京代表处注册成立，主要负责内地乡村扶贫和发展项目的实施与管理。香港小母牛项目重在通过礼品传递倡导“诚信友善、互助合作、和谐发展”的理念，激发农户的内生动力，培养社区自治能力，凝聚乡村的向心力，通过授人以渔让贫困农户掌握改善生计的生产生活技能，在发展经济的同时，关注社区人与人、人与自然的和谐，增强农户的获得感和幸福感。

2. 项目点的贫困状况

云南省施甸县是国家扶贫工作重点县，全县辖 13 个乡（镇），其中 6 万多贫困人口生活在干热河谷和冷凉山区。太平镇是施甸县深度贫困村比较集中连片的地区。截至 2017 年年底，全镇有 15 个深度贫困村和 1 个贫困村（脱贫不脱钩帮扶村），有 1500 多户建档立卡贫困户和 1300 多户脱贫不脱钩帮扶户，这些建档立卡贫困户分散在近 134 个自然村落里。由于太平镇的土地主要为坡地旱地，缺乏相应的水利工程设施，加之春季的季节性缺水，农业收益极不稳定。虽然部分农户经营畜牧业，但基本是散养，养殖品种仍然是当地老品种，饲养技术落后，一头牛需要养殖 2 ～ 3 年才能出栏，养殖效益低。村里妇女不能准确地讲述家庭生产情况，社区公共活动主要是男人参与。

根据2018年3月对太平镇137户农户随机抽样调查进行分析，当地农户的收入主要来源于外出务工和种植业，二者分别占39%和38%，14%的收入来自养殖业，其余为政策性补助和经济林果，户均收入37 669元，人均6590元，其中35%(48户）的农户人均收入低于4000元（2020年的脱贫标准）。

3. 项目点发展肉牛养殖产业的资源禀赋

施甸县是一个典型的山区农牧县，年平均气温17℃，年平均降雨量945毫米，有丰富的饲草资源，适宜发展草食畜牧业。2018年，施甸县政府提出建设怒江流域肉牛养殖带。一是全县可种植青绿饲料农田（地）面积达15万亩，随着三元种植结构推广、农田种草和种植高产饲料作物的兴起，可为发展草食畜牧业提供新的饲料来源。二是全县每年粮食产量在13万吨以上，可产玉米秆、稻草、蔗稍、小麦秆等秸秆29.05万吨，通过青贮、氨化饲料技术的有效推广应用，可为发展草食畜牧业提供大量质优价廉的饲料。三是全县有草场71.03万亩，大量的草山、草地是发展草食畜牧业的优质资源。四是全县有经济林果面积60万亩，可在其下发展种草面积35.9万亩。五是全县畜牧兽医技术力量较强，县乡两级共有畜牧兽医专业技术人员99人、村级防疫员130人。县、乡、村三级畜牧兽医管理和技术推广机构健全，可为畜牧业健康发展提供可靠的技术支撑。

项目实施

该项目从2018年3月开始，经历了准备、实施和完成三个阶段。充足的动员和准备活动为项目的实施打下了坚实的基础，使政府、社区甚至私营部门都能充分参与项目的实施过程，而最后的“礼品传递”又进一步帮助扩大项目的影响，保证了项目在当地的可持续性。

1. 项目立项与实施方案

2018 年 3 月，香港小母牛与施甸县人民政府共同召开项目立项会，施甸县扶贫开发办公室、施甸县农业局（2019 年更名为“施甸县农业农村局”）、太平镇负责人参会。会议决定设立并实施香港小母牛云南施甸养牛扶贫项目（以下简称“施甸项目”），由香港小母牛项目负责提供每户 1 头小母牛的购买资金，施甸县政府按 1∶1 的比例负责配套给每户购买 1 头小母牛，让项目家庭至少养殖 2 头小母牛，共同帮扶太平镇进行产业脱贫。该项目全面覆盖太平镇，并按照香港小母牛的理念和模式实施项目管理，整体推进。

会后，香港小母牛与施甸县农业局、太平镇政府会商，根据太平镇的自然资源条件、农户的生产生活情况及市、县两级产业发展规划，确定首批援助 1000 户贫困户发展肉牛养殖产业，帮扶方式为资助每户贫困农户购入良种能繁母牛 2 头开展肉牛养殖生产，实施两个保障确保农户增收。一是提供品改、料改、圈改、技改、防疫“四改一防”技术培训，保障农户养好牛；二是给能繁母牛购买养殖保险，保障农户有抗养殖风险能力。

项目分为两个阶段实施。第一阶段（2018—2020 年）的主要任务是协助太平镇实现 15 个深度贫困村全部脱贫出列，直接帮助 1000 户建档立卡贫困户通过建立饲养良种能繁母牛生产实现增收脱贫；第二阶段（2020—2021 年）的主要任务是结合施甸县的乡村振兴目标助力将太平镇建设成为乡村振兴示范点。

2. 项目团队组建与责任落实

项目团队组建以整合各方资源、形成合力，责任分工、协调合作，共同推动项目进展为目标。

（1）组建项目领导小组。施甸县人民政府成立项目领导小组，参与单位有施甸县农业局、施甸县扶贫开发办公室、施甸县财政局、施甸县审计局、施甸县林业局、施甸县水务局、施甸县环境保护局、施甸县供销社、施甸县公安局、太平镇人民政府。项目领导小组的主要职责是决策、指导和协调项目工作，每半年召开一次会议，制定目标任务、总结前期工作、计划及监测现场工作进展。

（2）组建项目执行团队。根据项目合作执行协议，项目执行团队由香港小母牛（总体统筹）、施甸县扶贫开发办公室（1000户购牛资金匹配）、施甸县农业局（产业技术支持）和太平镇政府（农户组织）的相关人员组成。该团队的主要职责是组织和带领项目农户落实项目任务，实现项目目标，每月月末召开工作会议，检查进度，制订下月活动计划。

3. 项目操作流程

（1）项目农户选择。经18个行政村统计，太平镇1500多户建档立卡贫困户中有1061户具备项目帮扶基本条件。在农户自愿报名的基础上，按照“四有”原则筛选农户，即让“有参加项目的意愿、有劳动能力、有参加学习培训的积极性、有参加互助组的愿望，并保证进行礼品传递”的农户成为项目户。

（2）项目启动与宣传培训。太平镇宣传动员培训会于2018年5月举行，项目执行团队在太平镇政府礼堂召开由项目执行团队成员、太平镇领导班子、18个村村两委班子、18个村的驻村工作队队长，太平镇各站所长参加的项目宣传培训大会，宣讲香港小母牛项目的理念、帮扶模式和方式，并要求参会人员积极协助项目执行团队把项目宣传到每个贫困户。

经村两委和驻村工作队在社区的宣传铺垫，由村两委对贫困农户进行组织，项目执行团队到每个村进行项目宣传动员培训，介绍香港小母牛及其项目运作模式。

（3）组建项目互助组。社区层面设项目社区协调员。为了加大项目实施力度，太平镇政府要求各行政村村支书为项目协调人，负责配合项目执行团队在各村进行项目宣传、技术培训，并在社区建立互助组或合作社。

互助组建设。每个行政村报名申请参加项目的农户，根据居住地就近的原则和发展意愿组成互助组，共同选出互助组长和制定小组发展规划，社区协调员负责联系和指导互助组活动。最终，1000 户初始项目户共建立了 36 个互助组。

▲ 开展妇女互助组领导力培训

妇女互助组建设。针对贫困农户对外部先进技术的接受与否在很大程度上不取决于技术本身，而取决于推广这项技术的人是否值得信任或者村里是否有人这样做并见到了效果。为了让项目团队快速获得当地农户的信任，项目团队入村即刻开展吸引妇女参加的文艺活动，通过活动把妇女组织起来，进而成立妇女互助组。截至 2021 年，项目共协助组建了 6 个妇女之家，并开展了妇女互助组领导力培训，有力助推了项目实施。

不管是通过互助组建设，还是支持妇女之家建设，既丰富了社区的文化生活，又拉近了项目团队与社区和村民的距离，项目团队获得了信任，使项目管理更高效，更为后期的合作社建设与社区可持续发展营造了氛围、培训了人才。

（4）礼品金发放与礼品传递约定。项目执行团队对报名参加项目的农户，按照贫困户和困难户优先的原则确定了首批 1000 户名单，接着对 1000 户农户进行了肉牛舍饲养殖基本知识培训，统一进行礼品金发放（香港小母牛资助的 6000 元以现金形式发放，施甸县扶贫开发办公室的 6000 元通过转账形式发放），并当场签订礼品传递协议。

（5）良繁母牛引进与培训。引进良种能繁母牛。为减少集中购畜产生的各种风险，施甸县人民政府和香港小母牛协商决定采用农户自主分散购畜的方式购畜，购畜前项目技术团队到各村组进行购畜知识培训，制定购畜标准，即新品种、体重大于 200 千克、价格超过 6000 元的母牛。当农户完成购畜后，项目执行团队对所购母牛进行验收、防疫注射，并统一购买养殖保险。

培训与入户指导。一是实施心智教育培训。扶贫先扶志，项目执行团队入村后首先开展以香港小母牛理念“诚信友善、互助合作、和谐发展”为主要内容的宣传教育，通过对社区和互助组骨干进行领导力和个人领导力培训及与互助组成员座谈，支持互助组开展活动，激发村民“我要发展”的内生动力。二是开展技术培训。对贫困农户进行技术支持与培训是项目的重要工作，也是决定项目成功与否的重要环节。为了把先进的养殖技术送到贫困农户手中，项目采取集中培训与入户指导相结合的培训方式。集中培训的目的是让农户接受新技术，并真正改善养殖管理和提升养殖效益。考虑到贫困农户的特殊性与封闭性，要让培训成效落地，经香港小母牛项目经理与技术团队的沟通，技术团队在培训内容上精挑细选，每次培训围绕1～2个主题，如如何购买健康的母牛、母牛喜欢什么样的圈舍、我们要怎么修建或改造圈舍才能让牛生长得更好、母牛发情有什么症状、什么时候进行人工输精最好、母牛不怀孕的原因等。集中培训前先到农户家进行走访，然后根据农户在养殖方面的问题进行有针对性的培训讲解。项目在为农户提供技术培训的时候，注重推广环境友好型养殖技术（如舍饲养殖技术、养殖粪污处理、牧草种植与加工等），在推动养殖发展的同时保护社区环境。入户指导。项目团队人员在培训前会入户了解农户的需求，培训后也要入户查看农户接受培训的情况，同时每半年入户一次，全面了解掌握项目农户的生产情况，还会了解农户在生产生活中遇到的问题，并给予力所能及的建议和指导。在这个过程中，农户不仅能得到项目给予的支持，而且感受到来自项目的关爱。

（6）礼品传递。按照香港小母牛项目礼品传递的要求，首批受援户完成一个生产周期后，要向第二轮项目户传递礼品（小母牛或礼品金）。根据能繁母牛的饲养周期，农户购买1岁以上小母牛后饲养一段时间即可配种，1年后可以实现产犊，牛犊3～6个月出售，所以礼品传递周期定为1.5年。2018年6月发放礼品的首批项目户，截至2021年10月2000户项目农户全部完成礼品传递，扶贫的倍增效益在项目区得到体现，有力助推了太平镇脱贫出列。

▲ 青贮饲料加工技术培训

成　效

1. 唤醒农户“我要脱贫”的自主发展意识

在实施项目的过程中积极调动和发挥农户的主体作用，绝不大包大揽。小母牛选择社区项目初始农户的标准是认可小母牛项目理念，承诺传递礼品帮助他人，愿意参加互助组，积极参与互助组和社区组织的活动，承诺改善畜牧管理，提高畜群质量，增加经济效益。通过提供中华传统文化、领导力、互助组能力建设等不同形式的培训，与互助组成员座谈，支持互助组开展活动，提供各方面信息点燃农户发展的希望，唤醒激发村民“我要脱贫”的内生动力，凝聚健康发展的正能量，社区成员互助合作，共建和谐文明社区，并有效改变了以前

“等、靠、要”“搭便车”等习惯性想法和做法。

项目还调动了社区妇女的能动性，通过妇女互助组的建设和妇女活动之家的运行，丰富了社区文化活动，充分发挥妇女在促进社区综合发展方面的作用。

2. 极大提高了农户的生产能力和收益

项目通过集中培训和入户指导，把养牛技术送到贫困农户手中。截至 2021 年 12 月，项目共开展培训 506 场次，培训农户 17 677 人次，入户技术指导 2008 场次，服务农户 6556 人次。掌握和应用先进的肉牛生产繁育技术的小农户，在互助组的带动下良繁优产，肉牛人工配种率、怀孕母牛数、产犊数及存栏量和出栏率均大幅度提高；肉牛品种实现了全改良，青贮饲料加工从无到有，2021 年太平镇加工制作青贮饲料超过 1 万吨，户均生产能力大幅度增强。

截至 2021 年年底，项目援助的 2000 户农户，肉牛存栏 5384 头，其中饲养母牛达 2953 头，4 年来配种达 5688 头次，怀孕达 5249 头次，产犊 4981 头，成活 4899 头，现已销售 3167 头，实现销售收入 2656.868 万元，户均增收超过 1.3 万元。项目不仅帮助农户顺利脱贫，而且带领农户找到了一条适合自己的产业发展之路。

3. 创新扶贫方式，成功实现小农生产向规模化商品生产的转变

项目一改过去聚焦单家独户的点状扶贫方式，采用整乡推进、千户成片、“集腋成裘”的区域扶贫策略，通过互助组或合作社将上千户小农户组织成一个生产平台，把每户 2 ～ 3 头肉牛的小生产串联成千户数千头肉牛的规模生产，加之随着生产周期更迭而实施的“礼品传递”，进一步扩大生产规模，进而成功推进和实现了小农生产向规模化商品生产的转变，成

功打造并创建施甸县肉牛养殖产业基地，有力支撑了全县肉牛产业发展。

项目不但极大地推进了太平镇肉牛业的产业化和商品化生产，而且为建设肉牛屠宰企业、完善产业链、提升价值链，实现施甸县肉牛产业提档升级打下坚实的基础。

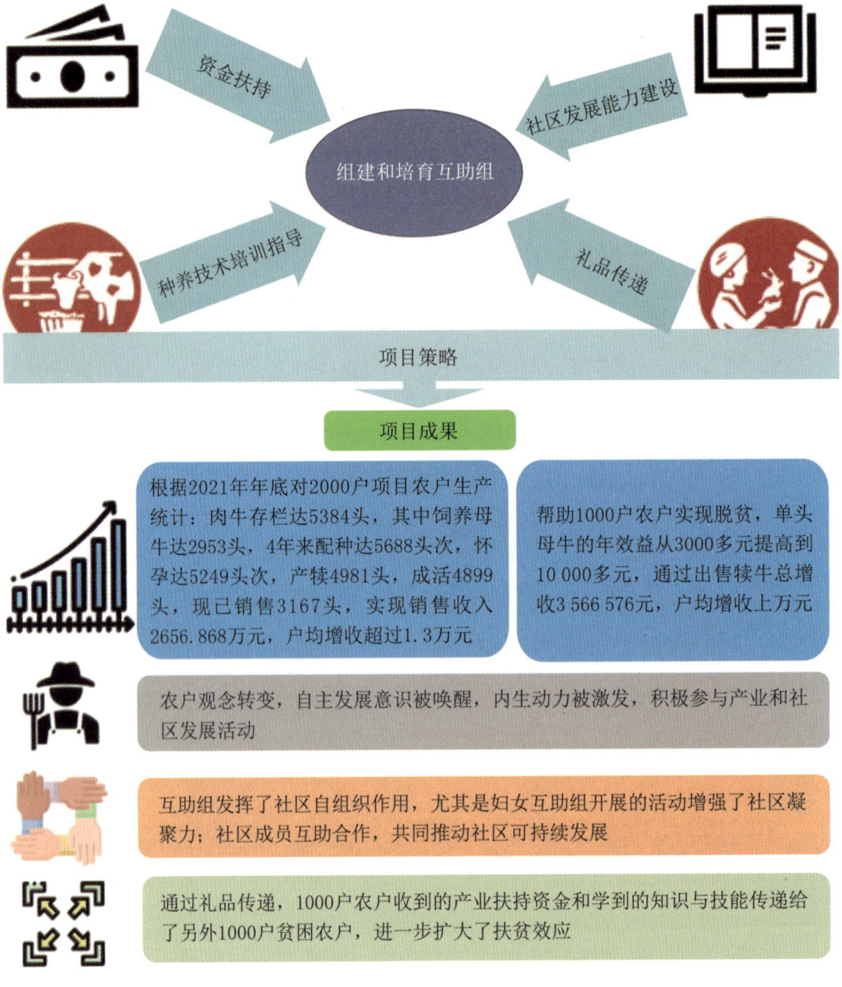

▲ 项目策略及其成果

4. 礼品传递增强了项目农户的自信心，促进了社区和谐

礼品传递是香港小母牛确保项目可持续发展的重要而独特的发展策略。施甸项目的首批项目农户按时 100% 完成礼品

传递，很令人感动。正如农户所说："香港捐赠者给我们的不是钱，而是爱心，我们也应该尽快地将这种爱心传递下去。"

"礼品传递"的方式，一方面让给予者获得巨大的自尊，另一方面也让接受者充满感激。这个过程让越来越多的家庭受益，让爱心、资源、知识和技能在社区中实现倍增传递，有效放大了项目的辐射带动效应，既弘扬了互帮互助的中华传统文化，又提升了项目农户的诚信意识和责任感。同时，通过互助组开展活动、文化交流等，促进了社区的和谐发展。

5. 实现香港小母牛与当地政府的良好互动、合作双赢

香港小母牛项目团队与当地政府实现良好合作，形成强大合力，共同帮助太平镇 15 个深度贫困村和 1 个贫困村 1000 户建档立卡贫困户成功实现产业脱贫。项目按照小母牛的扶贫理念和模式实施，相当于政府不花钱请小母牛这个"倒贴钱"的第三方管理使用政府和社会扶贫资金，其结果是壮大了扶贫力量。一方面是小母牛扶贫项目有政府的支持，实施有保障；另一方面是政府的扶贫资金取得了 1+1>2 的结果，极大提高了双方的工作效率和资金使用效益，双方都是赢家。

真实故事

2018 年 5 月，建档立卡贫困户颜数白家成为香港小母牛项目的帮扶对象，发展肉牛，走上脱贫致富路。

颜数白抓住小母牛项目的机会，把自己家原来饲养的 3 头价值 10 000 元的老品种黄牛卖了，加上项目资金 12 000 元，用 22 000 元购买了 2 头怀孕西门塔尔杂交牛。饲养期间，他积极参加培训，思想和饲养技能均得到了提升。两头杂交母牛在他的精心饲养下，顺利产犊

2 头，4 个月后 2 头小牛出售卖得 14 800 元。颜数白手上数着钱，心里乐开了花。

经验与启示

1. 选择正确的帮扶产业是项目成功的前提条件

施甸项目选定良种能繁母牛养殖作为帮扶产业是非常正确的。该决定来自小母牛认真细致的基线调查和市场分析及合作各方的充分交流商讨，良种能繁母牛养殖既符合太平镇当地的资源禀赋，又适合农户的生产条件，也符合市场的需求。

2. 激发村民的内生动力是项目成功的根本原因

项目通过组建互助组，凝聚社区力量；协助成立“妇女之家”，让村庄听得到歌舞声；通过文化培训，社区制定卫生管理制度，以及礼品传递增强村民脱贫与发展的自信心。这些举措都在潜移默化地转变村民的观念，在村民内心积聚了“我要脱贫、我要发展、我助人我光荣”的正能量，进而成为推动项目发展的根本动力。

3.“授人以渔”，提高村民生产生活技能是项目成功的基本保障

中国有句古话：“授人以鱼，不如授人以渔。”这与香港小母牛的理念不谋而合。香港小母牛项目的初衷并不是单纯给农户送牛，而是通过传授知识和技能帮助农户自力更生、摆脱贫穷。在项目实施过程中，小母牛项目执行团队整合施甸县农牧局、北京和云南的畜牧专家，通过对受援农户开展包括更新观念、提升能力、激发潜能、采用先进技术等一系列培训，帮助他们树立正确的观念和理念、学习先进的饲养技术、学会与

市场链接及其他各种服务，从而使项目农户在正确的时间做正确的事情，最终达到增加收益、提升绩效的目的。

4. 获得当地政府的支持是项目成功的关键

政府主导，社会助力，充分发挥农户的主体作用是脱贫攻坚的基本格局。施甸项目参与方香港小母牛、施甸县人民政府、施甸县扶贫开发办公室、施甸县农业局、施甸县财政局、太平镇人民政府始终都能做到站位正确、各负其责、各尽所能，关键是施甸县人民政府在项目实施的整个过程中发挥了积极的主导作用，使多个部门能协作联动，心往一处想、劲儿往一处使，形成合力，进而推动项目顺利实施。

2020 年，施甸县政府安排了 1000 万元的产业发展资金，要求按照香港小母牛乡村综合可持续发展项目模式来扶持农户发展产业，巩固和发展脱贫成果，保障各贫困村脱贫不返贫。

现代农业平台为农业发展提供全程解决方案

——中化现代农业有限公司在内蒙古自治区阿鲁科尔沁旗的甜菜产业扶贫实践

案例类型：产业扶贫

关键词：内蒙古，MAP 扶贫模式，甜菜产业

提交机构：中化现代农业有限公司

摘　要

阿鲁科尔沁旗（以下简称“阿旗”）隶属于内蒙古自治区赤峰市，地处内蒙古东部，曾是国家级贫困县，农业自然灾害频发，基础设施投入不足，产业发展条件落后。糖业是当地农业的支柱产业之一，甜菜种植面积 20 万亩，产业模式传统、种植管理粗放，甜菜在产量与品质方面较差。

在 2018 年试验成功的基础上，2019 年中国中化集团有限公司（以下简称“中化集团”）下属的中化现代农业有限公司（以下简称“中化农业”）进一步在阿旗推动 MAP（Modern Agriculture Platform）产业扶贫，采用“政府 + MAP + 农民合作社 + 糖厂”模式，由中化农业 MAP 组织产销对接并提供全程服务，政府以村为单位组建农民合作社，糖厂提供甜菜订单，专业分工、各司其职。MAP 产业扶贫模式既通过“做给农民看、带着农民干、领着农民赚”帮助农户实现提质增收，又使糖厂等品质农产品加工销售企业获得高产、高糖、均一、稳

定的原材料供应，实现“种出好品质、卖出好价钱”，同时推进地方经济发展和脱贫攻坚，最终实现各方共赢及农业产业可持续发展。2020 年，MAP 扶贫模式在阿旗的产业扶贫项目为 6 家农民合作社（涉及农户 774 户，其中贫困户 135 户）5970 亩甜菜提供全程服务，实现亩均成本降低 82.5 元，产量增加 800 千克以上，甜菜含糖量普遍提高 1 ～ 2 个百分点，实现亩均增收 400 元 / 年、户均增收 4320 元 / 年、整体增收 280 万元 / 年。

中化农业摸索出的订单化、专业化、平台化、可持续发展的农业产业 MAP 扶贫模式，截至 2020 年上半年已在全国 28 个省（区）、379 个县（市）、780 万亩耕地落地生根，支农惠农近 4 万农户，服务数百个用粮企业和生鲜卖场，平均帮助农民提高综合收益超过 15%，2019 年实现粮食增产 2.4 亿千克，带动农户增收超过 15 亿元。其中，中化农业 MAP 扶贫模式服务覆盖 64 个贫困地区，服务种植面积 104 万亩，年增收 2 亿元。

背　景

阿旗常年旱灾多发，年降雨量仅 350 毫米左右，春旱发生率 90%，夏旱发生率 50%。虽然一直以来农业是当地的主导产业，但受科技含量低、土地碎片化程度高等因素制约，加之农业基础设施投入不足、旱灾应对能力薄弱、贫困户种植技术缺乏等条件影响，阿旗农业产业“靠天吃饭”问题较为突出。

甜菜是阿旗的主要经济作物，当地主要产业模式为“糖厂 + 农户”的传统模式，在这种传统模式下农民因为缺少现代农业技术体系支撑，种植的甜菜在产量和品质上都相对较差。2018 年，阿旗甜菜种植平均每亩产量仅为 2.7 吨，加上种植规模化程度低、投入成本高，且各家各户种出来的甜菜品质参差不齐，对糖厂的收储工作造成了极大影响。糖厂与农户之间的合作关系松散、稳定性差，给农户，尤其是各方面发展条件更差的贫困户造成了很大的风险，种出的甜菜卖不出去或价格过低，甚至出现有的贫困户越种越贫的情况。2019 年，当地建档立卡贫困户 717 户 1522 人，年人均收入不足 3700 元。

2018 年，中化农业正式进驻阿旗，建设现代化 MAP 技术服务中心和标准化 MAP 示范农场，建立了一支高素质的甜菜技术推广团队，搭建“政府 + MAP + 农民合作社 + 糖厂”新模式，采用中化农业 MAP 现代农业服务全程解决方案，运用数字农业技术发展阿旗的甜菜产业，帮助贫困人口摆脱贫困。

项目实施

1. 与当地政府共建联合工作组

为更好地推进脱贫攻坚、乡村振兴等核心工作，结合阿旗农业生产痛点及发展需求，中化农业与阿旗天山镇、双胜镇、先锋乡等 3 个乡镇 12 个村成立联合工作组，起草工作章程，以“共建共荣、创新机制、引领发展、共享共赢”为原则，通过土地整理、水利改造等多项措施，将整村土地集约化、规模化，统一规划种植，并由政府组织以村为单位成立农业合作社进行统一经营。贫困户以土地入股或土地流转形式参与农民合作社，依托中化农业 MAP 扶贫模式，以“种出好品质、卖出好价钱”为核心理念，以“高产高糖、利农利企”为发展目标，通过科学种植、创新管理，帮助农民合作社发展甜菜产业、壮大集体经济，让农户在脱贫之后具备持续“造血”能力，实现贫困户持续增收，最终使阿旗走上可持续发展的产业脱贫之路。

2. 与制糖企业开展订单农业合作

中化农业与阿旗凌云海糖业科技集团有限公司（以下简称“凌云海公司”）合作，为阿旗农民开展订单农业服务。阿旗凌云海公司年产糖 6.2 万吨，甜菜原料需求 100 万吨，所需种植甜菜 30 万亩以上。中化农业搭建阿旗凌云海公司与农民合作社之间的桥梁，通过“先进技术 + 过硬产品 + 全程服务”保障订单企业与专业生产之间的密切合作，实现甜菜订单种植落地。

中化农业与凌云海公司共同确定甜菜订单及原料品质的要求指标，MAP 模式提供从种植到收获全过程的种植服务，并组织农民合作社进行订单生产。

3. 建设运营 MAP 技术服务中心

中化集团为促进阿旗地区农业现代化发展，投资约 2500 万元建设 MAP 阿鲁科尔沁旗农业技术服务中心，专业、敬业的

▲ 中化农业建设的 MAP 阿旗农业技术服务中心

11名Mapper农艺师驻点乡村、扎根地头，全年开展为农服务，进行种植方案制订、品种筛选、全程做好营养和植保服务及免费农技培训和全程田间指导，保障MAP现代农业全程解决方案推广落地，实现“种出好品质”的目标。2019年，中化农业MAP与当地政府合作共同推进组建5个村（八方村、新建村、红星村、房身村、天山村）农业合作社，土地集约化种植面积合计5970亩，涉及农户774户，其中带动贫困户135户。

4. 提供全程甜菜种植解决方案服务

MAP阿旗农业技术服务中心为当地农民合作社提供全程甜菜种植解决方案服务，包括品种筛选、作物营养方案制订、作物植保套餐方案制订、贫困户种植技术培训。

（1）筛选优质品种。MAP通过对甜菜品种多年试验积累，根据阿旗自然生态和气候特点，为农民合作社选择了丰产高糖型甜菜品种SD13829，既保证了种植户的产量，又保证了糖厂的含糖率。

（2）定制科学的作物营养方案。MAP通过对各农民合作社不同地块土样检测结果及甜菜作物对养分的需求进行分析，为农户制订科学的全程作物营养方案，根据全程作物营养方案生产定制化的底肥和追肥产品。同时，使用专用撒肥机械设备将底肥配送到田间地头，并实施精准撒肥服务。追肥全部采用液体追肥，根据植株检测及后期土壤检测结果制订科学合理的液体追肥方案，通过专用槽车配送至田间储肥罐，指导农民合作社按照要求完成浇水追肥作业。通过MAP定制化作业营养服务，农民合作社大大节省了人工成本和时间成本，也减少了传统模式中肥料搬运、装卸、拆包等环节，降低了人员的劳动强度。更重要的是，通过精准配肥和施肥，有效提高了作物对肥料养分的吸收率，提高了肥料利用率，减少了农业面源污染。

（3）定制科学的植保套餐方案。根据不同地块历年的病虫害发生情况，MAP 阿旗农业技术服务中心制订科学的植保套餐方案，针对不同阶段农药产品的使用时间、使用量、打药方式等制定明确而标准的操作规程，保证除草、防病、防虫效果。所有技术方案在实施过程中，MAP 中心农艺师全程跟踪指导并记录相关数据，提高农民合作社人员的操作水平，避免因操作不正确、不及时而对作物生长产生不良影响，同时进行种植数据积累。

（4）对贫困户进行种植培训及田间指导。MAP 阿旗农业技术服务中心配建高标准多媒体培训教室，Mapper 农艺师结合生产服务实践，利用培训教室和 MAP 示范农场，在甜菜种植的关键节点聘请国内知名专家对贫困户进行种植技术培训，通过面对面讲解和亲自教学将他们的研究成果传授给农民。同时，拥有丰富经验的 Mapper 农艺师团队驻扎在 MAP 阿旗农业技术服务中心，为贫困户随时提供田间指导和技术咨询服务，在甜菜种植的整个过程中提供指导。在 Mapper 农艺师团队的指导下，当地农民和贫困家庭研究并掌握了一套甜菜种植的方法与有效技术。

（5）提供数字农业解决方案。MAP 自主开发搭建的数字农业平台—— MAP 智慧农业系统，通过数字化手段赋能种植端，优化传统生产种植方式，提高农业生产管理效率，推进农业现代化转型，同时提高一线农业服务管理效率，建立数字化的农业服务平台。

农户和 Mapper 农艺师团队只需登录 MAP 智农手机客户端，甜菜种植地块的位置、面积便一目了然，手指轻轻点击目标地块，就会显示甜菜的遥感图像，根据遥感图像的颜色等差异，可以判断甜菜长势和病害情况，并据此及时做出有针对性的决策；点击天气预报功能模块，还会显示未来48小时精准的气象信息和未来15天的气象预报，掌握田间积温度、湿度情况，帮助及时调整作业时间。借助MAP智农手机客户端，可以实现“看天看地看作物、管人管事管经营”，一个Mapper农艺师就能巡查5000亩以上的土地，农户都说种地好像有了“千里眼”。

与此同时，线上线下相结合的模式提供了海量真实的一手数据，可以为建立作物种植模型、构建分级决策系统、搭建农业保险模型等提供有力的数据支撑，精准指导农事活动，最终实现减肥减药的同时，提高农产品质量、降低种植风险。

成　效

中化农业通过服务阿旗甜菜种植带动当地农户土地集约，并由MAP阿旗农业技术服务中心提供轮作倒茬作物种植方案设计、全程综合服务，推动了阿旗农业的可持续发展，通过中化农业MAP农场带动农户致富。

▲ 农户对MAP服务种植的甜菜非常满意

1. 直接提高当地农户收益

按照传统种植方式，农户自己购买种子、化肥、农药，自己请农机作业，甜菜种植成本为510元/亩，产量一般在3吨左右（2018年平均产量2.7吨）。2019年与中化农业MAP合作，使用MAP提供的“甜菜种子筛选+全程作物营养+全程植保套餐+全程技术跟踪”套餐式综合服务，费用427.5元/亩，投入成本节省了82.5元/亩。产量方面，MAP服务的贫困户甜菜平均产量将近4吨（3.97吨），亩均增产800千克以上，甜菜含糖率比以往提高1～2个百分点，帮助贫困户每亩增加收益400元。从整体来看，MAP阿旗农业技术服务中心为6家合作社5970亩甜菜提供服务，合计增加贫困户收益280万元，户均增收4320元。以上仅为土地收入，除此之外，贫困户花在地头的时间大大减少，还可在农民合作社务工，合计增加务工费用收入约200万元。

2. 激发当地农户干事创业的内生动力

以点带面，MAP农场示范带动农民合作社和种植大户提高了种植本领，增强农户的自我发展能力。以阿旗天山镇新平村为例，现有MAP农场培养致富带头人9名、技术人员20名。农民合作社已经发展农机组、田管组等多个小组，服务面积2000多亩。除了分红，农民合作社纯收入的5%给村集体，5%用于扶贫，5%用来防止返贫。2019年，新平村的贫困发生率降为0.3%，在全旗245个嘎查村率先整村脱贫。

3. 实现了农业可持续发展

MAP项目在实施过程继续秉承可持续发展理念，坚持“一控两减三基本”的发展目标。“一控”，即控制农业用水总量和水环境污染；“两减”，即减少化肥、农药使用量；“三基本”，即畜禽粪污、农膜、农化物秸秆基本得到资源化、综合循环再利用和无害化处理。通过优化种植结构、科学制订生产方案、组织订单化生产，MAP在当地有效提高了农业生产效率，增加了农民种植收益的同时，帮助保护耕地环境、降低了碳排放量。

4. 形成了可复制、推广的MAP模式

中化农业的MPA扶贫模式具有很强的可复制性和推广性，在全国得到了良好的验证。截至2020年5月，中化农业已在全国建设运营246个MAP农业技术服务中心、275个MAP农场，涵盖稻谷、小麦、玉米等主粮作物及果蔬等经济作物和棉花、苜蓿、甜菜等地方特色农作物，在全国28个省（区）、379个县（市）实现运营，开发挂牌768家MAP乡村服务站，1216名Mapper农艺师为780万亩耕地提供现代农业综合服务，年开展高素质农民培训12万人次，联农带农近4万户，服务数百个用粮企业和生鲜卖场，平均帮助农民提高综合收益超过15%，全年实现粮食增产2.4亿千克，带动农户增收超过15亿元。通过MAP智慧农业系统为全国3083万亩耕地和24万农户提供免费遥感、农业气象和病虫害预警服务，让农业种植从“靠天吃饭”转变为“知天而作”。

真实故事

郭亚强是阿鲁科尔沁旗天山镇新平村的一位农民。前些年，他撇下家里30多亩地，被迫走出家乡到镇上开出租车，到工地搬砖。郭亚强无奈地说：“一半地浇不上水，土里刨不出来收成，日子苦怕了。”后来，郭亚强回家办事，在村里、田里转了一圈，决定不走了。

原来，中化农业在新平村设立了定点帮扶项目，作为中国最大的农业投入品供应商及领先的现代农业综合服务平台运营商，以农业生产托管为核心，汇集全球科技，专注本土服务，为中国农业现代化提供先进解决方案。通过 MAP 服务引领，全村土地生产托管面积 4200 亩，基本实现“村里土地连成片，大型机器到处跑，效益提高不少”。

和很多村民一样，郭亚强也把自家土地全部入股农民合作社，家里也种起了绿油油的甜菜。前段收获一算账，他很满意，因为通过 MAP 服务与当地糖厂开展了订单合作，产销对接、秋收兜底，农户“放心种、安心收”。一亩地产 3.5 吨，比农户种植节省了 71.5 元，一吨能卖 570 元，比传统种植模式增加 400 元 / 亩，增收 4000 多元。郭亚强与 MAP 一起种甜菜，钱赚得安安稳稳。与此同时，郭亚强还成了专业农机手，带头给他人种地，不仅能拿分红，每个月还有 4000 多元工资，比打工赚的多了不少。以前，常年不在家的郭亚强现在能踏实地在家乡工作，不仅解决了经济收入的贫困问题，而且解决了当地农村普遍存在的家庭情感生活的贫困问题。

经验与启示

1. 在阿旗的“政府 +MAP+ 农民合作社 + 糖厂”模式

中化农业通过搭建 MAP 平台，在当地打通了甜菜产业的上下游，实现带动贫困农民增收。

模式中各方主体发挥各自优势，形成有机合力。政府负责组织贫困户入股建立农民合作社，整合土地；中化农业 MAP

负责提供甜菜从种植到收获全过程的种植服务，帮助农民种出好品质，同时搭建甜菜收购订单对接平台；农民合作社负责农场的日常管理与运营；糖厂提供品质甜菜订单，通过 MAP 保障甜菜原料供应稳定、糖分高、品质均一。“政府 + MAP + 农民合作社 + 糖厂”做到了专业分工、各司其职，共同为贫困农户服务。

从贫困户角度看，通过规模化、集约化的种植方式提高了种植效率，测土配方施肥、水肥一体化等新技术的引进减少化肥使用的同时，提高了种植甜菜的品质，帮助贫困户实现降本增收。而 MAP 平台吸引来的甜菜收购订单让贫困户大大减少了种植风险，能够放心大胆地种甜菜，没有了后顾之忧，贫困户分享土地租金、劳动报酬及合作分红“三重”收益，大大增加了收入。对贫困户扶贫扶智，真正使贫困户长久地脱离贫困。对糖厂来说，收购的甜菜的品质提高了、品质稳定了、供应稳定了，也能大大节省成本，带动了当地农业产业可持续发展。

2. 在中国的“政府 + MAP + 农民组织 + 用粮企业”模式

中化农业产业扶贫的模式不局限于内蒙古和甜菜，这种“政府 + MAP + 农民组织 + 用粮企业”的扶贫模式充分调动各方积极性，有效解决了农业产业发展过程中政府缺抓手、农民缺服务、农业缺订单、产业缺平台的突出问题，同样适用于其他地区和作物，具有较强的推广价值，对农业产业的扶贫、推动农业现代化进程和新型农业经营体系构建具有重要的探索价值和实践意义。

一是在农业经营效益提升方面，通过推行科学的种植方案和高性价比的农业生产资料，MAP 模式较普通种植模式可实现种植环节降本增收 15% 以上，较好地帮助了农业生产者特别是普通农户实现了增产增收，有利于实现精准扶贫的工作目标。

二是在现代农业转型升级方面，通过新型农机和农技推广、智慧农业管理技术应用和农业金融支持，帮助规模种植户在扩大种植面积的同时提升种植效益，可以助推新型农业经营主体培育和现代农业生产示范区的打造。

三是在特色农产品品牌打造方面，针对部分优势区域特色农产品，通过规模化生产并组织对接下游订单，可以更多地打造地方特色农产品品牌，帮助农户进一步实现优质优价，从而实现既增产又增收，加快推动农业供给侧结构性改革。

四是在农业生态保护方面，通过减量施用化肥农药、推广节水农业和秸秆还田等技术，可以最大限度地减少农业生产对环境的影响，实现对绿水青山的保护。

五是在农产安全保障方面，通过提供粮食烘干和闭环收储等服务，可以有效缓解在粮食收获季常见的“晾晒难”和“地趴粮”等顽疾，提高农产品品质安全并最终提升食品的安全水平。

脆弱性群体

助力农村义务教育高质量发展

——中国与联合国儿童基金会的爱生学校项目

案例类型：教育减贫

关键词：义务教育，教育公平，教师培训，校长培训

提交机构：联合国儿童基金会

摘　要

爱生学校项目是联合国儿童基金会与中国政府合作的重要成果，推动了中国贫困和边远地区义务教育的普及和提高，为中国乃至世界的教育减贫工作做出重要贡献。在教育部和县级相关部门等的支持下，该项目在我国重庆、甘肃、广西、贵州、内蒙古、宁夏、四川、陕西、青海、新疆、西藏和云南等12个省（区、市）的80余个国家级、省级贫困县进行了广泛多样化的实践。

该项目实施跨越两个项目合作周期，共计10年，具体内容有：2001—2005年，在西部3个省7个县的72所学校进行试点，并在12个省（区）50个国家级贫困县的500所学校进行校长管理能力提升，为试点奠定基础；2006—2010年，聚焦爱生学校试点和中国爱生学校标准建设，在10个省20个县的1665所农村学校进行深入试点，使其学校氛围、儿童风貌、教师教学理念、教学方法和管理者的办学水平等发生显著变化。该项目不仅助力了中国农村地区特别是贫困地区义务教育

公平而有质量地普及与提高，也为其他发展中国家及地区在提高基础教育质量方面提供了可借鉴的经验和成果。

背　景

1. 基本情况及面临的问题

提高人口素质、发展经济、促进社会进步与现代化建设是中国自改革开放以来的重要国策。为推动中国从农业人口大国迈向工业和科技现代化的新型国家，教育的基础性和推动作用受到了高度重视。从1986年《中华人民共和国义务教育法》的颁布实施到2000年义务教育实现了历史性跨越，在占全国总人口85%的地区如期实现了基本普及九年义务教育和基本扫除青壮年文盲（“两基”）的预期目标。然而，在西部特别是边远、贫困的农村和少数民族地区，义务教育的普及在供和求两方面仍然存在巨大的困难和差距。农村义务教育的师资质量低、资源匮乏、观念陈旧、管理模式和对质量的评价模式单一，贫困家庭仍要负担一定的教育费用。农村和贫困家庭的儿童在享受最基本的教育方面还存在障碍。西部地区小学及初中学龄儿童的入学率低于全国平均水平。在平等入学方面，女童入学率低，在最贫困和边远地区女童的辍学率高于男童，女童完成小学六年义务教育的比例也低于男童。

2. 项目的主要内容

中国政府一方面继续加大对农村义务教育的投入，坚持“两基”重中之重的战略地位；另一方面也通过国际合作，学习和借鉴先进的国际理念和经验，寻找在实践与制度上加速农村义务教育全面普及和发展之路。在这样的背景下，联合国儿童基金会在全球范围内倡导的爱生学校于2001年被引入中国，并成为中华人民共和国教育部（以下简称“教育部”）与联合国儿童基金会在2001—2005年到2006—2010年两个合作周期中以促进农村义务教育普及和提高为目标的基础教育项目的主线及核心内容。在项目实施的10年里，通过试点示范和标准引领，积极助力农村义务教育公平而有质量地普及与提高。

项目实施

1. 项目参与机构

教育部教育督导局（包括国际合作与交流司、基础教育司、教师工作司、人事司、体育卫生与艺术司、教育发展规划司等）与联合国儿童基金会是在国家一级的主要合作伙伴。联合国儿童基金会保证项目经费和引入先进国际理念及经验，并与教育部各司局共同制订项目实施计划。教育部各司局承担项目的相应监管职责。项目试点地区的省、市、县、校有关部门和人员是实施的主体，并对项目的成效起到关键作用。各级专业机构或个人，如高校、省级、县级教师培训部门及专家学者，为项目提供了技术支持。

2. 项目内容和实施安排

（1）项目的活动内容。2001—2005年，爱生学校项目以试点为主，通过教师培训改变师生关系、营造互动式的教学氛围；通过校长培训创新学校的管理方式，为在更大范围的项目实施奠定基础。2006—2010年，项目兼顾深化试点和标准制定，扩大了试点地区和试点内容，强调全方位改善学校氛围与环境，保障儿童在入学、学习过程、师生关系、家校关系和学校生活中的平等、全纳、积极参与和有效学习；把爱生学校理念扩大到“爱生”与“爱师”并重，凸显教师在建设爱生学校中的重要作用；把标准制订纳入联合国儿童基金会与教育部的合作计划，多渠道扩大爱生学校的影响。

（2）组织安排和实施期限。在实施过程中，中国政府与联合国儿童基金会联合制订的《项目实施手册》成为双方共同推进项目的指南，包括年度计划的启动，资金的申请、拨付、监管，项目活动的报告、年终的评估审议及下一个年度计划的调整。双方也注重基线调研、中期评估、终期总结和成果宣传，并将其列入年度计划加以执行。

项目实施共计 10 年，包括 2001—2005 年和 2006—2010 年两个项目合作周期。

（3）项目覆盖的地域范围。项目实施范围主要集中在重庆、甘肃、广西、贵州、内蒙古、宁夏、四川、陕西、青海、新疆、西藏和云南等西部 12 个省（区）的 80 余个国家级、省级贫困县。

（4）各方投入资金。根据教育部与联合国儿童基金会 2001—2005 年和 2006—2010 年《教育与儿童发展合作方案》预算测算，联合国儿童基金会在 2001—2005 年“促进西部地区有质量的基础教育”和 2006—2010 年“爱生学校与学习者质量”两个相关项目上的资金投入约 1500 万美元，爱生学校试点和标准开发与试行的经费在其中得到保障。教育部及地方合作伙伴的资金投入以负责组织实施、配备专职工作人员承担项目日常管理等形式来体现。

3. 项目实施与发展过程

2001—2005 年，教育部师范教育司（后更名为“教师工作司”）与联合国儿童基金会合作，从 2001 年开始在西部 3 省 7 县的 72 所县中心校和乡村小学进行爱生学校试点；教育部人事司与联合国儿童基金会合作，在西部 12 个省（区）50 个国家级贫困县的500所农村中小学通过创新“学校发展计划”的制订和实施，提升校长的管理能力，为爱生学校的大面积试点奠定基础。

2006—2010年，爱生学校项目围绕不同环境下爱生学校的试点和标准建设展开。

2006年9月启动标准编制工作，2008年3月完成标准试行文本定稿；在重庆、甘肃、广西、贵州、内蒙古、宁夏、青海、新疆、西藏和云南等西部10个省（区、市）20个县的1665所农村学校（其中包括237所少数民族儿童为主的学校和590个教学点）进行了爱生学校的深入试点，学校的氛围、儿童的风貌、教师的教学理念、教学方法和管理者的办学水平都发生了显著变化。

▲ 爱生学校项目改善西部农村学校教学方式（由联合国儿童基金会提供）

4. 实施方法

爱生学校项目坚持深入实际、实地调研、找准问题，确定可实现的项目目标和切实可行的项目支持措施；坚持国际视野、本土行动，重视在试点示范过程中的能力建设、观念更新、教师和校长专业能力的提升与激励，以及项目的可持续性；注重实施过程中的研究、监测、知识积累和政策影响；主动吸纳新知识，加强项目实施过程中的经验交流与分享。

成　效

1. 提供高质量的培训资源

爱生学校项目形成了一大批高质量的培训资源，包括《爱生学校教师培训手册》《爱生学校儿童参与指导手册》《爱生学校校长培训手册》《爱生学校发展规划指南》《有效教学实施指南》等，为爱生学校的推广奠定了坚实的基础。项目开展10年里，累计覆盖各类农村中小学校约2500所，直接培训教师和校长达10万人次。爱生学校的理念在项目实施地区获得了高度的认同和支持，很多人后来成为能够直接指导爱生学校实践的骨干。在国家和地方层面，许多从项目中成长起来的专业骨干仍然活跃在管理、教学和培训岗位上，继续传承着爱生学校的理念和实践。连续两年开展的"爱生学校项目影响力"调研结果表明：试点学校对爱生理念的认识逐年提高；教师教与学生学的有效性明显改善，学生对学校的归属感明显增强；85%的项目学校能够围绕爱生学校标准改进学校，全纳、安全、儿童权利、儿童参与成为项目学校发展计划中的重要内容。

2. 形成指南，建立标准

2009年12月，《中国爱生学校标准（试行）》定稿，由教育部基础教育司通过组织爱生学校经验交流现场会向全国31个省（自治区、直辖市）推介，作为在项目地区及更大范围内的非项目地区促进学校改进和区域教育公平而有质量发展的指南。2011 年 9 月，除原参与项目的西部省区继续推广使用该标准外，北京市海淀区、辽宁省沈阳市、河北省井陉县、甘肃省兰州市、山东省济南市天桥区等多个非项目市、区、县在 200 多所中小学中推广爱生学校经验。编制完成的标准由“愿景”“维度”“领域”“标准”“指标”构成；遵循“让所有儿童入校就读，鼓励儿童参与学习并表达自我，尊重差异性和多样性，平等对待，消除性别歧视，为所有儿童提供有质量的教育，确保每个儿童得到全面发展”的总目标，突出强调全纳与性别平等，有效的教与学，安全健康的校园环境，参与、和谐及有效的学校管理；考虑到地区差异和学校多样性，通过在每一标准之下设定过程指标和结果指标，引导学校因时因地改进和创新，使标准成为每一所学校全面推动质量改进的抓手。

约 2500 所爱生学校试点校成为项目地区促进农村儿童特别是贫困儿童及女童平等入学和有效学习的样板，带动更多的农村学校改善了办学理念和校园环境、提高了教育教学的质量。爱生学校标准的制定和实施，为义务教育阶段的督导评估逐步转向强调学校内涵建设、学生学习过程和身心全面发展提供了技术支持。以该标准为蓝本的《中小学素质教育督导指导意见》2012 年由教育部督导办作为部颁文件发布。联合国儿童基金会支持开发的《督导人员工作手册（试用稿）》，为开展义务教育阶段地方督学的能力建设提供了培训资源。爱生学校标准的制定和实施，也带动了义务教育管理的规范化和现代化。以该标准为基础，教育部基础教育司牵头制定并于 2014 年发布了《义务教育学校管理标准（试行）》，成为深化义务教育制度建设、科学管理的标志性事件。2017 年，教育部基础教育司为继续强化《义务教育学校管理标准》的实施，召开全国性的工作会议，明确实施要求并确保实现每一所中小学校都是公平而有质量的学校。长期参与项目的教育部各司局，根据各自工作重点形成了一系列延伸标准和政策文件，包括《中小学幼儿园安全管理办法》《中小学公共安全教育指导纲要》《远程爱生学校监测标准》《县级教师互动支持服务指南和监测标准》《爱生学校管理指南》《中小学健康教育指导纲要》《农村寄宿制学校校长管理标准》等。这些成果是爱生学校从试点示范到标准引领，助力中国农村义务教育普及和发展的有力例证。

▲ 爱生学校项目改变西部农村学校学生风貌（由联合国儿童基金会提供）

经过 10 年的实践，爱生学校项目通过试点示范和标准引领，推动了义务教育特别是贫困和边远地区义务教育的普及和提高。

经验与启示

1. 探索确保儿童平等接受现代教育的有效途径

爱生学校项目以促进农村九年义务教育的普及和发展为

重点，特别是扎根西部贫困、偏远和少数民族地区，坚持多样化的试点，坚持从理念到手段、从措施到制度，为贫困地区儿童，特别是女童平等接受现代教育开拓创新，为成功跨越“最后一公里”探索了因时因地、以儿童为本的有效途径，积累了可推广的经验，推动了中国义务教育从 2000 年的基本普及到 2010 年的全面普及，为农村人口素质和受教育程度的提高做出了重要贡献，从而对贫困人口从根本上的减少做出了积极贡献。

2. 促进普及义务教育，助力全球减贫事业

聚焦于儿童，确保每一个人都拥有良好的生命开端，享有充分的教育和未来发展的潜能，是社会文明进步的方向，也是缩小贫富差距、促进社会公平正义的基础。中国是人口大国，也是发展中国家教育人口大国，学龄儿童数量庞大，是发展中大国办大教育的典型。中国在基础教育中的成就，特别是在为上亿的学龄人口提供免费、公平而有质量的九年义务教育

▲ 爱生学校项目助力西部农村学校提高教学质量（由联合国儿童基金会提供）

方面所做的贡献，就是对国际减贫事业的最大贡献。爱生学校项目在农村和贫困地区所开创的多样化的试点和所积累的经验及资源，也可为在其他类似发展中国家及地区实现联合国提出的到 2030 年确保全纳、公平、有质量的教育和为全民提供终身学习机会这一目标提供参照。

3. 结合国际经验和本地实践，为政策标准提供依据

爱生学校项目所取得的成就主要得益于国际理念和国家政策紧密结合、国际经验和本地实践的相互补充及持续的倡导和广泛多样化的实践。项目在试点和标准建设两个方面都做到充分把握爱生学校理念与国家新课程改革和基础教育政策在方向与目标上的一致性，即每一个学龄儿童都能平等入学、获得公平而有质量的教育，每一所学校都是安全友好、促进儿童健康全面发展的学校。保证项目立足实际，特别是普及义务教育中优先领域和群体，使项目在改变观念、改善环境、调动资源和提升教师及管理者能力方面，能够因时因地切实发挥促进和示范作用。注重项目的高专业和技术水准，保证项目对未来发展适度引领性。在项目实施过程中，充分注重伙伴关系的建立，保证政府教育主管部门深入参与项目设计、规划与实施，能够基于自身工作重点、发挥各自资源优势、通力合作、积极推动项目成果在实践、政策等关键环节上的转化。

4. 推动国际交流与合作，助力可持续发展

中国基础教育政策中对质量、公平、均衡发展的重视和支持，与联合国儿童基金会对教育公平和质量的关注始终保持高度一致。21 世纪对教育及年轻一代的要求，需要联合国儿童基金会在项目合作上继续保持技术窗口的作用，在先进的国际教育理念和国家教育政策的实施中搭建桥梁，增强项目合作

中的创新意识，通过研究和循证加强知识的总结、传播和政策影响。在南南合作、“一带一路”合作框架下，中国政府与联合国儿童基金会合作的爱生学校项目能够在推动基础教育的国际交流与合作进程中继续发挥作用。爱生学校倡导的及其在中国有效实施的“试点示范、标准引领、助力农村义务教育公平而有质量的普及与提高”的教育创新模式，对于发展中国家推进实施《联合国2030年可持续发展议程》，特别是教育2030年目标具有重要启示和借鉴意义。

爱生学校以儿童权利为基础、以满足儿童利益最大化为前提，成为教育部与联合国儿童基金会开展项目合作的可持续发展动力。爱生、公平而有质量的基础教育至今仍是教育部—联合国儿童基金会第9个合作周期（2016—2020年）中的重点项目。面向21世纪，爱生学校项目正在为提高农村学龄儿童的社会情感能力、交流和合作学习能力继续努力。

音乐改变贫民窟青少年命运
——国家电网巴西控股公司帮扶马累交响乐团案例

案例类型：脆弱性群体，儿童贫困
关键词：巴西，企业社会责任，交响乐团
提交机构：国家电网巴西控股公司

摘　要

国家电网巴西控股公司（以下简称“国网巴控公司”）积极履行企业社会责任，利用税收激励政策从2011年起长期赞助巴西贫民窟马累交响乐团。该乐团从成立之初不到30人，发展到如今学员超过500人，累计惠及贫民窟青少年超过6000人。因为音乐，马累交响乐团的许多青少年远离毒品、枪支和暴力，考上音乐学院，走上完全不同的人生道路。2014年，国网巴控公司荣获联合国全球契约组织“社会责任管理最佳实践奖”，获得了当地政府、民众的广泛赞誉，产生积极的社会效应。马累交响乐团案例成为中国企业在巴西履行企业社会责任的典型成功案例。

背　景

1. 项目解决的问题

里约热内卢（以下简称“里约”）是巴西第二大城市，南

美洲著名的旅游胜地。奥运会和足球世界杯都曾在这座城市举办。这里除了有闻名于世的桑巴舞和足球，还有贫民窟。里约的贫民窟并不集中在一个区域，它常与富人区相邻，却又盘踞在某个山头上自成一体。远远望去，密密麻麻的一片砖瓦房中混杂着私自搭接的电线，俨然是个毫无章法的封闭世界。据保守统计，里约有 140 万人生活在市区内 700 多座山丘上的贫民窟里，占市区总人口的 22% 左右。

2. 项目的主要内容

国网巴控公司成立于 2010 年，主要从事输电特许经营权资产的投资、建设和运营。经过多年发展，国网巴控公司资产规模从最初约 36 亿雷亚尔（巴西货币）发展到超过 260 亿雷亚尔，运营管理超过 1.6 万千米的输电线路。2012 年和 2014 年，国网巴控公司两次获评“巴西电力能源行业最佳企业”。

近年来，国网巴控公司积极履行企业社会责任，利用税收优惠、环境保护、沟通交流等多种渠道，积极参与社会公益活动，造福当地民众。

项目实施

1. 国家电网利用抵税优惠政策资助马累交响乐团

马累是里约北部最大的贫民窟。2014 年世界杯前夕，里约政府曾将市内贫民窟分为三个等级，并分别派军队进驻清剿黑帮。马累是最危险的红色等级。就是这里，给马累交响乐团创始人卡洛斯留下了一生都难以抚平的伤痛。卡洛斯的父亲是一位才华横溢的音乐家，他功成名就后仍致力于古典音乐的普及，经常在贫民窟教学和演出，但在 1999 年他竟被马累贫民窟的居民绑架并残忍杀害。

卡洛斯一直无法理解，为什么父亲曾带去那么多爱和梦想的地方却最终夺走了他的生命。在痛苦中消沉了 11 年之后，卡洛斯想起父亲的一句话“音乐必将创造奇迹”，于是决定暂时放下心中的痛，放弃了一直从事的记者职业，开始组建贫民窟儿童交响乐团，并为它取名“明日之潮马累交响乐团”。卡洛斯说：“我要用爱和音乐——父亲一生的事业——去救赎贫民窟的孩子们，给他们带去梦想、帮他们改变命运、给社会带来奇迹。”

2010 年筹建时，该乐团不到 30 个孩子，卡洛斯用自己的积蓄艰难地支撑着乐团运作。毫无收入的公益项目让卡洛斯举步维艰，而曾经承诺资助乐团的一家巴西企业反复斟酌后却决定撤资，因为他们认定卡洛斯帮助贫民窟儿童改变命运的愿望太不现实，这更是让乐团走到解散的边缘。卡洛斯的理想就要这样破灭了吗？

整个 2011 年，没有任何企业愿意资助马累交响乐团，直到国网巴控公司听闻这一项目。这家来自中国的企业一向十分关注当地的社会公益，想为巴西社会的发展做出积极贡献，而且已经利用税收优惠政策支持了多个社会公益项目。国网巴控公司被卡洛斯的大爱深深打动，当即决定从 2011 年起长期资助马累交响乐团。

2. 马累交响乐团步入正轨快速发展

国网巴控公司不仅和马累交响乐团签署了资助协议，每年资助乐团 90 万雷亚尔，而且用 150 万雷亚尔在社区买下一栋房屋，将其改造成学校之后捐赠给了乐团。

在国网巴控公司的资助下，马累交响乐团很快步入正轨。之前乐团只有长笛、小提琴和大提琴，在购买中提琴、低音提琴等乐器后，卡洛斯组建了一个真正的交响乐团。

▲ 2017 年 8 月，马累交响乐团与华裔小提琴家侯以嘉合作演出

随后，该乐团开始在马累社区内部招生，2012 年就接收了 200 名孩子。接着，该乐团和里约市教育厅沟通，得到了走进马累社区所有幼儿园的授权。这意味着马累社区将有 3000 多名孩子在 4 ～ 5 岁时都会在某所学校入学，在那里将由马累交响乐团的第一批年轻人教授他们音乐。

3. 不断扩大乐团影响力惠及更多学生

在国网巴控公司的赞助下，马累交响乐团变得越来越专业，积极参加各类重大活动，受到越来越多的认可，影响力不断扩大。贫民窟马累的孩子们都争相加入乐团。一些孩子长大学成后又留在该乐团任教，影响更多的孩子。

作为该乐团最优秀的小提琴手之一，达席尔瓦已经有能力为刚进入乐团的孩子授课，并为家庭创收。在马累交响乐团里，不少 15 ～ 19 岁的优秀乐手边接受专业培训，边为更小的团员上课，有些乐手的收入甚至比他们的父母还多，可以自豪地补贴家用。此外，学习音乐让他们变得专注且优雅，集体生活教会他们协作和友爱。毋庸置疑，该乐团已经彻底改变了孩子们的生活状态。

▲ 马累交响乐团参加当地电视台演出

2019年，马累交响乐团已经拥有4000名学生、44位专业教师，成为里约乃至巴西的一张名片，还是闻名巴西全境、最受人尊敬的公益项目。

▲ 马累交响乐团参加里约公益演出

成　效

1. 贫民窟的孩子因音乐而改变命运

由于国网巴控公司的帮助，整个巴西最危险的贫民窟已经发生了惊人的变化，而贫民窟的孩子们更是在华彩乐章中看到了美好的未来。超过 6000 名孩子接受过马累交响乐团的音乐教育，其中 32 人成为专业的音乐教师，5 人考入了大学音乐专业继续深造。更重要的是，贫民窟的孩子们通过在乐团的学习和演出找到了不一样的人生，并且一步步地改变自己和家庭的命运。

2. 潜移默化地改变贫民窟的人们

在马累社区，人们会因为自己的孩子能够进入马累交响乐团而自豪。乐团的成就和产生的良好影响甚至赢得了当地人的敬佩。有一次，一名乐团成员在前往排练的路上遭遇打劫，对方打开他的背包时发现里面是一把小提琴。当得知眼前的孩子来自马累交响乐团时，打劫者把小提琴还给孩子后说："我真羡慕你！好好学习吧，让人们知道马累还有美好的交响乐！"

3. 乐团的重要表演产生世界影响力

2012 年，马累交响乐团在里约长宫进行了表演，州长向乐团捐赠了一辆货车。2013 年，马累交响乐团分别在里约市立大剧院和巴西国家大剧院进行了重要演出。2017 年，巴西最大的电视台环球电视台专门为乐团拍摄纪录片《逆流而上》，该片在世界各地斩获多项大奖。随后，乐团参加了巴西最大的公共活动之一，即科帕卡巴纳的除夕夜，观众达 240 万人。2019 年，乐团在全世界最大的摇滚音乐节之一——里约摇滚音乐节上进行表演，每天到场人数超过 10 万人。2019 年 12 月，环球电视台专门为乐团拍摄了巴西弗拉门戈足球队加油视频，该视频在世界足球俱乐部锦标赛决赛开赛前播放，巴西上千万人观看了视频。

马累交响乐团曾先后在中巴建交40周年音乐会上演出，得到两国领导人的高度赞赏。该乐团还应邀前往意大利参加表演，在巴西引起了轰动，获得政府、媒体及巴西社会各界的高度评价。

由于马累交响乐团团长卡洛斯先生的杰出贡献，2019年巴西环球报授予他杰出贡献奖，该奖项表彰具有奉献精神并在世界范围脱颖而出的巴西人。此后不久，里约第一区地方劳动法院下达司法功绩令，授予卡洛斯奖章。2019年11月27日，GQ杂志授予卡洛斯“年度人物”称号。同时，马累交响乐团超越巴西国家石油公司交响乐团和库里提巴管弦乐团，获得乐团类别的专业音乐奖项。

真实故事

6000名接受过马累交响乐团教育的孩子中，有32人成为专业的音乐教师，5人考入了大学音乐专业继续深造。其中，伊莎多利亚是马累社区土生土长的孩子，家庭贫困，7岁时母亲去世，父亲靠印刷卡片为生。伊莎多利亚就这样成为马累交响乐团的一员，凭借着自己的努力成为一名优秀的小提琴手，而且获得了每月200多雷亚尔奖学金。因为这笔奖学金，她可以在学习音乐的同时，不必像贫民窟的其他孩子那样赚钱维生，专心备考大学。2015年，伊莎多利亚考取了里约一所大学的心理学专业。在这一年，她和同伴们登上了具有200年历史的里约市立大剧院的舞台。

经验与启示

马累是里约北部最大的贫民窟，但因为马累交响乐团，越来越多的孩子得到了改变自己人生的机会。他们可以凭借努力登上梦想的舞台，告别暴力，找到实现理想的光明之路。这一切改变无不源于国网巴控公司在参与“一带一路”建设过程中，始终坚持融入当地社会、传递中华“正能量”、促进民间友好、实现民心相通的不懈努力。毋庸置疑，国网巴控公司找到的这条扶贫之路，得到了巴西社会、民众的一致认可和高度赞誉。

免费学习用品助力全球儿童优质教育
——中国乡村发展基金会国际爱心包裹项目

案例类型：教育扶贫

关键词：国际爱心包裹，儿童教育，学习用品

提交机构：中国乡村发展基金会

摘　要

联合国儿童基金会的研究表明，虽然全球有超过 10 亿儿童能够在学校接受教育，但学习用品的缺乏成为儿童无法有效学习的障碍之一，而获得适当的学习用品对于实现儿童的受教育权利至关重要。中国扶贫基金会（即现在的中国乡村发展基金会）经过两年的探索和调研，决定将其在中国成功开展近十年的教育扶贫爱心包裹项目推向国际，与国际社会分享中国扶贫和发展的经验，并联合阿里巴巴公益共同启动国际爱心包裹项目，计划 2019—2022 年投入超过 1 亿元人民币，发放不少于 100 万个国际爱心包裹。该项目通过为世界欠发达国家，特别是贫困的农村地区的学生提供学习、绘画用品，改善他们的基本学习条件，提升学习的效果。截至 2022 年 3 月，国际爱心包裹项目已累计投入 1.11 亿元，在包括缅甸、尼泊尔、埃塞俄比亚、柬埔寨、老挝、巴基斯坦、纳米比亚、乌干达、蒙古国、菲律宾和津巴布韦等 11 个国家开展，受益学生数量达 1 005 259 名。该项目可供国际借鉴的经验主要有四点：一是

兼顾项目成效和人权平等；二是成立项目委员会，实现“赋能”到“增能”的转变；三是因地制宜，加强多方沟通与协作；四是项目设计兼顾受益学生的需求和发展。

背　景

联合国2030年可持续发展目标的第四项提出：让世界上每一名适龄儿童都能享受到包容、公平的优质教育。虽然在世界各国的努力下，大部分发展中国家和地区都开始普及免费的小学义务教育制度，但学习用品的缺乏成为阻碍儿童享受优质教育的障碍之一。同时，一些贫困家庭因无力承担儿童的学习用品开销，导致儿童不得不中止学业，其中女童便是受影响最大的群体。联合国儿童基金会2018年的报告显示，全球只有不到4%的人道主义募捐资金被投入到发展中国家的教育项目，远远无法满足在教育发展方面的需求。

因此，中国扶贫基金会在国内开展近十年的爱心包裹项目经验的基础上，经过两年的探索和调研，联合阿里巴巴公益在全球范围内启动国际爱心包裹项目。该项目计划三年投入1亿元人民币，发放不少于100万个国际爱心包裹；通过为发展中国家贫困家庭的小学生提供免费的学习用品，改善他们的基本学习条件，提升学习的效果。截至2022年3月，国际爱心包裹项目已累计投入1.11亿元，在包括缅甸、尼泊尔、埃塞俄比亚、柬埔寨、老挝、巴基斯坦、纳米比亚、乌干达、蒙古国、菲律宾和津巴布韦等11个国家开展，受益学生数量达1 005 259名。

项目实施

国际爱心包裹项目是中国扶贫基金会和阿里巴巴公益共同启动，并根据受益国国情与政府相关部门、企业等合作伙伴协作执行的国际合作项目。该项目于 2017 年进行可行性调研，2018 年进行试点，2019 年 2 月正式启动。

1. 可行性调研与包裹试点发放

在项目正式启动前，中国扶贫基金会和阿里巴巴公益共进行了为期两年的项目可行性调研。通过调研，项目团队发现缺乏学习用品是阻碍发展中国家的儿童接受优质教育的普遍挑战之一，因此启动国际爱心包裹项目十分必要。根据调研的结果，中国扶贫基金会首先在缅甸、尼泊尔、柬埔寨和纳米比亚四国进行了爱心包裹的试点发放，取得了良好的效果。通过试点，项目团队直接与受益师生们接触，了解他们对包裹的想法等，获得了第一手资料，同时不停地复盘试点操作的各个环节，明确了执行层面上需要改进的地方。这些都为项目正式启动后爱心包裹能被更顺利地送到受益儿童手中提供了有效的保障。

2019 年项目正式启动后，项目团队综合多方信息并仔细研究潜在受益国家的整体情况，特别是基础教育方面的情况，初步判断在该国开展国际爱心包裹项目的可行性，随后派遣调研团队对该国进行实地项目调研，根据调研结论进一步确认在该国开展项目的可行性并安排小规模试点发放。

2. 个性化设计与包裹生产

该项目团队通过调研，确定了为保证项目包裹质量的统一，国际爱心包裹内的学习用品主要在中国进行采购、设计及生产，然后运至受益国进行发放。

首先，项目团队向社会进行公开招标，确定 2 ～ 3 家中国有实力且能够满足项目要求的包裹生产供应商。

其次，在项目团队完成调研并确定受益国家后，便会与合作伙伴、包裹生产供应商一起沟通包裹设计方案。一般情况下，每个受益国家的国际爱心包裹及内部用品的设计都围绕并凸显当地文化特色，如包裹上都会印有 3 ～ 4 种受益国家最具有代表性的标识图案，如花朵、动物、民族服饰、建筑、特色生活用具等。项目人员会就绘画填图册里的内容与合作伙伴一起精心挑选一些能够反映该国特点的图案，同时包裹内的所有用品都会配上当地语言的介绍文字，便于受益儿童了解功能和使用方法。设计也会融合中国文化元素，这些设计安排不仅让包裹本身变得精美，内容也显得丰富多彩，寓教于“设计”之中。

当设计方案得到合作伙伴的确认后，包裹便进入生产阶段。每个受益国家的包裹的内容都按照统一的标准，包裹内含基础文具、美术用品、益智玩具、生活用品和友谊卡五大类，共计 102 件单品，这 102 件单品的种类都是经过前期多方调研后最终确定。从类别上可以看出，爱心包裹不仅包含基础的学习用品，而且兼顾学生的全面发展和日常的学习生活便利。

此外，项目团队对生产材料、产品质量都有相关严格的要求和质检流程，确保包裹的优良品质。

3. 国际运输与免税清关

生产完成后，项目团队便与合作伙伴共同协作进行包裹的运输及清关工作。项目团队主要负责并安排包裹的运输，而合作伙伴主要负责为包裹申请免税和办理清关手续。

由于国际爱心包裹是无偿捐赠给受益国儿童，且一般情况下运抵受益国的包裹数量都较大，若无法申请到免税资格，这批捐赠物资就会被视为一般贸易物资，那么项目团队要为此承担相当高的关税费用，这是项目团队需要避免的情况。因此，在整个项目运营过程中，为捐赠包裹办理免税是十分关键的。项目团队在国别调研期间就会研究并实地了解该潜在受益国的捐赠物资免税法律法规，同时告知当地合作伙伴，让其充分了解申请免税的必要性。项目团队也会协助合作伙伴，与该受益国的教育部、财政部、海关、港口部门等进行充分友好的沟通，以为捐赠物资申请并办理免税。项目团队在整合政府及各方资源方面的工作必不可少。

在获得该国主管部门的免税批复确认后，合作伙伴便可为国际爱心包裹办理清关，项目团队也继续联络与安排包裹在受益国境内的运输。国际爱心包裹项目能够顺利通过免税和清关反映出该项目切实获得受益国家政府部门的认可。

4. 执行发放

为了更好地指导项目在受益国的执行，项目团队撰写了《国际爱心包裹项目操作手册》，其中对项目受益学校的选择、项目培训和包裹发放等环节进行明确。

（1）选择受益学校，确保公平公正。在项目受益学校的选择方面，项目团队委托合作伙伴进行初选，并交由项目团队进行最终确认。对于受益学校和地区的选择标准，项目团队重点关注项目学校是否为公立学校、项目学校中女童的比例、项目学校所在地是否满足项目执行要求等。

除此之外，受益学校原则上必须贯彻“整校覆盖”原则和成立项目委员会。“整校覆盖”原则是项目执行过程中保证公平性的重要手段，减少人为筛选造成的不平等现象，特别是确保在校女童可以平等地获得爱心包裹。成立项目委员会是项目执行过程的重要监测手段。项目委员会至少由 3 人组成，成员应包括学校校长、学校教师代表和学生家长代表。项目委员会对受益学校的培训和包裹发放工作全权负责，项目团队会在包裹完成发放后对项目委员会中的学生家长代表进行电话回访。

（2）项目培训，确保操作合规。在培训阶段，项目人员会到每个受益地区进行培训，所有受益学校的校长都要参加。项目人员在培训过程中会对项目的整体情况做介绍，同时会特别指导校长们如何进行包裹的接收和发放，以及填写相关财务手续表单，为校长们答疑解惑。

（3）包裹发放，分享喜悦。在包裹发放环节，受客观条件限制，项目团队无法到达每一所受益学校进行发放。对于项目人员无法到场协助发放的情况，项目人员会通过电话回访、邮件沟通等多种渠道与受益学校保持联系，保证每一所受益学校都能够收到足量的包裹。

项目人员能够到达受益学校的，项目团队都会举行一个小型的发放仪式，全校师生、地区教育部门代表、学生家长代表、社会代表等都会参与爱心包裹的发放。虽然仅是一次简单的发放活动，却成了一场难得的“狂欢”。大家一同分享喜悦，祈愿孩子们美好的未来。

在项目结束前，项目团队还会和合作伙伴在当地举办一场大型的包裹发放仪式，邀请项目利益相关方及中外媒体参加，为当地儿童优质教育目标的实现进行积极的倡导。

（4）发放资料审核。根据项目执行要求，每一名收到包裹的儿童都要在《受益学生领包表》上签字，即“签字领包”原则（有明确法律规定无法执行的受益国家除外）。签字的目的不仅是从财务角度考虑，而且要确保每一个受益儿童都能够知晓并领取到包裹。项目人员除了会对表格进行审核确认外，还会对全部受益学校的家长代表进行电话回访，了解并确认包裹的发放情况。

▲ 柬埔寨受益学生为画纸上的大熊猫涂色

成 效

1. 解决儿童学习用品匮乏问题，助力可持续发展目标——优质教育的实现

爱心包裹里既有基础学习文具，又有绘画及益智类用品。这不仅帮助解决受益国儿童基础学习用品匮乏的问题，而且丰富了儿童的课余生活，帮助他们发现并培养自己的兴趣爱好，增加他们接受教育的积极性。包裹内的“七巧板”是具有中国特色的益智类玩具，这七块板可以让学生们在课余时间增加互动，发挥他们的想象力。“友谊卡”上除了有包裹内所有用品的信息外，还有以项目吉祥物“抱抱”的口吻给受益学生写的

一封信。这在增添了趣味的同时，也让学生们感受到那份用心与祝福。

▲ 包裹内的用品展示

同时，包裹内丰富的用品也给受益学校在授课方式和内容上更多的选择空间，让受益学校教师在课程安排和授课形式上有更多的发挥空间，提高教学质量。乌干达中部地区的布莱拉小学里只有一袋彩笔，彩笔只能在上美术课的时候由教师使用。包裹到达学校后，教师们激动地对项目人员说："这个包裹实在是帮助太大了，很多学生都没有文具，这下我们可以把美术课从一个月一次调到一周一次了。"

2. 帮助减少学生的辍学率，鼓励儿童重返课堂

联合国儿童基金会证实，来自许多国家的证据表明，当家庭不得不自己购买教育材料时，家庭在此上的花费占比越高，儿童参加学校教育的可能性就越小。"爱心包裹"中的学习用具数量多、种类丰富。中国扶贫基金会的项目人员在不同受益国当地进行调研时发现，若要在当地购买一套"爱心包裹"

需要花费大约 30 美元（不同受益地区的价格略有不同），有时甚至难以购买到一些单品，如绘画盒等。“爱心包裹”因其实用性和丰富性而受到学生们的喜爱及教师、家长们的认可。国际爱心包裹项目让那些可能因“厌学”“学习用品缺乏”“家庭无法更多承担学习用品费用”等离开学校的学生们感受到了校园的美好，并重新激发了他们对学习的热情，鼓励了他们重返课堂、继续学业。纳米比亚教育部代理部长评价该项目时说：“国际爱心包裹项目能够有效减少纳米比亚小学生的辍学率，最终促进纳米比亚的减贫事业。”

3. 兼顾残疾、性别平等，为所有儿童提供包容和有效的学习环境做出贡献

受家庭经济条件限制及观念的影响，部分贫困家庭的女童无法获得与自己哥哥、弟弟同样的学习用品的情况普遍存在。爱心包裹的发放严格执行“全校覆盖”“一人一包”“签字领包”的标准，同时在选择受益学校的标准上也特别关注该校女童的比例。项目在执行层面上确保贫困家庭的女童能获得优质的学习用具，也努力通过一些标准和要求在当地社区为女童教育权利的保护进行倡导，营造包容的教育氛围。在蒙古国和尼泊尔，国际爱心包裹项目兼顾到残疾学生，让他们也能和普通学生一样获得学习用具。

4. 多方参与，增强受益社区的凝聚力

国际爱心包裹项目的特点之一就是受益地区各方的强参与性。每个受益学校根据项目操作要求，成立该校的项目委员会，至少包含 3 位代表，即校长、教师代表及家长代表。这不仅能够起到对项目负责及监测的作用，而且提供了一个难得的让三方从不同的立场和视角协作的机会，确保包裹在该校的有

序发放。学校师生、地区教育部门代表、学生家长代表、社区代表等都会参与爱心包裹的发放，这就让包裹发放仪式在当地成为一场难得的公共活动，从而吸引了周围更多的民众前来了解项目，并主动参与爱心包裹发放。大家都主动进行“分工”，有力气的帮助从货车上卸下并搬运包裹，妇女们则协助学校教师召集学生并清点人数，校长则协助项目人员审核包裹交接的资料等。大家有条不紊地发放包裹，就是为了能让在校的学生们及时拿到爱心包裹，同孩子们分享打开包裹时的那份喜悦。多方协作参与发放活动潜移默化地增强了社区的凝聚力。

5. 促进“人类命运共同体”的构建

国际爱心包裹在设计上对中国文化和受益国文化均有体现，设计元素生动活泼；包裹内的文字内容均使用当地语言，便于受益学生使用。国际爱心包裹虽然只是一份小小的包裹，但在设计和用品的选择上都从受益学生的角度出发，对任何细节都近乎苛求。这些用心让受益国家的普通民众深切地感受到中国人民对他们下一代成长的关心。国际爱心包裹项目得益于中国普通民众的捐赠，让中国人民在努力为自身美好生活奋斗的同时，也参与为全球可持续发展目标的实现而奋斗。一个个小包裹让中国人民与受益国家的人民有了连接和牵挂，也增强双方对“人类命运共同体”的认同感。这有利于促进人类社会的共同发展，世界和平事业的成功。

真实故事

缅甸仰光莱达亚区第三小学四年级学生宁憯随伊在收到爱心包裹后，便主动牵住项目人员的手兴奋地说：“我手中的爱心包裹来自大熊猫的故乡——中国……里面的东西都很实用，七巧板和画画套装对数学课和美术课帮助很大。”

苏尼塔·谢丝沙是尼泊尔奇得旺学校的一名小学生。她一直很喜欢画画，但因为家境贫困从来没有用过彩笔，直到收到了来自中国的爱心包裹。苏尼塔激动地找出了自己原来的画，并用彩笔为它涂色。她说：“以前我的画全都是黑白的，现在它们都有了生机，涂上颜色的过程让我觉得好开心。虽然知道中国是尼泊尔的邻国，但总觉得中国很远。现在，我真的想去中国看看。”

经验与启示

1. 兼顾项目成效和权利平等

国际爱心包裹项目的包裹发放原则是“整校覆盖”“一人一包”“签字领包”，并在项目合作时向受益国合作伙伴进一步明确，联合受益学校及其所在区的教育部门共同执行。这有效地避免了发放过程中可能出现的冒领、多领情况，确保每一名受益学生都能收到爱心包裹，实现项目的基本目标。这些原则也帮助兼顾在校女童和残疾儿童的平等权利得到保障，使他们也都能够领到爱心包裹，实实在在地确保特殊群体得到相同的优质教育的权利，有助于营造当地社区包容教育的氛围。

2. 成立项目委员会，实现“赋能”到“增能”的转变

每个受益学校成立项目委员会，确保校长、教师及家长在项目中的参与。项目人员会在项目培训会上对受益学校校长进行培训，并告知成立项目委员会的规范和成员的选择标准。项目委员会一般由校长、教师代表及家长代表组成，三方共同负责并监督项目在该受益学校的执行情况，包括学生信息的确认、包裹运输时间的协调、包裹发放的安排等。项目委员会的

实施让受益学生的密切相关方都能参与项目的具体执行，并且就如何确保项目在该校顺利开展提供了不同视角且有效的方案。特别是受益学生家长的参与可以增加他们对项目的了解和认可，从而进一步提高项目本身在当地社区的知名度。项目执行过程中各方的参与，既能保证项目的有效实施，使国际爱心包裹能够顺利传到学生手中，又能促进密切相关方提高解决项目问题的能力，从培训到执行，实现"赋能"到"增能"的转变。

3. 因地制宜，加强多方沟通与协作

项目团队会在调研的基础上加强与当地相关部门充分沟通协作，根据当地的实际开展项目，从而确保项目取得相应的效果。项目团队会综合多方信息并仔细研究潜在受益国家的整体情况，特别是基础教育方面的现状，初步判断在该国开展国际爱心包裹项目的可行性，随后派遣调研团队对该国进行实地调研，根据调研结论确认在该国开展项目的可行性并安排小规模试点发放，再根据小规模试点发放评估是否在该国正式开展项目。每个环节都要与该国驻华使馆、教育部门、当地社会组织、学校、企业等充分沟通，从而了解该国及相关社区对项目的需求及项目执行所需具备的条件。国际爱心包裹项目在操作流程、学习用具的品类、包裹的设计等方面都将受益国的实际情况考虑进来，通过实践不断地完善，这样不仅项目本身充满了活力，而且得到受益对象的认可。

4. 项目设计兼顾受益学生的需求和发展

国际爱心包裹内丰富且实用的用品兼顾了受益学生对学习用品的需求及其全面发展。在对潜在受益国进行调研时，项目团队就发现学生们的基础学习用品（如铅笔、纸、书包）都十分缺乏，项目团队明确除了回应学生们的紧缺学习用品外，还要站在助力受益国实现优质教育目标的高度。因此，项目团队对于如何能在资源有限的情况下，尽可能为受益学生提供丰富的学习用品，帮助他们更全面地学习并激发其学习热情。这种项目理念也让一个小包裹承载了丰富的内涵。

依托家政服务业实现贫困妇女精准脱贫

——“百城万村”家政扶贫试点示范国际合作项目

案例类型：社会性别平等，就业扶贫

关键词：家政，妇女，技能培训

提交机构：商务部中国国际经济技术交流中心

摘　要

家政扶贫是帮助贫困地区人口，尤其是女性快速实现“一人就业、全家脱贫”的扶贫方式之一。为了充分发挥家政服务业在精准扶贫中的作用，2018年，联合国开发计划署与商务部合作，在安徽、江西、湖南、四川、贵州、陕西和甘肃等七个试点示范省开展了为期一年的“百城万村”家政扶贫试点示范国际合作项目。通过联合七个省的商务、扶贫等部门，联动省、市、县三级家政企业和协会单位，该项目形成了三层组织管理体系，分别负责项目方案的设计指导、执行监管和具体实施。各省结合实际情况，分别设立家政劳务输出基地，通过招募学员、组织培训、推介就业、购买保险等步骤，提高农村劳动力的劳动技能，推动农村劳动力与家政服务的精准对接，帮助农村贫困人口脱贫减贫，同时重点扶持贫困妇女以实现女性赋能。该项目可供借鉴的经验有两点：一是试点先行，重视质量和示范引领作用；二是与市场发展衔接，激发行业扶贫的内生动力。

背　景

在精准扶贫阶段，家政扶贫是有效提高农村贫困人口劳务技能、快速实现脱贫减贫的重要扶贫方式之一。家政行业总体门槛低、上岗培训相对容易、就业难度低，属于劳动密集型行业，在吸纳农村人口就业方面发挥了重要作用。但是，贫困地区的家政服务业总体发展水平不高：贫困地区人口教育水平、服务技能普遍偏低，对家政工作普遍存在认识误区，自主参加培训的意愿和支付能力不强；贫困地区大多数家政服务企业具有“小散弱”的特点，规模化、专业化、信息化程度不高，为从业人员提供基础的技能培训、综合性保险和市场就业能力明显不足；贫困地区政府对家政行业发展的重视程度不够，为贫困地区人口提供免费高质量的家政培训和就业服务的资金投入十分有限。这些都影响了农村贫困人口通过家政工作实现脱贫。

为发挥家政服务业在精准扶贫中的作用，2018 年联合国开发计划署与商务部开展“百城万村”家政扶贫试点示范国际合作项目。该项目的宗旨是通过建设家政劳务输出基地，推动农村劳动力与家政服务的精准对接，帮助农村贫困人口摆脱贫困，同时重点扶持贫困妇女以实现女性赋能。这不仅与中国 2020 年打赢脱贫攻坚战的总体目标密切相关，而且与联合国提出的 2030 年可持续发展目标一致。

项目实施

1. 项目实施安排

（1）组织安排。该项目参与方包括联合国开发计划署，原商务部对外援助司（以下简称“援外司”），商务部服务贸易和商贸服务业司（以下简称“服贸司”），中国国际经济技术交流中心，安徽、江西、湖南、四川、贵州、陕西和甘肃等七个试点示范省的商务主管部门和扶贫、妇联、人社等部门，七个省、市、县三级家政企业和协会单位，以及省外部分家政企业和家政协会。该项目的组织管理体系共三层，包括项目指导委员会、省级项目管理办公室、省级家政劳务输出基地。

项目指导委员会负责设计项目方案、指导项目实施，参与项目的后续监控和管理，并提供支持。其成员包括联合国开发计划署、援外司、服贸司、中国国际经济技术交流中心及各省项目管理办公室的政府代表。

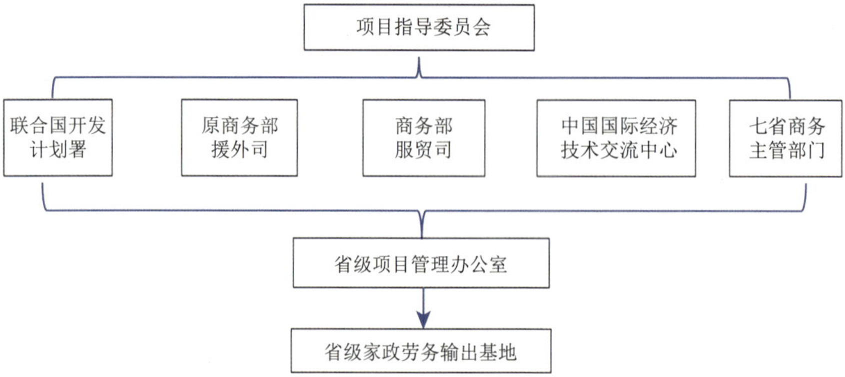

▲“百城万村”家政扶贫项目的组织管理体系

来源：国家统计局住户调查办公室主编的《中国农村贫困监测报告 2017》，中国统计出版社 2017 年版。

省级项目管理办公室的主要任务是确保项目按照实施方案如期执行，并监管项目质量。省级项目管理办公室由各省商务厅组织成立，省级家政主管部门的主要领导担任主任，其成员包括省级，基地所在市、县三级商务部执行人员，基地单位主要负责人，以及扶贫、妇联、人社等部门的主要成员。

省级家政劳务输出基地负责具体实施招募、培训、就业等工作，一般由优秀的家政企业或协会担任核心实施单位，其成员包括省、市、县三级家政企业或协会，以及外省的合作企业。

（2）地域覆盖。项目省份包括安徽、江西、湖南、四川、贵州、陕西和甘肃。七个省农村贫困人口 2016 年总计 1931 万，占全国贫困人口的 44.5%。七个省的家政服务行业发展总体水平低，但家政服务需求旺盛，从业人员供给充足，项目的可执行性强。

（3）资金投入。该项目总经费为 1000 万元，其中约 700 万元用于七个省家政劳务输出基地的建立、培训、就业等（每个省约 100 万元），300 万元用于贫困地区家政从业人口的商业保险经费、项目调研、专家费、评估、审计等支出。

2. 项目实施过程

该项目于 2018 年年初启动，之后各省开始筹建基地、招募学员、组织家政培训、开展就业推介、购买保险，于 2018 年年底结束。

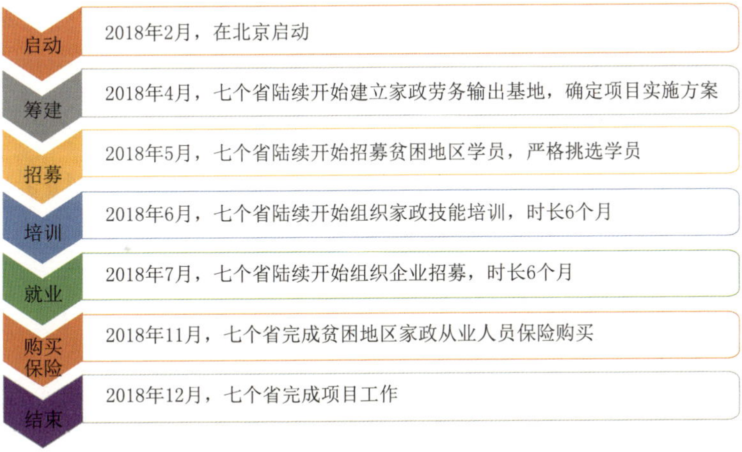

▲ 家政扶贫项目的实施过程

3. 项目实施内容

（1）建立家政劳务输出基地。首先，建立家政劳务输出基地，开展多市、县合作长效扶贫。家政劳务输出基地是项目的依托载体，是稳定推进家政扶贫的长期阵地。各省结合当地实际情况，设立了各自的家政劳务输出基地。基地得到多达20个地级市、50多个贫困县政府的支持，这为家政扶贫项目持续开展奠定了合作基础。其次，采取家政劳务输出基地自主运行模式，以充分发挥市场优势。家政劳务输出基地在项目管理机构的指导和监督下自主运行，在培训地点的确定、受训人员的选择、就业活动的安排上享有充分的自主决策权力。基地充分发挥市场优势，并整合地方政府的扶贫资源，提高了家政扶贫的效率与影响力。

（2）学员招募瞄准扶贫对象。项目实施地基本都是国家级贫困县，家政劳务输出基地在学员招募上瞄准扶贫对象，广泛覆盖了各类特殊群体。重点受益人群包括建档立卡贫困人口、女性群体、少数民族群体和易地搬迁人口。建档立卡贫困人口占报名人数的30.7%，占培训人数的37.9%，占就业人数的30.9%，远远超过了各省贫困人口占比。[1]女性报名3272人，占比96.5%；参加培训2022人，占比96.3%；就业上岗1658人，占比98.3%。该项目对少数民族人口和易地搬迁人口重点倾斜，如贵州省基地选择了两个少数民族县（水城区和独山县）作为培训地，61.7%的学员都是少数民族。

（3）组织多种家政技能培训。家政扶贫充分结合项目特点，“注重扶贫同扶志、扶智相结合”，提升贫困人口的人力资本和社会资本。各省基地开展了形式多样的培训课程，如邀请行业杰出代表进行现场动员，增强学员脱贫的信心和决心，增加他们对家政工作的正确认识，并在短期内帮助贫困人口迅速提高技能、知识水平。该项目通过高质量的培训及有保障的就业增强了贫困人口后期自主学习、人力资本投资的意愿和支付能力；通过线上联系、线下培训交流的方式帮助贫困人口掌握

[1] 2016年，全国贫困发生率为4.5%，七个省的建档立卡贫困人口比例分布在4.3%～12.6%。数据来源于国家统计局住户调查办公室主编的《中国农村贫困监测报告2017》，中国统计出版社2017年版。

现代信息化工具，拓宽以往单纯依靠熟人介绍的就业渠道，提升社会资本。

（4）积极开展就业推介。家政扶贫项目以培训为基础，以就业为目标，将技能培训和上岗就业有机结合，帮助贫困地区人口实现“培训一人，上岗一人，脱贫一家”的扶贫目标。

该项目在招募阶段坚持公开宣传和招募，不搞自上而下的摊派，村民自主自愿报名；坚持基地严格挑选报名人员，淘汰就业意愿不强、就业条件不成熟的学员近40%，节省培训资金，提高就业率。该项目在培训阶段，各基地培训资金充足，学员的饮食、住宿条件有保障，培训课程质量优良。培训考核严格，学员学习的积极性、满意度高。该项目在就业阶段，基地积极推介，政府大力帮助，学员和企业双向选择。

（5）为贫困家政从业人员购买商业保险。家政扶贫项目与中国人寿保险（集团）公司（以下简称“中国人寿”）签订了合作协议。中国人寿秉持保险扶贫的公益原则，以低于市场价格、高于市场服务的标准，为项目开辟了专门险种。该项目为七个试点省共计19 579名家政从业人员购买了为期二年的商业综合保险，包括项目培训1687人及家政劳务输出基地和社会培训17 892人。

成　效

1. 增加家政行业扶贫的内生动力

该项目通过发挥优秀家政企业在管理经营、招募培训、就业推介、信息建设、权益保障等方面的示范引领作用，带动本地区家政企业发展。该项目推动了家政企业协会的合作，直接促进了不发达省份家政企业协会的建设。该项目促进了各级家政市场的融通发展，尤其是贫困市、县一级家政市场，扩大了家政扶贫在全国的影响力，如陕西省通过在线直播方式宣传家政扶贫项目，吸引全国 18 万人在线观看，还有省外贫困地区人口在线报名参加。

2. 全面创新家政培训

该项目创新培训组织形式，综合利用省内培训资源及跨省培训资源（如甘肃省聘请北京市、天津市家政企业进行培训），提高培训质量，严格把关培训课程，课程设置必须达到人力资源和社会保障部的家政培训相关要求。培训课程类型兼顾学员选择和市场需求，其中母婴护理占 67%，一般家政保洁占 23%，养老护理占 10%。培训课程形式多样，趣味性强。各地还出现了一些精品课程，如湖南省的素质拓展、家政从业人员的人生规划等，深受学员喜爱。

▲ 安徽省安心家政 2018 年培训课程实操

项目培训考核严格，为培训质量和就业提供保障。参加培训的学员共 2100 人，最终 2020 人培训合格，合格率为

96.2%。不合格的80名学员中考核不合格的占49%，体检不合格的占16%，中途主动退出的仅占35%，这反映了前期招募对象的瞄准性非常高。培训合格的学员获得了家政劳务输出基地认定通过的证书，一些学员还获得了人力资源和社会保障部的证书，具备了长期从事家政工作的职业基础。

3. 实现就业脱贫目标

（1）就业上岗率高。该项目共培训2100人，其中1687人在培训结束后实现上岗就业，各基地平均上岗就业率达80.3%，就业率最低的省份也超过了70%。

（2）就业地点广泛。该项目发挥家政劳务输出基地的广泛辐射作用，学员就业地点覆盖广泛。上岗就业的1687人中，外省就业128人（占比7.6%），本省省会城市就业344人（占比20.4%），本省其他地区就业1215人（占比72.0%）。绝大多数就业集中在地市一级，还有不少贫困女性在县城或者乡镇就业，实现了就业上岗、照顾家庭的双重目标。

（3）工作类型多样。学员的就业领域以家政行业为主，一些学员还实现了非家政行业就业（如幼儿教育类、儿童运动类），体现了家政劳务输出基地跨行业能力的带动性。该项目以帮助就业为主，也直接或间接调动了贫困地区人口创业的积极性，产生了一批成功的创业典型。

4. 工资待遇保障优良

学员培训后实现快速上岗，全部上岗的学员中当月上岗率达56.7%。学员平均月工资为1600～3800元，达到社会平均工资水平，部分学员的工资甚至远超平均工资。

真实故事

张女士来自安徽省六安市霍邱县。她参加家政培训后，对家政创业产生了浓厚的兴趣。2018年5月，她在当地注册了家政企业，通过广告宣传、熟人介绍、到妇幼保健院推介等方式，成功为10名同期培训班的建档立卡贫困户介绍了工作，帮助他们在当地就业还能兼顾家庭。这也吸引了更多人报名家政培训班。

经验与启示

1. 试点先行，重视质量和示范引领作用

该项目以试点带整体、以短期促长期，重在质量和示范带动。项目通过一年的试点示范，利用联合国开发计划署和中国政府的先导资金，建立优质的家政劳务输出基地，帮助不发达省份的家政企业、行业发展，从根本上增强了行业扶贫的内生动力，发挥了基地"长期性"扶贫的示范引领作用；将家政技能培训和就业脱贫有机结合，并以就业为最终目标，发挥了项目"就业性"导向的示范引领作用；重点覆盖建档立卡贫困人口、农村女性、少数民族等特殊群体，发挥了对象"精准性"瞄准的示范引领作用；整合国际机构、中国政府、家政行业和企业、社会、个人等多方资源，发挥了家政"带动性"扶贫的示范引领作用。

2. 与市场发展衔接，增强行业扶贫的内生动力

"百城万村"家政扶贫试点示范国际合作项目以基地为依托，充分赋予家政企业自主决策权力，将政府扶贫与市场发展衔接，培育家政行业扶贫的内生长期动力。该项目在最初设计

上，就将家政技能培训与就业紧密联系在一起，以就业为最终导向，有效提高了培训对象就业的精准性，同时推动了行业扶贫内生动力的长期发展。

“百城万村”家政扶贫试点示范国际合作项目在中国的成功实施，证明了家政扶贫在发展中国家的减贫事业中发挥了重要作用，这也为其他发展中国家的减贫事业提供了借鉴。无论是中国，还是世界其他发展中国家，家政扶贫都是针对贫困人口，尤其是贫困妇女为之有效的精准扶贫方式之一。通过家政技能培训和就业服务帮助农村贫困妇女转移到门槛低、就业需求旺盛的家政行业，不仅可以快速、低成本地实现脱贫，而且可以实现妇女赋能。

政策组合拳精准助推贫困妇女脱贫增收

——四川省巴中市“N+ 脱贫有我”巾帼脱贫模式

案例类型：产业扶贫，就业扶贫

关键词：四川，妇女赋权，政策支持，内生动力

提交机构：四川省巴中市妇女联合会

摘　要

自党的十八大以来，巴中市聚焦 22.3 万贫困妇女，创新打造“脱贫有我”行动，通过将“扶智 + 扶志”“培训 + 技能”“创业 + 就业”“政策 + 帮扶”“责任 + 机制”结合，坚持“同等责任、同等标准、同等考核”，针对贫困妇女打造扶贫小额贷款、妇女财政贴息小额贷款、妇女创业小额贷款等支持妇女发展的融资品牌，培训全市妇女 20 万人次，培育女性致富带头人 1.5 万人，辐射带动 20 余万名贫困妇女创业、就业增收，全市妇女在决胜脱贫攻坚中充分发挥了“半边天”的作用。2017 年四川省巾帼脱贫现场交流会、2018 年四川省乡村振兴巾帼行动现场会分别在巴中市召开，受到了四川省妇女联合会和巴中市政府的高度评价。

背　景

巴中市地处四川省东北部，面积 1.23 万平方千米，妇

女贫困人口占全市贫困人口总数的45%，脱贫攻坚任务艰巨。2014年，全市精准识别建档立卡贫困人口49.3万人、699个贫困村，贫困发生率16.3%，全市贫困妇女达22.3万人，分布在每个行政村，其中贫困人口总数和贫困发生率均居四川省第3位，妇女脱贫致富面临许多困难和问题。脱贫攻坚力量缺乏。巴中属边远山区、秦巴山集中连片特殊困难地区，大量的青壮年劳动力只能外出务工赚钱，全市常年在外务工人员达110余万，其中整家外出的有2.3万户，留守在家的大部分是老人、妇女和儿童，导致妇女脱贫压力增大。妇女发展观念落后。农村女性文盲或半文盲率较高，生产技能低下，"等、靠、要"思想较浓，影响和制约着妇女的价值取向、自身发展，缺少发展致富思路和艰苦朴素、自力更生的奋斗精神。妇女创业就业渠道不宽。随着社会经济成分、组织形式、就业方式、利益关系和分配方式的多元化，妇女的需求期望值也随之增高，妇女在获得发展机会和享有社会资源方面受到不公待遇，女性失业率不断增高。妇女致贫返贫原因复杂。巴中市贫困乡村边远偏穷，大部分妇女有病能拖就拖，小病拖成大疾，导致因病因残致贫的情况增多；边远的乡村小学因生源不够而停办，只能转校就读，造成了教育成本增高，而有的贫困大学生考上大学后让家庭债台高筑。巴中市处于深丘、高山地区，干旱、洪涝、滑坡、泥石流等自然灾害频发，贫困妇女生存条件较差，增收致富困难较大。

项目实施

"扶智＋扶志"帮助妇女增强主动脱贫的意愿。"扶贫先扶志"，首先在思想引领上做文章，克服贫困妇女"脱贫等政策、增收靠男人"的"等、靠、要"思想，动员她们主动思考、积极参与家庭脱贫行动。通过现场宣讲、新闻媒体宣传、发送宣传资料、宣传板报等形式，全市开展各类扶贫政策宣讲活动3万余场次，深入宣传脱贫帮扶政策，让贫困妇女成为“明白人”。巴中的妇女独立团曾为全国解放做出了积极贡献，以巴山女红军的奋斗精神感染她们，激励她们传承女红军的“红色基因”，在脱贫攻坚中发扬“智勇坚定、排难创新、团结协作、不胜不休”的红军精神，使贫困妇女成为脱贫致富“自信人”。利用村农民夜校、道德讲堂、“妇女之家”“儿童之家”“妇女微家”等平台，开展“好家风好家训”巡讲、“三八红旗手”“巾帼文明岗”“巾帼示范基地”“最美家庭”、“妇”字号企业等先进典型事迹宣讲会等活动3000场次，使妇女明白通过她们的努力家庭也能脱贫致富，增强她们脱贫致富的信心和“脱贫必须有我”的决心，让贫困妇女做发展致富的“带头人”。全市已涌现出女性脱贫致富带头人1.5万名。

“培训+技能”提高妇女脱贫能力。“授人以鱼不如授人以渔”，巴中市统筹协调政策资金，举办针对贫困妇女的专门培训，增强她们的创业就业技能，为她们投身脱贫攻坚奠定坚实的基础。争取将妇女培训纳入全市民生事项，促进农村妇女平等享有普适性政策，近年来，市、县财政预算中妇女培训专项经费达600余万元，着力提升妇女的创业就业技能。协调相关部门整合培训项目资源，集聚组织、人社、农业、林业、扶贫、商务、旅游等部门培训项目资金2000余万元。探索“高校（企业、基地）+妇女”、创新“部门组织+妇女点单+专家主厨”的培训模式，组织农村妇女积极参与现代农业实用技术、电子商务、乡村旅游、手工制作等政策理论培训和实用技能培训，着力提升妇女的综合素质，全市共举办巾帼脱贫讲堂、妇女创业讲座2300场次。坚持按需培训，根据不同妇女群体的需求，制订“菜单式”妇女技能培训计划，分门别类地开展专题培训，组织巾帼示范基地法人、家庭农场业主、农村巾帼带头人外出考察学习，真正让每位贫困妇女都有一技之长，不断提高农村妇女的脱贫致富能力。近年来，全市开展妇女创业就业技能培训 2700 场次，参训妇女 20 万余人次。

“创业 + 就业”创造脱贫市场环境。“巧妇难为无米之炊”，多渠道引导创业、帮助就业，为巴中市贫困妇女投身脱贫攻坚搭建舞台。按照“村有脱贫产业、户有脱贫项目、人有脱贫技能”的脱贫工作思路，长短结合，精选产业项目，鼓励以家庭为单元发展家庭种植养殖业，建成巾帼畜禽规模养殖场 1490 个。以基地为依托，结合核桃、茶叶、中药材、生态养殖、生态旅游、森林康养等特色产业布局，培育“何大妈豆瓣”、弘昌农业等“妇”字号企业、巾帼示范基地、女性社会组织等 1360 个。以园区为载体，坚持产业园区、新型社区、田园景区“三区同建”，积极推动农旅融合，培育忆莲山庄、李家大院等巾帼康养山庄、农家乐 1620 个。鼓励本地工业企业、种植养殖基地、餐饮旅游服务企业，特别是“妇”字号企业、巾帼示范基地等，优先使用本地贫困妇女，扶持创建一批巾帼示范基地、“妇”字号企业、巾帼科技示范户、女性种植养殖大户 3700 余个，带动 6 万余名妇女在本地就业。依托巴中市政府在北京、上海、深圳等 10 个城市建立的劳务基地联络处，收集岗位门槛低、工资福利有保障的用工单位信息，与其建立稳定的劳务协作关系，每年协助 5.4 万名贫困妇女及其家人外出就业。探索创建“龙头企业（合作社）+ 集体经济 + 贫困妇女”“龙头企业 + 贫困妇女”“电商 + 贫困妇女”“妇联 + 示范基地（女性专合组织）+ 贫困妇女”等模式，引导优秀女性回乡创业，通过产权入股、订单生产等形式使贫困妇女或其家庭生产与有竞争力的市场主体形成利益共同体，通过保底价格、保底分红、二次返利等形式保障贫困妇女的收益，让无业妇女有就业、有分红、有收入、有保障。近年来，辐射带动 10 万余名贫困妇女致富增收。

“政策 + 帮扶”为妇女提供脱贫社会保障和防风险政策支持。“众人拾柴火焰高”，巴中市妇女联合会争取一切可以争取的政策，帮助贫困妇女创业和就业，为其投身脱贫攻坚提供有力保障。以财政涉农资金整合为契机，围绕“巴山新居 + 特色农业 + 生态旅游”的大农业发展思路，积极争取上级妇女产业发展项目，结合政府产业扶持政策，争取“巴山新居”、新农村聚居点、扶贫村及旅游、特色种植养殖等产业发展资金，鼓励扶持妇女发展中药材种植、有机果蔬、生态养殖、乡村旅游等见效快、效益好的特色产业，全市发展家庭“五园经济”、家庭农场 2 万余个。利用精准扶贫基金和风险补偿机制，协调金融机构开发了专门针对贫困妇女的妇女小额贷款、扶贫信贷、创业就业小额贷款等金融产品，将贫困妇女家庭创业人员纳入创业担保贷款范围，对评级授信的贫困妇女提供 1 万～ 5 万元的免抵押、免担保、补利息的小额扶贫信用贷款，期限 3 年、最高额度 10 万元的创业担保贴息贷款，助力贫困妇女创业就业。近年来，全市发放各类妇女小额贷款 9.4 亿元，带动 20 万余名妇女创业就业。协调区县、乡镇通过购买服务大力开发适合贫困妇女的保洁保绿、养老护理等公益性岗位，兜底安置就业困难贫困妇女，全市开发农村公益性岗位 10 692 个，安置贫困妇女就业 519 人，每人每月按 300 元标准给予岗位补贴。鼓励各类市场主体吸纳贫困妇女就业，对于稳定就业半年以上并参加社会保险的，按每人 1000 元的标准给予生产经营主体一次性奖补。

建立脱贫的问责机制。市、县妇女联合会主动向党委、政府汇报工作，争取各级党政的重视和支持，压紧压实妇女干部的扶贫责任，激发妇女自主参与能力，增强巾帼脱贫模式制度的长效化。建立责任刚性机制，主动向市委汇报工作，推动各级各部门落实“两个责任”，层层传导压力，明确任务，确保巾帼脱贫有序有力推进。把妇女脱贫工作纳入全市妇联干部年度目标考核内容，作为干部培养交流、提拔选任、年度评优条件，对推动不力、责任落实不到位的严格问责。建立自主参与机制，利用报纸杂志、广播电视、网络平台、微信公众号等媒体，常态化开展中央和省、市脱贫攻坚决策部署、相关政策宣传，组建巾帼志愿服务小分队、巾帼互助小组开展志愿服务，激励贫困妇女主动参与脱贫致富。建立统计监测机制。坚持精准识别、精准帮扶、精准脱贫，在贫困妇女人口信息建档立卡的基础上对贫困妇女人数变化进行跟踪监测，确保贫困妇女不漏评、不忽略、不掉队。由村妇联主席牵头，每年年初对脱贫人口识别、信息更新登记进行复核，对因灾、因病、因学、因残等返贫人口进行详细登记，及时跟进帮扶措施，确保贫困妇女实现“人人脱贫”。

成　效

近年来，巴中市妇女联合会坚持把解决贫困妇女增收作为助推脱贫攻坚的重点工作，坚持巾帼脱贫，深入开展“N+脱贫有我”行动，全市女性贫困人口由 2014 年的 22.3 万人减少到 2019 年年底的 818 人。

探索“干部 + 妇女 + 家庭”模式，组织开展各类扶贫政策宣讲活动 3 万余场次，深入宣传脱贫帮扶政策，全市已涌现出女性脱贫致富带头人 1.5 万名。创新探索“高校（企业、基地）+ 妇女”“部门组织 + 妇女点单 + 专家主厨”培训模式，开展妇女创业就业技能培训2700场次，参训妇女20万余人次。探索创建“龙头企业（合作社）+ 集体经济 + 贫困妇女”“龙

头企业 + 贫困妇女”“电商 + 贫困妇女”“妇联 + 示范基地（女性专合组织）+ 贫困妇女”等模式，带动 20 余万名贫困妇女创业就业、致富增收。探索精准扶贫基金和风险补偿机制，协调金融机构开发了专门针对贫困妇女的妇女小额贷款、扶贫信贷、创业就业小额贷款等金融产品，全市发放各类妇女小额贷款 9.4 亿元，辐射带动 20 万余名妇女创业就业。

真实故事

四川省巴中市平昌县岩口乡长岩村 2 社村民谢天碧全家 6 口人，因子女读书于 2014 年被纳入建档立卡贫困户。她在各级党委、政府和驻村帮扶干部及妇联组织的帮助下，坚定脱贫信心，确定发展种植养殖项目，流转土地 50 亩种植蔬菜、养殖生猪 15 头，年获得纯利润 6.5 万元。此后，她于 2017 年成功与重庆市涪陵榨菜集团股份有限公司签订供销订单，流转土地 800 余亩，2018 年收入达 160 万元，并带动附近农户均实现增收 1 万元以上，全部实现脱贫摘帽。

经验与启示

（1）强化政府领导是实施“N+ 脱贫有我”行动的有力保障。政府要聚焦妇联组织的资源不足，主动协调各级政府大力支持，倡导聚合社会各界的资源，“N+ 脱贫有我”行动卓有成效。这一做法启示我们妇女脱贫需在政府的统一领导下，各地各部门大力支持，社会各界关心关注，才使巴中市 22.3 万名贫困妇女实现如期脱贫。

（2）搭建平台是实施“N+ 脱贫有我”行动的重要抓手。

通过为贫困妇女搭建素质提升、志愿服务、习惯养成、健康保险、融资小额贷款等平台，培育创建巾帼示范基地、妇女示范性专业合作组织等载体，不断增强贫困妇女的自强意识，充分发挥妇女群众的主体作用。

（3）发展致富是实施“N+脱贫有我”行动的根本途径。围绕精准扶贫、精准脱贫目标，组建巾帼脱贫志愿队、巾帼脱贫互助小分队、女子攻坚队等，开办巾帼脱贫讲堂，加强妇女实用技术培训，认真落实脱贫攻坚政策，提升妇女的创业就业能力，促进其不断增收致富，实现从“输血”到“造血”，保证了如期脱贫。

（4）幸福生活是实施“N+脱贫有我”行动的目标。围绕寻找“最美家庭”，依托“最美家庭”“五好家庭”创建，每个贫困村评选“好婆婆”“好媳妇”“好妯娌”，引导广大妇女养成好习惯、形成好风气，丰富各类文化娱乐活动，不断增强妇女群众的获得感、幸福感和安全感。

就业帮扶体系助力下岗女工就业创业脱贫

——联合国开发计划署支持的下岗女工创业与再就业项目

案例类型：社会性别平等，就业扶贫

关键词：天津市，下岗女工，再就业，创业

提交机构：商务部中国国际经济技术交流中心

摘　要

20 世纪 90 年代后期，中国政府与联合国开发计划署合作设立“下岗女工创业与再就业”项目，构建了新型就业减贫模式，帮助下岗女工增强和提升自我发展意识与能力，支持其创业，并带动就业，最终提高家庭收入和女性社会地位。该项目针对天津市下岗女工这一特殊群体，主要开展了四个方面的工作：一是建立就业扶持服务渠道；二是提供生产技能培训；三是建立妇女创业孵化器；四是以小额信贷提供资金支持。该项目下建立的妇女创业服务中心是中国第一个面向妇女创业者提供服务的孵化器，妇女小额信贷机构是中国第一家城市的专业小额信贷机构。

背　景

20世纪90年代后期，天津作为当时中国主要的工业城市，

下岗成为其面临的社会问题之一。下岗女工主要来自轻工业、纺织业和机械制造业，多数下岗女工最高学历仅为初中。其中，20% 下岗女工存在年龄较大、生育和疾病等问题。因此，为解决城市下岗工人的贫困问题，除了提供基本的生活保障之外，根本问题是如何提供再就业的岗位机会或创业条件，帮助其获得再就业或创业所需要的技能及启动资金。

1998 年，中国政府与联合国开发计划署（以下简称“开发署”）合作设立了下岗女工创业与再就业项目，目标是针对城市下岗女工这一特殊群体，建立就业扶持服务渠道，提供生产技能培训、创业孵化及资金支持，帮助下岗女工增强和提升自我发展意识与能力，支持其创业，并带动就业，从而增加家庭收入。

项目实施

开发署与中国政府深入合作，以天津市为项目实施区域，开发形成了“信息化服务 + 技能培训 + 创业孵化 + 信贷资金支持”的城市下岗女工就业减贫模式。

1. 项目实施安排

（1）项目参与方。该项目是中国政府、开发署和澳大利亚国际发展署（以下简称“澳发署”）合作的项目，由中国国际经济技术交流中心执行，中华全国妇女联合会负责全面协调和实施国家层面的相关活动，天津市妇女联合会负责地方层面的日常实施。开发署提供技术支持、政策建议，对项目的实施负有最终监督和质量保证责任。

（2）项目组织管理体系。该项目组织管理体系包括两个层次，即项目指导委员会、天津项目管理办公室。项目指导委员会负责设计项目方案、指导项目实施，参与项目的后续监控与管理，并提供支持，成员包括开发署、中国国际经济技术交流中心、中华全国妇女联合会、天津项目管理办公室中相关政府部门的代表[1]等。天津项目管理办公室设在天津市妇女联合会，作为中华全国妇女联合会在地方的实施责任方，确保项目日常实施方案如期落实，监管小额信贷资金日常运作和创业中心日常运转，确保项目执行质量。

（3）项目资金。项目设立的资金预算中，开发署提供71.8万美元，澳发署提供114.3万美元，天津市政府投入30万美元，合计216万美元，折合人民币1792.8万元。

2. 项目实施过程

（1）立项调研。项目从1998年开始至2002年结束。在项目设立之前，虽然天津市妇女联合会与当地政府一直致力于改善下岗女工的再就业服务体系，但是立项调研过程中发现仍有部分领域存在着不足。这些不足主要体现在以下方面：第一，缺乏系统化、结构化的创业和就业信息支持系统；第二，缺乏对下岗女工及培训师的有效培训；第三，在创建新企业初期，妇女往往容易陷入缺乏多种创业条件的困境，如缺少信贷支持、缺乏经营管理能力，以及负责扶持的妇联工作人员本身缺乏有关经营管理方面的知识；第四，全国范围内缺少针对小企业发展和城市小额信贷计划的政策框架；第五，与男性相比，女性面临更大的重返就业的挑战，重新进入劳动力市场的比例远低于男性；第六，下岗女工的自主能力不足。

（2）设计项目方案。基于上述问题，开发署和国别技术专家们开展方案设计，逐步地进行有针对性的改善。首先，提高天津市妇女就业支持服务的硬件水准并扩大覆盖范围；其

[1] 天津市列席项目指导委员会的部门包括财政局、税务局、工会、劳动局、工商局及妇联。

次，加强天津市妇女联合会的培训和外展能力，并对下岗人员提供就业创业培训；再次，引入小额信贷计划支持再就业和创业，并提供综合性的创业风险咨询及相关培训服务；之后，在条件允许的情况下支持建设女企业家孵化器；最后，进行模式总结。

项目立项启动	1998 年在天津进行立项诊断，并启动项目
信息平台搭建	1998—1999 年改进天津市劳动市场就业信息服务系统
人才培训	1998—1999 年对就业服务的公务人员、培训师、就业或创业人员提供培训
信贷计划	1999—2000 年设立小额贷款基金，为创业女性提供信贷支持
创业孵化器	2000—2001 年寻求额外的资金来源为女企业家提供企业孵化器
项目总结	2001—2002 年总结项目实施模式和经验，并完成项目工作

▲ 下岗女工创业与再就业项目的实施过程

3. 项目实施内容与方法

（1）加强就业信息服务中心的能力建设，构建有效的劳动力市场信息网络。就业信息服务中心的建立使得下岗女工的相关信息可以被系统定期收集和分析。同时，通过为该服务中心的工作人员定制职业服务培训教材、课程，派遣培训师提供员工心理辅导、咨询服务等培训，以及组织服务中心工作人员到其他地区对再就业服务进行研究和学习，帮助从事与劳动力市场和妇女相关工作的人员增强性别意识和服务能力。此外，该项目还建立了下岗女工与成功再就业和创业的女性之间的互动交流网络。

（2）增强针对下岗女工的培训能力，使培训效果适合不同的市场需求。对于下岗女工，该项目设计编写了针对再就业的技术技能、市场销售、管理、心理辅导等方面的培训材料。同时，特别关注培养政府部门和职业培训机构的培训师，使其有能力设计、实施管理培训和咨询服务。通过培训课程，培养营销、人力资源、战略和财务等领域的管理人员，并将创业风险、应对措施、相关政策规定制作成册，方便下岗女工阅读和学习。

（3）建立小额信贷基金，服务下岗女工自主创业。建立小额信贷基金、突破资金短缺的限制，为自主创业的下岗女工及尝试扩大现有经营的女企业主创造条件。该项目对在天津设立小额信贷基金进行了可行性研究，并确定了本地实施方案。之后，项目设立了妇女创业小额信贷基金并组建了主要由女性管理的团队，设立了基金管理操作准则，包括联保小组、贷款管理手册、财务标准等，以及对管理人员进行专业技能培训。

▲ 土库曼斯坦考察团参观李莉的睡美莲公司

（4）孵化女性创业范本，有效帮助女性创办的小微企业。该项目支持建设了创业孵化器，在合理地设置其组织架构后组建专业团队负责对孵化器进行日常管理，并启动了与企业孵化有关的培训。

成　效

1. 实现了下岗女工再就业和创业脱贫

在执行的 4 年里，该项目为收入低于全市平均水平一半、家庭财产不超过 1 万元的下岗女工和双下岗户共计发放贷款 950 万元，每个申请户可贷款 4000 ～ 6000 元，还贷率达到了 99.8%。该项目使 6000 多名下岗女工实现了再就业，其中双下岗职工户占 75%、单亲家庭占 15%。1000 个贷款户实现自我就业的同时，还吸纳了 400 名下岗职工就业。[1]

对贷款满 1 年的 707 名下岗女工的调查显示，其中月收入增加 800 元以上的下岗女工占总人数的 15%，增加 500 ～ 800 元的占 27%，增加 300 ～ 500 元的占 25%，增加 300 元以下的占 30%。此外，妇女创业服务中心还培养扶助了一批能适应市场竞争、有开拓精神与经营能力的女企业家，在项目实施阶段共有在孵企业 38 家，其中 36 家企业由女性创办。

2. 促进了贫困女性经济社会赋能

该项目探索出的对妇女创业的综合支持体系，对女性群体自我发展和社会认可度的提高具有深远的影响。小组联保的组织形式使她们摆脱了孤独感，形成了一种合力，将资源组合起来，共同开发市场，提高了参与市场竞争的能力，也让她们

❶ 孟华．天津利用小额贷款“激活”下岗女工自主就业［EB/OL］．（2002-06-17）［2020-10-11］．http://news.sohu.com/28/99/news201579928.shtml.

体会到了创业的成就感。通过扶持，一些下岗女工在自主创业的基础上积极参加社会活动，以实际行动回报社会。下岗女工创业成功后带动其他女性就业，她们中有不少人获得了“巾帼建功标兵”“三八红旗手”“五好文明家庭”“纳税标兵”等荣誉称号，有的女性还被选为区人大代表、政协委员。[1]

3. 壮大了地方就业服务组织机构

该项目成功创立了地方就业和创业两个创新性载体——天津市妇女创业发展促进会（以下简称“妇促会”）与天津妇女创业中心。这两个地方就业服务组织已实现可持续运转。

一方面，妇促会自开业以来取得了良好的社会效益和经济效益，做到了保本微利，实现了机构的可持续发展。截至2018年7月底，天津妇促会累计发放贷款13 140笔，共计16 656万元人民币，直接或间接带动就业6万人次，其对当地社会和经济发展产生了积极影响。[2]小额信贷服务最初定位的人群是天津市下岗失业妇女，经过了长达18年的发展，贷款从最早小组联保4000元现金贷款发展到现代化管理的银行账户放款，金额可根据需求最高达到20万元。贷款产品也逐渐多元化，出现了信用担保创业贷款，保证、信用教育贷款，手工产业贷款。业务从覆盖市区女性逐渐向农村地区扩展，包括设施农业贷款等。客户群体从最初的技术含量低、成本低、科技水平低、利润低，经过十几年的发展不断提升，专业性越来越强、文化水平越来越高、创业的年龄越来越小，出现了大学生群体经营的科技含量高的网店、附加值高的早教服务中心、文化创意设计和生产的工作室。

---

[1] 2002年10月9日杨建国的项目会议发言《小额信贷在天津市再就业工程中的作用》。

[2] 任志静．扶助下岗失业妇女实现自主创业：公益性城市小额信贷模式的探索［M］// 杜晓山，刘文璞．从小额信贷到普惠金融：中国小额信贷发展二十五周年回顾与展望纪念文集．北京：中国社会科学出版社，2018：319-333.

另一方面，开发署将资金、技术支持和信息引进了中国，建立了天津妇女创业中心，该中心是中国第一个把企业孵化器概念引入城市就业与创业领域的国际合作项目，也是全国首家女性创业孵化器，其运营经验也在国外产生了示范性影响。2005 年，泰国孵化器考察团到该中心学习交流，同时深入企业进行实地考察。该中心从 2004 年开始举办“女性创业计划书大赛”，截止到 2019 年已经累计有 5770 多个团队参与 255 个项目获奖。近年来，该中心深入推进跨区域合作优化女性创业创新环境，积极推动京、津、冀地区城乡妇女和女大学生的创业创新的共赢发展模式，引入了三地创业孵化载体和风险投资，促进了三地女性创业者的交流与合作。

经验与启示

1. 构建多维度的再就业和创业支持方案

该项目提供的从精神、技能、资金和创业环境多维度的再就业和创业支持方案，解决了当时地方组织机构之前面临的挑战。系统化的市场信息整合可以收集下岗女工的可靠数据，帮助她们寻找合适的岗位。为地方组织机构提供了系统化的培训计划，培育了一批就业服务培训人员。在没有专门针对小企业融资需求的国家政策性金融机构及相应法规的情况下，帮助地方组织机构建立了系统的创业小额贷款机制。通过着重加强天津市政府机构人员和下岗女工的性别意识，更好地消除性别差异的观念和被动就业的观点，使得贫困人群从倾向于依靠传统的组织分配方式、期待被政府或国有企业重新分配到岗的状态中走出来，更好地顺应新的市场经济形势重回工作岗位并融入社会。

2. 以女性经济和社会赋能为导向，激发其内生动力

该项目从最初设计到实施过程，始终将信息的整合、机制的建立、平台的培育、企业的孵化、资金的支持与再就业和创业紧密联系在一起，并以女性经济和社会的赋能为导向，极大地提高了地方组织机构就业综合服务的效率，同时激发了女性自我发展的内生动力。

3. 注重小额信贷的规模化与规范化发展，扩大资金来源

虽然该项目在天津取得了较好的成绩，但仍存在扩大服务的后续动力不足，容易受到市场冲击的问题。在过去几十年里，小额信贷支持就业创业在特定的人群中发展很快，赢得了市场的认可，但缺乏多样性的资金是机构扩大规模、降低成本的一大障碍。要使类似的扶持项目真正做大、做强，实现可持续发展，在很大程度上依赖于小额信贷的规模化与规范化，并配合适当的政策来吸引社会资本、银行融资、开发性金融等以扩大资金来源。

4. 人文关怀与市场经济运作模式有效结合

该项目通过将对贫困女性的人文关怀与市场经济运作模式相结合的方式，把政府安置性的就业转变成了妇女发掘自身潜力实现就业和创业。现阶段，由于城市化产生的新城镇人口就业、乡村振兴战略发展下农民返乡创业、大学生或青年群体创新创业，所以仍然需要此类综合性的信息整合、技能提升、政策指导、业务规范、资金支持和项目孵化的支持项目。

通过振兴民族传统工艺、保护非物质文化遗产带动贫困人口增收

——贵州省振兴非遗传统工艺助力脱贫案例

案例类型：文化遗产与扶贫

关键词：非物质文化遗产，传统工艺，非遗扶贫工坊

提交机构：贵州省非物质文化遗产保护中心

摘　要

传统手工艺与非物质文化遗产是一个地区或民族的文化表征，是人类文化多样性的重要表现。振兴传统工艺与非物质文化遗产不仅可以促进文化的传承，还可以为当地百姓提供就业机会，助推地区脱贫。但在振兴传统工艺与非物质文化遗产过程中，贫困地区由于人口文化水平较低、保护意识不强、创新力缺乏，无法进行大规模文化产业开发。贵州省文化和旅游厅围绕传统手工艺与非物质文化遗产的保护和开发，采取了多种措施将其打造为贵州省脱贫的重要推手，取得了极好的成效。其可供国际借鉴的经验主要有两点：第一，传承传统手工艺、保护非物质文化遗产不仅有利于保护文化多样性，还能带动地区经济发展、推动地区减贫；第二，传承传统手工艺、保护非物质文化遗产要体现“以人为本”，要尊重当地居民的文化传统、发挥当地居民的能力和作用。

背　景

贫困地区往往因环境闭塞、对外交流不足，导致很大一部分传统工艺与技术无法在现代市场经济条件下发挥促进经济发展、提高人均收入水平的作用。贵州省地处中国西南腹地，少数民族众多，各民族在这里创造了绚丽的文化与众多的民族工艺，但其经济价值并未得到应有的发挥。贵州省是全国贫困人口最多、贫困面积最大、脱贫攻坚任务最重的省份。因此，贵州省文化和旅游厅把文化助推扶贫、传统工艺振兴作为全省文化工作重点，通过培养传统手工艺人做大文化产业等方式有效地推动了贵州省脱贫。

项目实施

1. 整合资源

2015—2018 年，中央补助贵州省非遗保护专项资金约 1.3 亿元，省级财政投入非遗保护专项资金约 1.06 亿元。其中，针对国培院校，2015 年中央专项非遗补助经费 965 万元，2016 年中央专项非遗补助经费 278 万元，2017 年中央专项非遗补助经费 600 万元，2018 年中央专项非遗补助经费 540 万元。2017 年重点对 14 个深度贫困县、20 个深度贫困乡镇进行补助，总计下拨经费 466 万元。

2. 确定培养（培育）对象和目标

（1）培养（培育）对象。2016 年年初，贵州省文化厅、贵州省人力资源和社会保障厅、贵州省经济和信息化委员会、贵州省民族宗教事务委员会、贵州省妇女联合会 5 家单位联合印发《贵州省传统手工技艺助推脱贫培训计划（2016—2020

年）》，联动组织实施“十、百、千、万”培训工程，着力对非物质文化遗产传承人群进行分级、分类、分层培训。其中，“十”，即培养（培育）数十名大师级传承人、数十名国内知名手工艺品设计师，以出省（出国）培训为主；“百”，即培养（培育）数百名传统手工技艺骨干传承人，数百名省内知名手工艺品设计者、市场营销人员，采取“走出去、请进来”的办法，请国内外知名专家大师集中培训；“千”，即培养（培育）数千名传统手工技艺传承骨干，主要依托本土培训；“万”，即动员数万名传统村落贫困农户参与传统手工技艺培训，实现农村贫困人口就业人数新增上万人，依托本土就地就近培训。

（2）培养（培育）目标。动员传统村落贫困农户参与传统手工技艺培训，实现农村贫困人口就业人数新增上万人，依托本土就地就近培训。帮扶推动传统手工艺人、非物质文化遗产传承人的文创产品转型升级。

3. 确定承担培养（培育）的单位

2015 年，文化部办公厅、教育部办公厅联合下发《关于实施中国非物质文化遗产传承人群研修研习培训计划的通知》，并于 2016 年下发首批参与院校名单，贵州省内贵州民族大学、贵州师范大学、凯里学院、黔东南民族职业技术学院入选。在此基础上，2016 年，贵州省自行遴选贵州民族大学、贵州师范大学等 10 所地方高校，3 家文化企业作为培训基地。2017 年，新增 3 家非遗文化公司负责当地易地搬迁安置点，开展传统手工艺培训工作。

4. 建立非遗扶贫工坊

2018 年 7 月，在传统工艺工作站的框架下，贵州省文化和旅游厅联合贵州研培的 15 家工作坊，到 2020 年共同指导建好10个“非遗小镇”、100个“非遗村落”和100个“非遗扶贫工坊”。

5. 探索传统技艺发展新模式

通过举办不同层级的苗族、布依族、侗族传承人对话设计师活动，“银绣染‘美丽’生活——多彩贵州传统工艺振兴对话”及由贵州师范大学承办的“传承人对话设计师暨产品设计专业教学论坛”、贵州盛华职业学院承办的“社会办学与非遗传承对话活动”，百余名传统工艺研究专家、非遗企业一起分享传统工艺创新创业的优秀案例，积极探索传统工艺及相关文创产业的发展规律与创新模式，尝试建立贵州省内民族手工企业与省外文创企业的协同发展机制。

成 效

第一，就业人数增加，收入水平提高。贵州省把高校培训资源与贵州省松桃梵净山苗族文化旅游产品开发有限公司、贵州省兴义市布谷鸟民族实业发展有限公司、贵州苗妹银饰工艺品有限公司等优质企业进行整合，建立了多层次的产教融合平台。2016年，贵州省传统手工艺总产值超过了10亿元，带动50余万人就业。贵州省松桃梵净山苗族文化旅游产品开发有限公司有员工260余人，直接带动4100多人就业，年产值8000多万元；贵州省兴义市布谷鸟民族实业发展有限公司有员工200余人，通过传承人群培训，其中21名学员自主创业成立小微企业和专业合作社，带动移民搬迁户3000余人通过民族服饰加工、刺绣、蜡染、纺织土布就业；贵州苗妹银饰工艺品有限公司有员工217人，带动856户、1600余人就业，年产值近亿元。

▲ 贵州苗妹银饰工艺品有限公司培训

第二，贫困人口的手工艺能力得到提升。有关文化部门、扶贫管理部门积极开展扶贫工作，组织传统工艺振兴培训，努力提高边远贫困地区人口的传统工艺能力。边远贫困地区民众抓住振兴发展传统工艺的机会，重操旧业，努力发展传统工艺，相互学习交流，将传统工艺“走出去”与“请进来”相结合、传统工艺与现代生活相结合，使传统工艺融入创新型发展时代，提高传承手工艺能力。

第三，贫困地区可持续发展能力增强。贫困地区民众通过振兴发展传统工艺增加了就业机会和收入，有了新的经济来源及传承与发展传统工艺的新动力，形成了稳定就业、发展生产的新模式，树立了贫困地区可持续发展的新理念。

真实故事

2018 年，传统工艺贵州工作站选派贵州苗族银饰非遗传承人潘仕学前往苏州工艺美术职业技术学院银饰研修班。返乡后，他参与建起了麻料银绣传习馆、麻料村百匠银器农民专业合作社、银匠免费培训学校、麻料苗族银饰刺绣传习基地、麻料村非遗工坊等，采取“协会＋公司＋困难户”模式运行半年后收效明显，设立了春富、百福、春艺、黎华等银饰工坊14家，带动东祥、世红、银泉等农家乐8家，开展银饰加工销售、技术培训、技术交流，提供咨询服务，将银饰锻造与旅游产业结合起来，带动麻料村相关产业发展，如接待10多个传统工艺体验团，带动了麻料村的民宿发展，调动了村民通过传统工艺创业发展的积极性。作为带头人的潘仕学组建了20～30人的团队，其中自家非遗工坊有工匠6人，外村非遗工坊有工匠8人，还有设计营销、直播团队等人员10余人，通过发展民宿以电商、直播等形式获得了全国各地源源不断的订单。潘仕学又有了新计划：一是联动周边传承人和村寨，扩大体验基地；二是准备在贵阳市建立体验基地，扩大影响，联动城乡；三是积极开发研学内容和准备课程包。

经验与启示

（1）传承传统手工艺、保护非物质文化遗产不仅有利于保护文化的多样性，而且能带动地区经济发展，推动地区减贫，但振兴传统手工艺与非物质文化遗产助力脱贫需要将传统手工艺融入现代生活，以市场为导向，结合目标客户的需求实现创新型发展。

（2）传承传统手工艺、保护非物质文化遗产要体现“以人为本”。村落，特别是传统村落，是非物质文化遗产赖以生存的土壤，要更好地保障传统村落民众的生活，唤起他们的文化自觉。他们是传统村落的缔造者，是农耕文化的守护者。只有让他们更有文化自信，才能让传统村落是有魅力的和可持续发展的。产业带动、传统手工艺振兴给村民带来利益，使乡村“活化”，使更多的年轻人愿意留在村寨里继承与发扬传统手工艺。

减贫项目实施与管理

创新支持小农户促进脱贫增收

——联合国世界粮食计划署金寨猕猴桃产业扶贫项目

案例类型：产业扶贫

关键词：金寨县，猕猴桃，小农户，合作社

提交机构：联合国世界粮食计划署，安徽省农业农村厅

摘　要

金寨猕猴桃产业扶贫项目由联合国世界粮食计划署资助、安徽省农业农村厅积极推动和指导、金寨县农业农村局具体组织实施。该项目位于安徽省金寨县梅山镇北部，自2018年6月项目签约启动以来，通过“大户+贫困户”模式成立扶贫专业合作社，利用“入社分红、劳务增收”方式，带领和帮扶150户在册贫困户、511人积极参与猕猴桃产业链项目，取得了贫困户增收、产业扶贫示范引领等阶段性成果。

背　景

金寨县地处大别山腹地、鄂豫皖三省交界处，总面积3814平方千米，辖23个乡镇。全县野生猕猴桃面积为20余万亩，年产量近万吨，2014年“金寨猕猴桃”获批国家地理标志保护产品。截至2017年年底，金寨县域经济发展比较落

后，仍是全国重点贫困县，有重点贫困村 71 个、贫困户 2.9 万户、贫困人口 8.43 万人。“十三五”时期，金寨县脱贫攻坚任务仍然繁重，主要原因为：一是农村贫困比率大、贫困人口多、贫困程度深的状况还没有得到根本改变；二是农业农田基础设施抵御自然灾害能力较弱；三是农业产业化程度不高，产业链条较短、品牌效应不强等问题比较突出；四是大多数贫困村农业产业基础薄弱，经济作物结构相对单一；五是资金投入缺口较大，远远不能满足生产发展的实际需求。

该项目区位于梅山镇北部，面积约 28.8 平方千米，下辖 51 个村民组，共 6436 人。其中，贫困户 460 户、1098 人，留守儿童 158 人，女性 425 人，合计占贫困人口总数的 53％。贫困户中，有劳动能力的 339 户，无劳动能力的 121 户，人均年收入 2900 元，人均耕地 1.8 亩。经广泛调研，该项目区农民收入增长缓慢的原因有：一是部分农民观念陈旧、思想落后保守，成为限制其增收的最大障碍。二是部分农民受教育水平低，自身综合能力不强，没有一技之长是其难以脱贫致富的根本原因。三是居住位置偏远。因自然、地理条件落后，贫困农民生产生活十分不便，水、电、路、通信等基础设施建设落后，严重制约了当地的经济社会发展。四是生产性投入不足。农民的自身投入用于农业增收的比例也一直很低。据统计分析，在项目区贫困农民家庭总支出中，用于生活消费、子女入学、医疗、建房、亲属往来的支出约占 84%，而用于购买生产资料、农用器具等生产性的支出占比为 16%。与种植粮食作物相比，发展猕猴桃产业的高回报对农民增收更有吸引力，但猕猴桃产业具有高投入、高风险的综合特性，受地域性环境影响也大，尤其是个体小农户缺少前期生产性投入和技术支持，难以参与猕猴桃产业链的发展并从中获得收益。

项目实施

该项目通过增强贫困农民、农村妇女的自身发展能力，提高农民组织化程度，发挥合作社对贫困户的带动作用，将贫困农户与市场紧密连接起来，把贫困户深度嵌入猕猴桃产业发展链条，通过建立稳定的利益联结机制使贫困户参与、分享价值链的增值收益，促进项目区农业增产、农民增收、改善生活和增强食品安全等。在经济效益上，项目建成后猕猴桃进入盛果期，每亩产量可达 1000 千克，按猕猴桃价格 15 元 / 千克计算，每亩纯收益 1 万元，贫困户 2 亩分红 1 万元左右，可持续 20 年以上。在社会效益上，猕猴桃产业链的发展将促进项目区劳动力的转移，为梅山镇贫困户提供就业机会和稳定的收入渠道，促进农民专业合作社的发展，并成为良好示范。在生态效益上，项目的实施有利于控制项目区和项目辐射区的水土流失，农田林网进一步完善，有效改善田间小气候条件，进一步增强产区减灾和防灾的能力。项目实施具体有以下三个方面。

1. 帮助贫困小农户建设果园，增强自身发展能力

帮助小农户新建标准化果园。按照每个农户种植 2 亩猕猴桃园、发展 150 个目标农户的规模，在适当集中连片的地方建 2 个猕猴桃园，实施整地开墒、土壤改良、排灌沟渠、田间道路、水肥一体化、水平棚架、栽植壮苗等建设工程。

对农户提供生产技术支持。根据猕猴桃生产季节的不同阶段，提供栽苗、测土配方施肥、节水灌溉、修剪、病虫害防治、采收等标准化技术培训和现场示范，强化贫困户的参与和受益。

对贫困妇女给予赋能支持。由于留守妇女不仅承担劳动生产，还要照顾家庭和抚育子女，因此项目办在培训中充分考

虑妇女的需求，为其提供应有的便利。通过开展专门针对妇女的技术培训，如电商、营销、维权、猕猴桃田间管理等，使她们尽快投入工作并与相关机构合作，增强她们参与公共事务的意识和能力。

2. 支持农民组织化建设，积极吸纳贫困小农户参加扶贫专业合作社

成立扶贫专业合作社。采取召开村民大会等方式，针对参加项目的 150 户贫困户，把分散独立的缺乏专业技能和生产能力的贫困户联合起来，吸收贫困农民以 300 亩土地入股，建立合作社管理机制和章程。在扶贫专业合作社的管理上，以农户民主决策管理为主，并选举产生了扶贫专业合作社妇联第一届妇女联合会，由其全程参与项目建设。该合作社负责果园的运作，组织社员参与果园生产、合作社管理，联系销售，定期组织培训。

构建产业联合体运营模式。将扶贫专业合作社纳入已经初具规模的合作联社，适当支持联社的品牌运作。坚持统一投入品、统一种植规范、统一质量标准、统一过程监控、统一市场品牌，以“联合社→合作社→贫困农户”模式推进。一方面承接技术指导和培训，反馈种植疑点难点，负责产业规范、科学管理；另一方面整合技术、机械、农资、专业熟练工人等资源，统筹协调有偿农事活动。

加强项目区妇女赋能建设。通过开展妇女管理能力的培训，加大女性在扶贫专业合作组织管理层的比例，发挥妇女在合作组织中的作用。根据能力水平，妇女可以进入农民专业合作社的决策层，使其全程参与果园建设，掌握猕猴桃生产销售技术，提升社会认知、综合素质、维权意识等。

3. 构建利农的市场环境，增强产业价值链发展能力

建立果品质量追溯体系。通过产品标识、建立档案、源头信息采集、终端查询，实现对猕猴桃从生长到销售全部环节的信息跟踪记录，实施市场准入制度。

强化果品市场销售策略。支持贫困户联合体与农村电商合作，开展市场调研，了解市场动态、猕猴桃销路和消费者反馈，进行产品推介，促进品牌价值提升。

加强产业多边合作交流。开展国内、国际层面交流，举办国际猕猴桃高峰论坛，邀请国际专家、学者交流猕猴桃产业发展，引进国际先进技术和理念、搭建国际交流平台，结合国内其他省份的资源进行项目间、地区间交流互动、资源共享。

做好果农生产风险保障，为猕猴桃种植户购买农业保险，以规避农户的生产风险，提供利农的市场环境。

成　效

1. 项目区农民组织化程度不断提高

为进一步做好猕猴桃产业扶贫项目工作，规范农民组织化建设，金寨天源猕猴桃种植专业合作社具体承担项目实施。一是扶贫专业合作社通过“入社分红、劳务增收”方式共吸纳贫困户 150 户、511 人，流转土地 300 亩，带动了贫困户通过劳务和产业稳定增收。二是建立合作社治理机制。合作社积极承接技术指导和培训，统筹协调农事活动，民主推荐的 7 名贫困户社员组成的监事会定期履行监督职责，对合作社的生产经营、财务管理等活动进行监督检查，并定期对全体社员公布。通过建立由合作社、村民委员会、梅山镇人民政府、金寨县农业农村局等多方参与的会商制度、社员代表大会制度等，合作

社财务支出透明公开，治理机制逐步完善。每年定期在天源猕猴桃种植专业合作社召开合作社民主监督小组暨合作社妇女代表座谈会。会上，合作社理事长报告项目开展情况，会议听取民主监督小组意见。

2. 猕猴桃种植质量逐步提高

该项目的目标是建成国内一流的 300 亩猕猴桃种植基地，如期实现贫困户稳定增收。一是开展种植基地土壤改良工作。在前期土地流转的基础上，该合作社继续通过增施腐熟板栗壳和有机肥等方式改良土壤，使种植基地的土壤有机质含量大幅度提高，三年来共增施 1160 吨有机肥。二是开展猕猴桃基地整地起垄工作，通过土地整理、垄厢平整、三沟配套，确保雨停沟干。三是开展猕猴桃壮苗移栽工作。2019 年 3 月在完成 100 亩“东红”和 160 亩“皖金”猕猴桃移栽基础上，2020 年春季克服新冠肺炎疫情影响，顺利完成 40 亩“东红”猕猴桃园区壮苗定植和 260 亩缺棵补植工作。140 亩“东红”猕猴桃避雨棚、金寨猕猴桃扶贫产业基地“水利最后一公里”配套项目、3500 米猕猴桃园区主干沟渠和围沟硬化疏通、全区围栏和监控等工程全面竣工。

3. 投资和利益联结机制成效显著

经扶贫专业合作社社员反复磋商和联席会议通过，明确 150 户贫困户每户联结 2 亩猕猴桃园（共 2000 元）。每亩猕猴桃标准园前三年建设投入 3 万元，其中贫困户向合作社交纳 0.1 万元 / 亩，联合国世界粮食计划署项目支持 1 万元 / 亩，合作大户出资 1 万元 / 亩，政府配套项目支持不低于 0.9 万元 / 亩。贫困户与合作大户各占股 50%，全程接受监督。目前，联合国世界粮食计划署到位资金 306 万元（其中 270 万元用于基地建设），金寨县地方财政配套项目到位资金309万元，大户孙斌投入到位资金209万元，150户贫困户入股合作社资金30万元（全部到位）。对2020年试挂果的100亩猕猴桃已在中国人民财产保险股份有限公司金寨支公司进行投保，已申报立项基地智能水肥一体化项目。合作社积极吸纳有劳动能力的贫困户社员参加猕猴桃基地劳务，使社员获得酬劳、增加收入。一旦进入丰果期，按照“大户＋贫困户”的运作模式和盈余分配制度，合作社贫困户社员的收入不仅会有保障，而且会大幅度提升。金寨县猕猴桃产业扶贫项目不仅促进了项目区猕猴桃产业发展，改善了项目区的农业生态环境，而且探索出合作社扶贫新机制、新模式，实现了合作社与贫困户社员共享发展，推动了贫困户社员的稳定、长效脱贫。

4. 技能培训与项目区妇女赋能建设日益加强

加强项目区技能培训与妇女赋能建设是该项目的重要工作之一。一是加强技术培训。每月邀请安徽农业大学专家通过现场指导、集中培训等多种方式开展技术培训，培训内容包括猕猴桃栽培、产品储藏、病虫害绿色防控等技术，培训人员达2600余人次。二是加强管理培训。金寨县先后邀请安徽财经大学、安徽农业大学、金寨县农业管理服务中心等专家就合作社的规范管理、运作等进行培训。三是合作社先后四次联合金寨县妇女联合会，组织贫困妇女开展猕猴桃疏果、套袋、采果、修剪等技能竞赛。四是在金寨县妇女联合会指导下，2019年8月扶贫专业合作社妇女第一次代表大会在梅山镇徐冲村新时代文明实践讲堂召开，选举产生了扶贫专业合作社妇联第一届妇女联合会，由其全程参与项目建设。五是邀请安徽蚂蚁金服客服部专家进行小额融资知识培训。六是金寨县妇女联合会专门邀请了安徽省妇女儿童发展基金会到项目村为广大妇女提供创业增收、权益保障等培训，不仅帮助妇女增加了收入，还提高了她们的工作技能、增强了自我价值认同感。2020年9月，扶贫专业合作社妇女技能培训会在梅山镇徐冲村新时代文明实践讲堂召开，56名贫困妇女参加培训。

真实故事

入股贫困户代表裴正英的两个女儿已出嫁，她的丈夫患有慢性疾病，全家仅靠她打零工维持生计。除政府补助外，裴正英每月务工收入仅500元。项目实施后，裴正英作为基地固定工，年务工收入达2万元以上，于2018年顺利脱贫。裴正英积极参加合作社组织的培训学习，多次获奖，因入股合作社后勤劳工作和乐观的心态，被选为合作社监督小组成员、妇代会成员，还被选为贫困妇女代表受邀金寨县广播电视台采访。

经验与启示

1. 项目规范实施与运作是前提

为加强合作社规范运营，成立监事会定期履行监督职责，选举产生的扶贫专业合作社妇联第一届妇女联合会全程参与项目建设，扶贫专业合作社妇联的成立在六安市合作社中是首例。通过建立由合作社、村民委员会、梅山镇人民政府、金寨县农业农村局等多方参加的会商制度、社员代表大会制度等使治理机制逐步完善。

2. 争取各级政府高度重视是保障

自该项目实施以来，受到安徽省农业农村厅，金寨县委、县政府，梅山镇党委、镇政府等的高度重视，有力保障了项目实施，大力推动项目进展。

3. 充分调动广大贫困户参与项目活动是关键

三年来累计培训达 2600 余人次，调动贫困户的积极性，激发贫困户的内生动力，让贫困户主动参与项目建设，特别是项目办举办的妇女技能竞赛，极大地提高了猕猴桃产业扶贫合作社贫困妇女的从业技能和家庭地位。

4. 保证贫困户增收是核心

自 2018 年项目实施以来，该项目链接带动的 150 户贫困户持续增收，入股贫困户的生活明显改善，他们纷纷表示猕猴桃产业扶贫项目帮自己找到了一条发家致富的道路，会更有信心把猕猴桃越种越好。

5. 加强项目宣传、提高社会影响力是动力

2019 年 12 月 9 日，中国农业农村部和海南省人民政府在海南省三亚市举办了首届中非农业合作论坛。在论坛上，联合国世界粮食计划署中国办公室项目官员重点介绍了金寨猕猴桃产业扶贫项目，并得到了国内顶级专家和非洲国家代表的广泛赞誉。金寨县会按照安徽省农业农村厅要求，用四年时间将其打造成世界贫困地区产业扶贫新样板。

综合扶贫组合拳助力精准脱贫
——中国铜业"1+N"精准扶贫模式

案例类型：综合扶贫

关键词：企业社会责任，就业，教育，产业，基础设施建设

提交机构：中国铝业集团有限公司

摘　要

2015 年以来，中国铜业有限公司（以下简称"中国铜业"）以"工业"发展为牵引，开展了一系列卓有成效的扶贫工作，探索形成"工业 + 教育、就业、产业、基建……"的"1+N"扶贫模式。截至目前，中国铜业及所属 22 家企业在云南、河南、四川、湖北、内蒙古等 5 个省（区）承担了脱贫攻坚任务，积极开展"援青援藏"工作，新增挂钩扶贫州、市工业投资 201.39 亿元，工业带动扶贫基础设施建设近 2 亿元，专项扶贫资金 1.1 亿元，实施精准扶贫项目 140 余项，帮助建档立卡贫困户 4870 户、19 653 名贫困人口脱贫。中国铜业帮扶的云南省迪庆藏族自治州（以下简称"迪庆州"）德钦县、文山壮族苗族自治州（以下简称"文山州"）西畴县已脱贫出列。

背　景

中国铜业是中国铝业集团有限公司旗下重要的板块公司，

具备完整的铜、铅锌、铝产业链。目前，其铜产业综合实力处于全国第一梯队，铅锌产业综合实力位居世界前列。根据云南省委、省政府“挂包帮”“转走访”扶贫部署，中国铜业承担挂联迪庆州德钦县羊拉乡、文山州西畴县法斗乡脱贫攻坚的任务。

迪庆州是国家确定的“三区三州”深度贫困地区之一，位于云南省西北部，地处滇、川、藏三省（区）结合部的青藏高原南延地段，是世界自然遗产“三江并流”核心区。这里海拔高、氧气稀薄、条件艰苦、发展滞后、生态保护任务繁重。迪庆州德钦县羊拉乡由于地理、交通、气候等因素，经济社会发展起步晚、起点低，一直以来成为集“边远、山区、少数民族、贫困”于一体的贫困乡，下辖的羊拉村、甲功村、规吾村、茂顶村均为深度贫困村。文山州西畴县位于云南省东南部，是云南省石漠化程度最严重的地区之一。该县直到 20 世纪 90 年代中期才转移到以经济建设为中心的轨道上。

两个贫困县均存在工业产业基础薄弱、教育文化观念落后、人居生存条件极差、群众就业难收入低、生态环境保护压力大等问题，脱贫攻坚任务较重、压力较大。

项目实施

1. 工业发展引来“活水”

中国铜业坚持“创办一个企业、带活一方经济”的理念，在迪庆州和文山州建成3座现代化矿山和1家绿色水电铝企业。2015—2019 年，中国铜业在德钦县羊拉铜矿新增工业总投资 5.37 亿元，实现工业总产值 8.68 亿元，上缴税金 1.25 亿元，属地化用工人数占比达到 41.2%；在香格里拉市普朗铜矿新增工业总投资 53.93 亿元，实现工业总产值 35.07 亿元，占迪庆州总产值的 19%，实现销售收入 34.96 亿元，上缴税金 5.03 亿元，占迪庆州税收总收入的 17%，属地化用工人数占比达到 33%。中国铜业在文山州文山铝业新增工业总投资 79 亿元，实现工业总产值 138.9 亿元，上缴税金 7.42 亿元，属地化用工人数占比达到 49.8%；在斗南锰业新增工业总投资 6.48 亿元，实现工业总产值 15.46 亿元，实现销售收入 19.98 亿元，上缴税金 1.25 亿元，属地化用工人数占比达到 94.9%。中国铜业所属羊拉铜矿属地化用工比例为 41.2%、普朗铜矿为 33%、文山铝业为 49.8%、斗南锰业为 94.9%，近 2000 名本地居民实现在家门口就业。稳定的工作收入不仅成为这些家庭脱贫致富的重要保障，而且通过岗位锻炼有的已经成为矿山的管理、技术、生产骨干，一些人还走上了中、高层管理岗位。在矿产业发展的同时，还带动了当地基建、运输、加工、物流、餐饮、酒店等关联产业的发展，许多当地居民在家门口实现了就业，增加了家庭收入。4 家企业还积极支持和带动当地物流产业的发展。对于一般性生产物资采购、物料运输等可外包业务，在同等条件下优先让当地企业运营。2015—2019 年，4 家企业累计支付物流运费约 4 亿元。

2. 多措并举打好“组合”

中国铜业以“输血 + 造血”两轮驱动，着眼长远，探索形成了“工业 + 教育、就业、产业、基建……”的“1+N”扶贫模式，为云南省深度贫困地区打赢脱贫攻坚战做出了积极贡献。

一是产业扶贫增强“内力”。中国铜业根据当地资源禀赋，在不同地区分别实施“扶贫车间”、生猪养殖、蜂蜜加工等产业项目，打好产业扶贫“组合拳”。在西畴县法斗乡投入 272

万元实施社信合作项目，为168户贫困户入股社信合作，签订每年股息分红不少于10%的保底协议，每户每年增收1000元左右；投入172万元与法斗乡政府和其他帮扶单位共同实施生猪养殖项目，建成现代化生猪养殖基地，每年每户分红1040元；投入20万元建成氧化铝包装袋加工“扶贫车间”，加工制作包装袋定点供应云南文山铝业有限公司，形成“来料加工+技术服务+产品销售”的全产业链模式，30余名贫困户人均每月工资收入2500元。在德钦县羊拉乡，针对当地地域广袤、野花资源丰富的特点，采取“分散养殖+集中加工+职工认购”的消费扶贫模式，支持贫困户发展蜂蜜加工特色产业。2017—2019年，累计投入资金500万余元，采购羊拉乡自产蜂蜜3万余斤，每户每年增收2万元以上。

二是扶智就业拔掉“穷根”。中国铜业将教育帮扶与就业帮扶、“输血”式帮扶与“造血”式帮扶相结合，累计投入教育扶贫资金200余万元，招录建档立卡贫困人口627名，帮助贫困户每年户均增收5万元以上，走出了“扶智+扶志+就业”的路子。援助德钦县羊拉乡抓好学前教育，每年向羊拉乡3个学前教育点各捐赠学前教育经费5万元，累计投入43.5万元。在西畴县法斗乡的两所中心学校设立了脱贫攻坚助学奖学金和优秀教师奖，每学年对优秀教师和优秀学生进行奖励，截至2019年9月共开展4期奖励活动，奖励优秀教师120人次和优秀学生432人次，发放奖金28.20万元；开展大学生资助项目，对建档立卡户的在校贫困大学生按8000元/人·年标准进行资助，累计资助15名建档立卡贫困户家庭在读大学生，资助金额达10多万元。在德钦县羊拉乡，招录符合条件的羊拉乡贫困户子女，经云南铜业高级技工学校培训合格后安置就业，已安置19名贫困人口就业，累计发放工资191万元，每年户均可增加收入6万元以上。在西畴县法斗乡，开办脱贫攻坚“西畴班”，定点招录挂包帮扶点学生55名，其中建档立卡贫困户家庭学生37名，毕业后直接安置到所属企业就业，累计投入资金26.4万元。西畴班学生已到所属企业实习，实习工资2200元/月，转正后工资收入超过5000元/月，实现了“一人就业，全家脱贫”，阻断贫困的代际传递。在迪庆藏区投入19万元援建羊拉乡劳务输出培训中心，已帮助当地劳务输出就业1700余人。

三是基建帮扶打通“经络”。支持迪庆州德钦县基础设施建设。德钦县羊拉乡地理位置较为偏远，交通闭塞，自然条件极为恶劣，是云南省最后一个通公路的乡镇。2015年以来，中国铜业累计投入148.9万元帮助改善贫困村基础设施，援建自然村通村通组道路建设、居民综合卫生间改造、修建垃圾处理池、群众文化活动中心建设等项目。自开发羊拉铜矿以来，中国铜业累计投资1600万元参与扩建110千米的乡村公路，投资1000万余元新建了里农和路农村公路，有效改善了羊拉乡乃至迪庆州境内的交通运输、文化交流、商品流通环境。支持文山州西畴县基础设施建设，投资1100万元，支持修建西畴县城至董马乡政府二级路30千米，打通了董马乡经济命脉，带动了整乡经济发展，途经46个村民小组，覆盖6万余名群众。投入130万元对法斗乡15.58千米道路进行硬化，投入72万元支持美丽乡村建设，惠及群众500多户近2500人。在西畴县探索实施“爱心超市”项目，出资90万元在法斗乡的9个行政村建成“爱心超市”，制定积分兑换标准、管理办法、兑换流程、信息登记台账等，由村务监督委员全程监管，贫困户通过参加“村容村貌、户容户貌”整治、公益劳动、学习知晓脱贫政策、发展脱贫产业等方式获得积分奖励，用积分兑换相应日用品，进一步激发贫困户的脱贫积极性和主动性。

四是绿色发展树好标杆。中国铜业始终坚持矿业开发和环境保护并重，在矿业开发中严守生态环境底线。普朗铜矿是新建矿山开发项目，该矿临近“三江并流”世界自然遗产地、普达措国家级风景名胜区，铜矿开采全过程对生态环境保护的要求比同类矿山更为严格、标准更高。中国铜业采取了更为绿色、高效的矿山开采方式，致力于打造环境友好型绿色矿山。第一，实施绿色开采，采用自然崩落法，整个开采作业都在井下完成，上部的矿岩不需借助强制爆破，在自重和应力的作用下即可持续稳定崩落，保证地表植被不被破坏。第二，保护生物多样性。在项目勘探、建设、生产等全过程引入生物多样性影响评价，及时开展矿区尾矿生态环境恢复治理工作，累计投入复垦资金 7939.31 万元，完成复垦面积 885 189.6 平方米，种植冷杉、雪松及樱花等乔木 3800 余棵。土地治理率达到 95% 以上，水土流失总治理率达到 91% 以上，项目建设区域植被恢复系数达到 96% 以上。第三，减少废弃物排放。建成 3 座井下涌水临时处理站、2 个生活污水临时处理站及 1 座生活污水永久处理站，处理生产和生活污水，实现生产废水“零排放”、生活污水二次利用。文山铝业有限公司是其铅锌产业发展的重要基地。该公司着力打造“产业脱贫、政企合作、绿色共建”复垦示范标杆企业，投入复垦资金近 2000 万元，累计完成工程复垦 1288.55 亩，完成生物复垦 814.8 亩。其中，栽种甘蔗 133 亩、红薯 20 亩，促进贫困户增收。通过改良土壤提高复垦植被成活率，目前已达到 90% 以上。

五是灾难面前主动担责。金沙江上游白格堰塞湖洪峰过境自然灾害期间，为解决道路不通、大量基础设施和居民房屋受损严重的问题，迪庆矿业积极参与地方政府救援，在电力、道路等方面累计投入人力 1300 余人次，出动装载机、小卡、皮卡车等车辆360余辆次，累计投入应急救援资金130余万元。

新冠肺炎疫情发生以来，向驻地政府捐赠口罩、全自动测温设备、消毒液等各类抗疫物资 541 万元。

成　效

1. 成功脱贫摘帽

在中央、企业、地方的共同努力下，中国铜业定点帮扶的羊拉乡贫困发生率由 38% 下降至 0.41%，人均收入达 22 553 元，增收 10 倍；帮扶的 41 户贫困户 230 名贫困人口全部脱贫。法斗乡贫困发生率由 20.10% 下降至 0.12%，人均收入达 10 356 元，增收 5 倍；168 户贫困户 656 人贫困人口全部脱贫。帮扶点均已提前 1 年达到“两不愁三保障”（不愁吃、不愁穿，义务教育、基本医疗、住房安全有保障）的脱贫硬指标。

2. 人居环境改善

通过实施道路硬化、“厕所革命”、安装路灯、建设文化活动阵地等美丽乡村建设项目，有效改善群众的居住环境。2015 年至今，帮扶点全部通硬化路，危房改造率 100%，贫困户群众结束了住土坯房的历史。人居环境的改善改变了群众的精神风貌，引导贫困户形成良好的生活习惯，增强建设家园、脱贫致富的信心。

3. 思想观念转变

通过教育培训、宣传引导、就业实践、典型引路，大力弘扬“幸福是奋斗出来的”“滴水穿石”“弱鸟先飞”“自力更生”等精神，挂钩贫困户对新事物、新技术、新观念的接受能力不断提高，“等、靠、要”的陈旧思想逐步改变，树立了劳动光荣、劳动致富的主体意识和奋斗精神，激发了脱贫攻坚内生动力。

4. 复制推广应用

该扶贫模式适用于具有一定行业优势的企业，根据深度贫困地区实际情况自主开展相应的扶贫项目。在境外扶贫开发中，也可复制推广应用。已把“工业 + 教育、就业、产业、基建……”的“1+N”扶贫模式，成功推广复制到中国铜业所属22 家企业，在定点挂钩的 5 个省 18 个县 42 个村扶贫点进行推广运用。所挂钩帮扶的 17 个县摘帽，38 个贫困村整体出列，4691 户 18 682 人脱贫，1 个县 4 个扶贫点于 2020 年年底如期实现脱贫。

真实故事

扎西吉层是迪庆有色金属有限责任公司的员工，一家 6 口人，父母务农，姐姐上学。原来，一家全年的收入仅有 1 万多元，低于年人均纯收入 4000 元的贫困标准。扎西吉层从部队退伍后，一直在昆明等地打工，没有固定收入，其姐姐也面临无钱上学的困境。通过中国铜业扶贫，扎西吉层被安置到矿山工作，年稳定收入 8 万～9 万元。扎西吉层说：“自从 2017 年被安置到矿山工作后，不仅有了固定收入，离家也近了。现在我们家的年收入有八九万元，可比外出打工强多了。”

经验与启示

1. 主要经验

（1）调查是基础。扶贫必先识贫，心中有数才能工作有方。在完成包保干部经常性进村入户的基础上，公司派驻的驻村干部开展了3次动态排查，对公司挂包贫困户的家庭人口信息、年龄结构、劳动力状况、收入构成、子女就学情况、大病重病情况等进行了解，不断调整和更新数据库，因户生法提出帮户改进措施，这是帮户措施落地的根本保障。

（2）规划是前提。要着眼当下，立足长远，按照精准扶贫和内源扶贫的思路，立足当下“输血”为先，着眼长远“造血”为主，把帮扶资金转化为产业投入、劳动报酬，坚决杜绝简单的给钱给物，让群众参与其中，增强信心。采取统筹规划、持续投入、分期实施的办法，实施项目过程化管理，论证阶段进行效果评估分析，实施过程中及时跟踪调整，项目完成后进行效果评价，确保扶贫项目可持续发展能力，巩固脱贫成果。

（3）产业是根基。企业扶贫要将自身优势与地区优势有机结合，形成“工业拉动+就业帮扶+产业推动”的脱贫攻坚格局，使地区经济实现可持续发展。要通过资金和购销帮扶，培育具有当地特色的蜂蜜加工、运输物流、种植养殖等产业，可解决无法到公司就业的当地群众增收创收问题，激发劳动致富的内生动力。

（4）协同是保障。必须整合各方资源，打造扶贫工作共同体。与当地政府构建了“政府主导、企业推动、产业助力、群众受益”的政企地结合扶贫模式，充分发挥贫困群众的主体作用、扶贫干部的引领作用、扶贫政策的导向作用，发挥各方优势，形成脱贫攻坚合力，实现多方共赢。

2. 基本启示

（1）要立足自身优势抓扶贫。扶贫要善于扬长避短，发挥自身优势。贫困地区一定有其待开发的特色资源，这些特色资源就是其地区优势。通过深入探索，找到地区优势并与自身优势有机结合，能极大地提高减贫效率。中国铜业充分利用自身具有“采、选、冶、加”的行业优势，建设现代化矿山，大幅度拉动当地经济发展的同时，还解决了就业问题，成为当地的产业支柱，使扶贫举措具有生命力，帮扶举措更有成效。

（2）要处理好工作中的四种关系。第一，“输血”与“造血”关系。通过工业“输血”、教育培训“造血”，既提供减贫外力，又提高内生脱贫能力。第二，掌握实情与出实招的关系。通过在贫困地区派驻骨干员工，掌握当地实际情况、实际困难及实际需要，为公司打出扶贫实招发挥作用，确保招招见效、精准有力。第三，帮乡帮村与帮户的关系。帮乡帮村重点解决完善基础设施、教育医疗、产业培育、美丽乡村建设等问题，着力点是公益事业和产业带动，解决的是“造血”问题。第四，当前和长远的关系。帮户项目必须因户生法，“一户一策”精准滴管，既解决当前还要兼顾长远。

（3）要解决信心问题，从源头抓好。信心是脱贫致富的动力源泉，让贫困地区群众树立脱贫信心至关重要。通过“一对一”结对帮扶贫困户，定期开展入户走访，准确掌握贫困村、贫困户实际情况，准确分析导致贫困的原因和实际需求，为精准实施帮扶措施提供第一手资料；驻村扶贫工作队长期驻村宣传政策、摸底排查、查找致贫原因、制定有针对性的脱贫措施等工作的落实，帮助贫困户树立摆脱贫困的信心，找到致富出路和方法。

（4）要抓住就业扶贫这个有力抓手。就业是解决本质脱困的有效途径。中国铜业依托所属昆明冶金高等专科学校、云南铜业高级技工学校、云南冶金高级技工学校三个教育技能培训平台，招录符合条件迪庆州籍、文山州籍群众和包保贫困户开展长短期技能培训及学历教育，定点到公司就业，让他们通过劳动致富实现本质脱贫。

电视媒体链接贫困地区与外部市场

——东方卫视公益扶贫节目《我们在行动》的减贫实践

案例类型：消费扶贫

关键词：直播电商，公益纪实节目，农产品销售

提交人：陈宇（上海广播电视台东方卫视中心）

摘　要

上海广播电视台东方卫视频道的精准扶贫公益纪实节目《我们在行动》通过电视节目的方式帮助中国偏远地区小农户与市场建立联系。每期节目会邀请嘉宾与企业家深入一线，他们与村民同吃同住，一起干农活、忙耕种，亲身体验贫困地区的生活，发掘并包装当地有市场潜力的特色农产品，最后以产品订货会的形式为产品带来订单。此外，节目组整合社会各方资源，建立产业扶贫的立体工程，帮助当地持续自我“造血”。自 2018 年 2 月起，该节目已连续制作了五季，每季前往 5 ～ 6 个国家级贫困县，每站制作播出两期节目。目前，已携手 100 多位嘉宾及企业家奔赴 15 个省（自治区）的 30 个贫困县，共推出 30 款农特产品，为村民带来超过 14 亿元的订单收入。

背　景

《我们在行动》节目是由东方卫视联合中国扶贫志愿服务

促进会（2022年更名为“中国乡村发展志愿服务促进会”）、中国社区扶贫联盟等非营利性社会组织，通过下乡选品、产品研发、订货会推广、社区推广等方式帮助贫困县（区）走上致富道路的国内首档精准扶贫节目。通过邀请知名人士组成的“助农团队”前往贫困一线，与村民同吃同住，近距离交流沟通，深入调查了解当地实际情况，挖掘地域特产，开发周边产品，打造品牌故事，畅通销售渠道，带动贫困地区产业发展，帮助贫困群众增收致富，使其逐步树立自力更生、自主脱贫的信心。

项目实施

1. 项目模式

积极跨界创新，打造“媒体+精准扶贫”新模式。东方卫视精心策划推出了中国首档精准扶贫公益纪实节目《我们在行动》，该节目不只是一档电视节目，更是一项综合的、长期的、实效的扶贫工程。通过《我们在行动》包装出来的扶贫产品，将会有节目合作企业全程跟进项目执行，为贫困县创造稳定的、持续的供销保障。同时，《我们在行动》从主流媒体的社会责任出发，聚合各方能量，真正把“公益”两个字落实下去，开创了产业扶贫的电视实践。在第四季的节目录制中，节目组引入了直播带货形式，邀请嘉宾助阵，为青海的青绣公益直播仅两小时就销售了712万元产品，相当于青海省青绣产业一个多月的收益。

2. 项目选址

《我们在行动》节目组已先后到过15个省（自治区）的30个贫困县进行取景拍摄，包括陕西省澄城县，云南省新平彝族傣族自治县、金平苗族瑶族傣族自治县、绿春县、武定县、麻栗坡县、沧源佤族自治县，广西壮族自治区龙胜各族自治县，贵州省务川仡佬族苗族自治县、道真仡佬族苗族自治县，河北省丰宁满族自治县、阳原县，青海省贵德县、互助土族自治县，新疆维吾尔自治区巴楚县、莎车县，海南省白沙黎族自治县，湖南省龙山县，重庆市奉节县，山西省平顺县，西藏自治区定日县、亚东县，甘肃省静宁县，云南省宁蒗彝族自治县，浙江省景宁畲族自治县，广西壮族自治区大新县，山西省隰县，内蒙古自治区武川县等。

所拍摄地区多为“老少边穷”地区，多种客观因素导致当地经济社会发展缓慢，长期处于贫困状态。一是缺乏产品包装的经验和技术，品牌意识薄弱；二是地域偏远，交通闭塞，农产品运输不便；三是产业加工生产设备落后，只能输出附加值较低的原料作物；四是青壮劳动力流失严重，年轻人外出打工较多，乡村空心化问题严重。

3. 项目扶贫机制和内容

建立小农户脱贫增收长效机制，全力助推地方产业转型发展，有效帮助贫困地区群众长期稳定获利、持续增收致富。因地制宜、挖掘当地产业，将产品和扶贫过程搬上电视。云南省红河哈尼族彝族自治州的诺玛飞鸡是一种会飞的高原土鸡，过去它只能卖到县城，因为没有屠宰，不能冷链配送。节目组帮他们联系了周边的屠宰场及冷链配送，又把这款产品纳入了上海蔬菜（集团）有限公司的“云品入沪”工程。如今，在上海百姓的餐桌上可以品尝到这种特色土鸡。在甘肃省静宁县，节目组联系当地的果业公司和合作社，邀请专家为当地村民指导苹果的种植技术，并在订货会上销售了静宁苹果 6 亿元，创造了自《我们在行动》四季开播以来的纪录。公益大使分别调研了定日县和亚东县，发现定日县的红土豆和黑金刚土豆因为销售渠道不畅而滞销，而亚东县的鲑鱼是第一次出栏面向市场，公益大使在订货会上帮助两地带来2000万元订单。在贵州省道真县，公益大使请来了上海市农业科学院的研究员，帮助村民解答了新型蔬菜的营养价值和种植要领，提高村民的种植技术。通过《我们在行动》节目组，不仅帮助贫困地区群众提高了生产技能、打开了农产品的销路，而且开辟了长效的增收途径，提振了贫困群众自力更生的信心决心，为贫困地区的长远发展奠定了基础。

4. 项目理念

注重人文关怀，打造扶贫扶志新理念。《我们在行动》节目组在产业脱贫的基础上，也将人文关怀带到了贫困县，实现物质与精神的“双脱贫”。在云南省武定县，节目组一改以往将农产品作为产业脱贫的做法，将非遗“彝绣”作为脱贫致富的核心产品，开创了文化扶贫的新局面，让脱贫致富不只局限于田间地头，还可以依托文化、历史、非遗，将附加值更高的文创产品作为精准扶贫的突破口，达到传承与致富“双赢”。

关注个体的命运。在海南省白沙县，公益大使帮助一名患有先天性心脏病的小女孩得到医治，还免除了全部医疗费用。此外，节目组还与白沙县政府合作成立爱心教育基金，搭建了一个支持教育、捐资助学的平台。

重视情感的传递。在山西省平顺县，种植潞党参已有2780年的历史，当地人祖祖辈辈靠种植售卖潞党参养育后代，于是节目组特意安排了一个“爱的味道”环节，让村子里的晚辈烧制了4道以潞党参为主的特色菜肴，邀请各自的长辈品尝，体现了亲情的反哺。河北省揣骨疃镇的香草沟小学仅有一位教师和一名学生，在得知老校长的心愿是为这唯一的学生举行一次升旗仪式后，节目组被他们的师生情打动，特地由公益大使为他们举行了隆重而简朴的升旗仪式，实现了老校长的夙愿。利用媒体的影响力，传播精准扶贫理念，引发公众积极响应。

成　效

（1）打响地域品牌，推介销售农产品，促进地方经济社会发展。节目的大力宣传不仅帮助地方提供了生产技术和销售渠道，而且让地方品牌走出深山、走向大众，从而产生更长久的经济效益。《我们在行动》每一站都会最终设置订货会环节，邀请城市居民、供应链企业、带货主播等共同为贫困县的特色产品推销采购。在完成 14 亿元的产品销售同时，《我们在行动》在成本投入上花费 2 亿元，其中 6000 万元为东方卫视的时段价值，作为公益项目无偿使用。《我们在行动》节目组撤离后，为当地重新包装的特色产品品牌都无偿给当地县域使用，让更多的村民可以加入产业并从中获益，让当地的贫困群众持续稳定受益，助力地方经济社会发展。

（2）真情交流传递，弘扬人文正能量，增强社会参与和项目可持续性。《我们在行动》注重人文情怀的传递。在甘肃省平凉市静宁县郑湾村，节目嘉宾为镇上的幼儿园筹备一场暖心的学龄前儿童绘本捐赠活动，为当地的留守儿童及学龄前儿童送上了一份温暖的关爱。在新疆维吾尔自治区莎车县阿热勒乡，节目嘉宾还深入援疆支教群体走访，了解到莎车县三中有一群热爱橄榄球的孩子们，他们因为接触橄榄球认识了姜老师，从此改变了他们的人生轨迹。姜老师是上海第九批援疆支教团队的老师，在被调回上海后球队的每个孩子都非常想念他。于是，公益大使们组织球队进行了一场“天台告白”。受公益大使的邀请再次回到莎车县三中的姜老师，在天台下看着孩子们的深情告白热泪盈眶，并激动地对着孩子们喊出了内心的期望。在电视节目中，一个个真实感人的故事使贫困地区的孩子们感受到社会的广泛关怀。同时，节目播出后引起社会各界爱心人士回应，激发更多的爱心人士关心、关注、关怀贫困地区群众生活，集聚更大能量，持续帮助贫困群众，助力贫困地区同步进入小康。

经验与启示

《我们在行动》节目组通过扶贫纪实形式发挥媒体宣传优势，帮助贫困地区实现增收，树立脱贫信念信心，体现了“节目 + 扶贫”形式在脱贫攻坚扶智扶志中的潜力。可行性的经验与启示如下。

1. 项目的逻辑闭环

《我们在行动》以节目的形式为贫困地区的特色农产品背书，同时通过媒体的公信力向具有集采实力的供应商企业邀约下单，解决了销售难的问题。通过东方卫视的平台在黄金时段向全国播放，让观众了解产品背后的生产过程并赋予其品牌价值，增加了市场需求。通过销售让贫困地区的产业更有发展动力，通过市场的培育使当地的产业扶贫有了长期保障，增加扶贫工作效果的可持续性。

2. 遇到的难题与解决办法

有些贫困地区受制于土地贫瘠、生产方式落后等多种影响，难以形成规模化的产业，无法以支柱产业带动当地扶贫。《我们在行动》节目组就会考虑用产品礼盒的形式，将当地零散的产品整合在一起，形成合力效应。例如，云南省麻栗坡县由于有多处雷区，导致土地的利用率不足，产业集群效应较差。在这种情况下，《我们在行动》节目组安排在“军民携手·同心筑梦”幸福乡村推介会现场，5位“新村民”、麻栗坡县领导及来自全国各地的客商代表共同见证了麻栗坡县域扶贫品牌——“人生至味”礼盒的隆重发布，礼盒中包含当地的6种特色扶贫产品：三七、蜂蜜、古树茶、草果、云纯咖啡、姬松茸。下单环节时，客商们踊跃下单，最终现场订单总额达5464万元，以产业扶贫、渠道帮扶、技术支持等多种形式切实助力麻栗坡县脱贫攻坚。

东西协作推动特色产业全产业链发展实现减贫

——浙江省宁波市北仑区支援吉林省汪清县黑木耳产业案例

案例类型：产业扶贫

关键词：东西部扶贫协作，对口援助，黑木耳产业，全产业链

提交机构：浙江省宁波市北仑区对口支援和区域合作局

摘　要

吉林省汪清县的黑木耳产业是该县传统支柱产业，具有160年的种植历史和广泛的群众基础。自两地结对以来，浙江省北仑区充分利用汪清县的优势资源，发展壮大当地黑木耳特色产业，以工业化产业培育思维帮助汪清县布局黑木耳传统产业，完善产业规划，集中资金完善产业链，走可持续发展道路，让传统农业焕发生机。结对五年来，北仑区累计投入黑木耳产业援助资金9753.3万元，援建实施20个黑木耳产业项目，引导当地黑木耳产业从传统农业向“种植+旅游服务业”转型。在当地政府的支持下，该产业已覆盖汪清县4万余人，占全县有劳动能力农业人口的52.6%，助推贫困人口在家门口就业。黑木耳产业镇达到5个、种植村121个，百万袋以上村65个，栽培总量达到6.5亿袋，产量3.5万吨，产值34亿元。

背 景

汪清县位于吉林省东部，面积 9016 平方千米，是吉林省区域面积第二大县。作为典型的“老少边穷”地区，汪清县交通区位不便、产业基础薄弱、青年人口外流，经济发展内生动力明显不足，同时被列入国家扶贫工作重点县和吉林省深度贫困县。汪清县栽培黑木耳从 1862 年开始，距今已有 160 年的历史。长期以来，汪清县栽培黑木耳是靠自然孢子接种的原始方法。20 世纪 40 年代，汪清县复兴镇、春阳镇、罗子沟镇等山区部分栽耳户开始使用孢子液接种法。1979 年，汪清县黑木耳产量达到 7 万千克，提前一年跨入全国“木耳千担基地县”行列，且部分乡镇产量已超万斤。1995 年，汪清县被国务院命名为“木耳之乡”。2018 年，吉林省黑木耳产品质量监督检验中心在汪清县建立。

虽然汪清县种植黑木耳的历史较长，但也面临诸多问题。一是精深加工任重道远。汪清县黑木耳产品多以晒制和烘干产品为主，原干形式的产品直接销售造成了产品附加值的流失。现有初加工产品多以浅层开发为主，黑木耳的功能营养食品与休闲食品加工市场有待开发，黑木耳活性物质提取与加工产品市场尚未打开。二是销售渠道单一。园区大部分企业均通过经销商和代理商销售产品，专业的销售团队严重不足，产品销售受经销商和代理商的制约明显。三是品牌影响力小。县级层面对“汪清黑木耳”农业部地理标识、丹华牌、吉绿源牌等中国驰名商标的宣传推介力度有待进一步加强。四是生产资金不足。木耳产业除固定资产投入外，还需要大量的流动资金。汪清县是国家扶贫工作重点县，县级财政困难，政府资金扶持黑木耳产业发展的力量有限。五是该县全面禁伐树木，传统黑木耳种植方式面临淘汰，黑木耳产业停滞不前。

项目实施

经过充分调研和多部门沟通，北仑区选择将黑木耳产业作为重点发展的扶贫产业，既注重建设项目，夯实产业基础，又科学规划重点区域长远发展，既要带动当地经济，又要提供就业岗位和产业分配资金，让贫困户实现在家门口就业。

1. 工业化思维布局

北仑区聚焦汪清县特色农业，力争改变原有传统农业发展思维，引入全新工业思维，以创新引领发展。

首先，定规划，坚持当前与长远协调。扭转原来企业分布散而不大、大而不强的局面，打造全国木耳产业基地。2019年10月底，完成黑木耳特色小镇规划，该镇也是吉林省第一个编制产业规划的特色小镇，未来力争在黑木耳研发、加工、集散等方面走在全国前列，探索从企业培育到平台搭建的新思路。

其次，育产业，坚持单点与长链统筹。工业产业链完善，才能从根本上打破附加值低的困境。北仑区在黑木耳产业上注重多渠道帮扶，打造"生产—仓储—销售"闭环服务，形成了从田间到餐桌的完整产业链条。截至2021年年底，已建设日产5万袋黑木耳菌包厂和4700平方米的培养室等6个生产项目，在建由浙江逸盛石化有限公司全额捐资1000万元的冷藏库项目，全力培育以正正电子商、网易严选电商企业为龙头的线上销售、北仑区与汪清县结对的帮扶销售、北仑企业的采购销售等多层次销售模式。

最后，转思路，坚持本土与开放同步。近年来，北仑区一直致力于帮助汪清县以开放型思维推动产业向中高端跃进。一方面讲好黑木耳品牌故事，实现品牌化运营。"2019年全国黑木耳产业发展大会暨中国·汪清黑木耳节”前夕，汪清县工作组牵头在北仑区召开 2019 中国·汪清黑木耳产业发展大会新闻通气会，向与会国内新闻媒体介绍了大会情况、两地结对帮扶情况和黑木耳产业发展情况，共吸引 100 余家来自全国各地的参展企业，包括优秀的木耳生产和装备企业。同时，近 20 个县、市分别带队参加展示展览，打造了汪清黑木耳全国品牌影响力。另一方面帮助接触海外资源，让企业尽早走上国际舞台。汪清桃源小木耳实业有限公司接洽来自日本、新加坡等国的客户，通过走访交流增进互信了解，预计外贸销售额会突破千万元。

▲ 2019 年中国 • 汪清黑木耳产业发展大会召开

2. 主要做法

促转变，提升关键环节技术。提升黑木耳品质，关键在于核心技术创新。在鸡冠乡，黑木耳现代化项目正在实施，冷库项目、吊袋木耳示范基地在 2019 年 6 月完成验收，大北村菌包厂改造及定植车间于 2019 年年底完成验收，鸡鸣村菌包厂改造及定植车间于2019年年底完工。着重从菌包生产和培育的核心环节入手，重点帮扶以企业化标准生产模式建设定植车间，集中科学培育，解决了民众自家灶台上蒸煮杀菌，再植入菌种自主培育的耗时长、坏死率高、污染环境等问题，将菌包坏死率从20%降至3%。

抓脱贫，推广立体大棚新模式。提高亩产率，稳定产量，让黑木耳生产不再“靠天吃饭”。引入的棚室挂袋黑木耳生产技术，与传统的地摆栽培模式相比，在相同面积下其悬挂数量是传统地栽木耳的5～6倍。棚室挂袋的方式不仅可以节约土地，而且采用这种技术生产的黑木耳品质好、无泥沙、无灰尘污染，既干净又安全。

强覆盖，打造闭环产业发展链。黑木耳种植既是汪清县的支柱产业，又有广泛的群众基础。在北仑区援建产业带动下，原来“低小散”的产业格局被打破，单点项目不再彼此孤立，而是形成了集群式、上下游互动的闭环产业链。围绕生产端的配套企业相继落户，形成了从生产到废料再利用的产业循环价值链，实现了产业发展绿色无污染。

聚合力，构建社会帮扶格局。东部企业以精准的眼光为汪清县产业助力。2019年7月，吉林汪清北耳科技有限公司冷藏库项目正式开工建设。该项目由浙江逸盛石化有限公司全额捐资1000万元援建，库容量7500立方米，建设周期一年，建成后预计可储藏黑木耳等农特产品1000吨。2019年竣工验收的鸡冠乡大北村菌包厂改造项目及定植车间项目总投资860万元，其中北仑援建资金487万元，北仑区郭巨街道通过设计包装、帮扶开拓销售渠道，已帮助销售黑木耳产品1271千克，总额20余万元，实现了当年投产当年收益。

成　效

1. 绿色理念推动可持续发展

目前，汪清县已全域禁止采伐树木，传统的种植方式也已转型，主要依靠木屑培育菌种。县域内三大森工企业林地活立木蓄积近 1 亿立方米，通过透光、抚育采伐等方式，预计每年可提供木屑 30 万吨以上；每年延边朝鲜族自治州、牡丹江等周边县市可采购木屑约 20 万吨；每年可从俄罗斯进口木材及木屑 30 万吨以上。以上三种途径每年可获得优质木屑 80 万吨以上，资源量完全可以支撑区域黑木耳产业的发展。

2. 贫困户实现脱贫增收

北仑区建立健全助力脱贫长效机制，推动贫困群众自主脱贫、主动发展，极大地调动了贫困人口加快脱贫的积极性和创造性，实现扶贫工作向纵深推进，提高了扶贫成效。截至 2021 年年底，汪清县贫困人口已从 2015 年年底的 12 729 户、22 759 人降至 202 户、318 人，贫困发生率由 23.2% 降至 0.32%。

在汪清县百草沟镇，援建项目为贫困户提供了 34 个岗位。北仑援建的 20 个黑木耳项目直接为建档立卡贫困户提供就业岗位 88 个。已累计缴纳产业收益 250 余万元，通过设立环卫保洁员、村规民约监督员、治安协管员等 8 类公益岗位，帮助 2028 名贫困户上岗就业，其中大兴沟镇 474 名、罗子沟镇 337 名，近九成乡镇提供岗位超百个。

3. 社会帮扶撬动产业链式升级

北仑区组织浙江吉利汽车有限公司、宁波钢铁有限公司等 13 家本地企业进行深度对接，建立结对帮扶关系。北仑区根据 9 个街道的经济实力和发展特点，与汪清县 9 个乡镇全部结成帮扶关系。

4. 利益联结探索扶贫长效机制

打造“扶贫企业 / 合作社 + 基地 + 贫困户”的扶贫模式。汪清桃源小木耳实业有限公司通过为贫困户提供就业岗位、成本价提供菌包、先赊菌包后还成本等方式，帮助 10 名建档立卡贫困户平均每人年增收 5000 余元。通过宁波“红领之家”发挥品牌社会组织优势，在罗子沟实施了红色组织孵化项目，为 13 名建档立卡贫困户提供采摘木耳岗位。

5. 残疾人贫困户实现在家门口就业

汪清县有 16 ～ 65 周岁具有劳动能力的残疾人贫困户 922 名，鼓励帮助他们重新走上就业岗位至关重要。北仑区精准定位这一群体，量身打造产业合作项目、援建项目扶贫就业岗位，帮助拓宽增收渠道。3 年来，通过援建项目提供就业岗位、免费提供木耳种植大棚、低价销售赊销菌包、加价收购木耳、开展种植技术培训等方式，直接解决了一部分贫困残疾人的就业难题；援建项目上缴的收益金还通过设立环卫保洁员、村规民约监督员、治安协管员等公益岗位带动残疾人劳动创收。2019 年东西部援建项目直接或通过公益岗位带动建档立卡贫困残疾人 500 余名。

真实故事

闫翠莲曾是村里的贫困户，她的丈夫常年生病无法劳动，他去世后家里还欠下了 5 万多元债务。虽然闫翠莲一家也种黑木耳，但用的是“土办法”，成活率并不高。在北仑区的精准帮扶下，汪清桃源小木耳实业有限公司建起了现代化生产线，提高了产品成活率。同时，企业积极带动贫困户脱贫，以低于市场价15%的价格向当地贫困户出售菌包，以高于市场价回收黑木耳。得益于此，2019年闫翠莲半年收入8000多元。她还承包了两个大棚，如果做得好，一年能有6万多元收入，这样就能还上外债了。闫翠莲说：“脱贫不能等着国家来帮扶，还要靠自己努力，今后等有钱了，要让儿子娶上媳妇。”

经验与启示

1. 工业化思维促进传统产业升级

帮扶产业要有“群众性”。利用优势经验“先发”精准切入本地特色黑木耳产业。北仑区与汪清县相距2700多千米，两地产业基础不同，选择哪个产业很关键。其中，既不能急于求成，优先发展“短平快”产业，更不能脱离群众，唱“独角戏”，让贫困户无法融入产业。经过多方调研发现，黑木耳产业覆盖面广，带贫效应明显。

帮扶资金不“撒胡椒面”。使用集中资金“深耕”，投入近80%扶贫资金培育一条产业链。脱贫攻坚，外界的推动作用必不可少，但不是决定因素。外在的推动力转化为内生动力才是根本，提高贫困地区的自我发展能力和自我“造血”能力，才能保证脱贫效果的可持续性，保障贫困地区和贫困人口真脱贫、不返贫。其中的关键就是培育一条完善的产业链。北仑区切准产业后，摈弃了传统的“广撒网，多点投”的“撒胡椒面”投资模式，把扶贫资金的八成用于黑木耳产业打造。

2. 精细耕作产业帮扶

广泛动员，精准匹配。产业扶贫不仅需要政府主导、自上而下地推动，也需要构建多元主体、多层次、立体化的扶贫网络。黑木耳产业面向企业、个人时，面对的需求是多样化的，因此北仑区注重增强社会合力，广泛动员全社会力量参与黑木耳产业扶贫的共同治理。在社会帮扶中，既有街道社区的点对点对接，又有爱心企业的项目捐赠，更有社会组织的个人帮扶，形成产业扶贫大格局。

因地制宜，持续发展。北仑区有诸多工业创新探索，但帮扶绝不是“照搬照抄”，而是“升级再创造”，让成功模式可以扎根汪清县。天桥岭镇是汪清县黑木耳产量最大的乡镇，约占全县总产量的一半。2018 年北仑区拿出用于援助汪清县的一半援建资金，补齐黑木耳产业链，最终助力天桥岭镇入选国家级农业产业强镇示范建设镇。小镇的建成为当地解决了黑木耳产业链深度、广度不够等问题，进一步提高黑木耳产量和产能、形成产业链条、提高农村种植户收入。同时，特色小镇还为天桥岭镇实现产业脱贫、产镇融合发展、在全国黑木耳产业领域占有重要地位提供支撑。

3. 坚持援建资金与当地各方利益主体精准绑定

北仑区实施援建项目中注重充分调动贫困地区的积极性和创造性，把援建资金使用与当地各方利益主体绑定，在精准推进上下实功，打造“利益共同体”，实现责任同负、风险共担。

与当地产业优势相联结。天桥岭镇的黑木耳产业基础好，也是全县最早开始黑木耳现代化发展的乡镇之一。因此，北仑区尝试建设“黑木耳特色产业小镇”。2018 年，宁波市驻延边州帮扶工作队安排援建资金 1300 万元，在天桥岭村建设黑木耳菌包厂、培养室、栽培基地3个项目，新建项目由百益菌业有限公司承包经营。援建项目建成后，企业产能、产值和利润均实现翻番，每年上缴不低于100万元收益由镇政府统筹，用于建档立卡贫困人口，不但惠及项目所在的天桥岭村所有贫困人口，还统筹用于全镇1080户1757名贫困人口。天桥岭镇黑木耳产业从业农户达2900户，栽培量达到2.5亿袋，销售额达10亿元。黑木耳产业已成为该镇贫困户脱贫的主导产业和全镇百姓增收的支柱产业。

与当地紧缺需求相联结。特殊群体特别是贫困残疾人，他们在种植黑木耳后缺乏相关终端销售市场。在罗子沟镇，西碱村的残疾人自发组成了“自强协会”，空余时间免费为村里打扫卫生，北仑爱心团队“红领之家”为鼓励他们奋发图强的精神，提供4000元的黑木耳种植启动资金，还在当地发展了一批有技术、懂种植的志愿者全程为农户提供技术指导，并采购了这批黑木耳，帮助农户共增收万余元。由此，汪清县志愿者保种植、北仑区志愿者保销售，两地志愿者为贫困户提供的“一条龙”服务实现了从种植到销售的闭环，为残疾人贫困户提供切实保障。